国家社会科学基金项目成果

复杂系统理论视角下的企业组织可持续发展

高　波/著

科学出版社
北　京

内 容 简 介

经济全球化带来企业组织与环境关系的复杂化，进而对企业组织的可持续发展提出挑战。本书以复杂系统理论为视角，通过企业组织与环境的统一描述，深化复杂性认识，促进企业组织可持续发展能力建设。首先，梳理相关概念和理论，明确从复杂系统理论视角认识企业组织的重要性；其次，从企业管理实践者视角和财经指标体系视角，整理企业组织可持续发展的影响因素和结构关系，结合系统动力学模型，明确企业组织可持续发展的作用机理；最后，以创新为突破口，建立可持续发展仿真模型，对比分析创新发展策略，并提出促进企业组织可持续发展的对策建议。

本书适合对企业组织可持续发展战略、思路和路径具有兴趣的企业界及政府管理部门人士阅读，也适合对企业管理、复杂系统理论与应用感兴趣的研究人员阅读。

图书在版编目（CIP）数据

复杂系统理论视角下的企业组织可持续发展/高波著. —北京：科学出版社，2021.3

ISBN 978-7-03-068227-7

Ⅰ. ①复…　Ⅱ. ①高…　Ⅲ. ①企业管理-组织管理学-可持续性发展-研究　Ⅳ. ①F272.9

中国版本图书馆 CIP 数据核字（2021）第 038731 号

责任编辑：邓　娴 / 责任校对：杨　赛
责任印制：张　伟 / 封面设计：无极书装

科学出版社 出版
北京东黄城根北街 16 号
邮政编码：100717
http://www.sciencep.com
北京盛通商印快线网络科技有限公司 印刷
科学出版社发行　各地新华书店经销
*
2021 年 3 月第　一　版　开本：720×1000　B5
2021 年 3 月第一次印刷　印张：12 1/2
字数：252 000

定价：116.00 元

（如有印装质量问题，我社负责调换）

前　言

“十一五”以来，有关企业组织可持续发展的讨论日益成为企业界和学术界关注的热点。党的十八大提出：“必须更加自觉地把全面协调可持续作为深入贯彻落实科学发展观的基本要求，全面落实经济建设、政治建设、文化建设、社会建设、生态文明建设五位一体总体布局，促进现代化建设各方面相协调，促进生产关系与生产力、上层建筑与经济基础相协调，不断开拓生产发展、生活富裕、生态良好的文明发展道路”①。党的十九大在贯彻新发展理念时，强调：“我们要激发全社会创造力和发展活力，努力实现更高质量、更有效率、更加公平、更可持续的发展”②。在经济新常态背景下，要实现“两个一百年”奋斗目标和中华民族伟大复兴，就必须解决好经济发展的可持续性问题，这就要求必须加快我国经济增长方式的转型，坚定不移地走可持续发展之路（赵祥，2017）。李克强指出，企业是经济的基本细胞，是市场主体。企业兴则经济兴③。国家经济稳定健康发展必然依赖于企业组织的可持续发展。因此，提高企业组织可持续发展能力不仅直接关系企业的生存，也决定着国家经济环境的长治久安。然而，从近年来的情况看，我国企业的发展态势不容乐观。根据国家工商总局企业注册局、信息中心（2013）发布的调查数据，我国内资企业生存时间 5 年以下的企业占比 49.4%；5~10 年的企业占比 32.9%；生存 10 年以上的企业占比不到 18.0%。

在经济全球化的大背景下，企业组织与环境呈现出日趋明显的错综关联、不确定和动态时变等复杂性特征，从而对企业组织可持续发展能力提出更加紧迫的要求（Domegan and McHugh，2016）。2020 年 1 月以来，新型冠状病毒肺炎疫情对中国及世界经济的巨大冲击，正是经济全球化背景下，这种不确定和动态时

① 胡锦涛. 坚定不移沿着中国特色社会主义道路前进 为全面建成小康社会而奋斗——在中国共产党第十八次全国代表大会上的报告（2012 年 12 月 8 日）. 北京：人民出版社，2012.

② 习近平. 决胜全面建成小康社会 夺取新时代中国特色社会主义伟大胜利——在中国共产党第十九次全国代表大会上的报告（2017 年 10 月 18 日）. 北京：人民出版社，2017.

③ 李克强：坚定信心 迎难而上 用改革创新提升企业创造力和竞争力. http://www.gov.cn/guowuyuan/2014-07/14/content_2717134.htm，2014-07-14.

变特征的典型体现。企业组织可持续发展问题已经成为无法回避的热点。

本书以复杂系统理论为视角，将实证分析与仿真分析相结合，重点从企业可持续发展影响因素、企业可持续发展作用机理和企业可持续发展仿真策略等方面开展研究，以期弄清企业可持续发展的主要影响因素及内在作用机理，并在仿真模型支持下形成提升企业组织可持续发展能力的对策建议。

复杂系统理论是整项研究的理论支撑。在明确企业组织可持续发展概念、企业组织可持续发展相关理论及影响因素的基础上，以控制论、自组织理论和复杂适应系统理论为重点，梳理企业组织的认识过程和研究视角发展轨迹，明确企业组织可持续发展问题的核心是企业组织内外部各种因素的交互协调问题，其本质是复杂系统问题，从而肯定了从复杂系统理论视角开展企业组织可持续发展研究的重要价值。

企业组织可持续发展影响因素分析是整项研究的基础。研究从主观和客观两个视角开展工作。一是基于企业管理实践者视角，通过二次数据采集获取大量企业中高层管理人员的经验和观点，结合数据分析，梳理出企业组织可持续发展的主要影响因素及相互关系；二是基于财经指标体系视角，以耗散结构理论和管理熵为基础，建立企业组织内外部环境评价体系，并通过上市企业与城市环境信息进行测评计算，在评价企业组织可持续发展能力的同时，获取客观视角的企业组织可持续发展的主要影响因素。两者结合，将企业组织可持续发展的主要影响因素集中于经营管理、资金水平和科技创新。

企业组织可持续发展作用机理是整项研究的承接和深化。在梳理企业组织可持续发展的主要影响因素的基础上，研究采用系统动力学模型探寻这些因素相互作用的内在机理。研究工作建立了具有 15 个主要反馈回路的系统动力学模型，明确了研发创新、经营管理、发展战略和企业资源等因素在企业发展方面的驱动价值，也确认了市场容量和管理复杂性等内外部因素对企业发展带来的抑制作用，证实了创新对企业保持可持续发展能力的重要意义。

企业组织可持续发展仿真策略是整项研究的主要目标。基于前面企业组织可持续发展影响因素及内在作用机理的研究，本书明确了以经营管理过程的描述为基本点，以资金水平的变动为关注点，以创新行为的刻画为中心点的建模思路，建立了基于多主体（agent）的企业组织可持续发展模型；通过多轮仿真实验，对跟随型战略和创新型战略、突破式创新策略和渐进式创新策略进行全面对比分析，明确了主要策略的特点和企业内外部适用条件，提出创新成功率和创新周期对企业组织可持续发展具有协同影响作用。

总体来说，本书的研究从多个角度论证了企业组织可持续发展的关键在于促进企业组织与外部环境之间的适应性。本书以此提出提升企业组织可持续发展能力的基本观点——组织的动态适应性造就了企业组织可持续发展能力。“动态适应性”的提法是在肯定外部环境对企业发展重要影响的前提下，强调组织在发展过程中的主观能动性。为此，以提升企业组织的动态适应性水平，提高企业组织可持续发展能力为目标，本书从战略适应性机制、环境感知机制、内外协调协同机制、适应性的企业文化、创新策略建议和政策建议六个方面给出相关对策建议。

在本书写作过程中，硕士研究生曹筱筱、秦学成、董晓龙和余素霞分别参与了第 3~6 章的相关工作。同时，本书得到国家社会科学基金“复杂系统理论视角下组织可持续发展能力研究”（13BGL001）的资助，在问卷和资料收集过程中得到企业界、高校和政府相关部门的大力配合，在此一并致谢。

因为资料与能力有限，书中难免有不足之处，敬请专家学者批评指正。

目　录

第1章 绪　论

“十一五”以来，有关企业组织可持续发展的讨论日益成为企业界和学术界关注的热点。在企业界，“宁做500年，不做500强”和“商业长期主义”等发展理念的兴起反映出企业对可持续发展能力的迫切需求（陈春花，2019）。在学术界，可持续发展研究正从区域宏观环境向企业组织层次渗透，从单纯的财务指标向综合发展水平转化。总体来看，目前，面向企业层次可持续发展的研究大多集中于两个方向。一个是从生态学、利益相关者理论出发，将企业组织可持续发展与生态环境的可持续性相联系，强调企业社会责任，追求企业生产力水平的平稳提高和资源节约、生态环境改善（温素彬，2010；Lee and Saen，2012）；另一个是基于企业战略管理、创新管理角度，强调通过有效的资源配置、战略平衡和持续的创新来创造持久的竞争优势（于庆东等，2006；Nidumolu and Prahalad，2009）。这些研究突出了企业与环境的关系，推动了企业公民理论、学习型组织等管理思想的发展（赵锡斌，2007；马小援，2010）。但立足于企业组织内部，人们容易陷入一种“对症治疗”的问题解决方式，不易抓住影响企业组织可持续发展的根本掣肘。企业不是独立于环境的封闭系统，企业组织可持续发展问题正随着经济全球化的浪潮与市场、技术、资金、政策等环境因素紧密结合。因此，企业组织与环境关系的统一描述是问题的核心，复杂系统理论可以提供合适的描述角度。

目前，有关组织复杂性的研究主要集中于两个方向。第一类是以理论研究为主，关注组织的非线性特征，探求组织运行的哲学机理。该类研究大都以技术哲学、混沌和复杂网络等理论为支撑（金吾伦和郭元林，2004；Stacey，2007）。第二类偏重仿真分析，强调通过刻画个体行为自然涌现出系统整体的复杂性特征。复杂适应系统（complex adaptive systems，CAS）理论和计算组织理论（computational organization theory，COT）是其中的典型代表（Holland，1998；Carley，2002）。近年来开始出现了一些比较有特色的研究思路，如席酉民和张晓军（2012）提出的和谐管理理论，刘景江（2009）提出的企业行为的复杂性描述方法，吕鸿江和刘洪（2011）等对组织复杂性与组织效能影响的研究。总体来看，这些研究为企业组织行为、组织管理等问题的研究提供了比较新颖的思路，但作为诞生于自然科学环境的理论方法，在社会科学问题分析中，仍然需要注意一些问题，如如何体现社会组织的人文特性，如何界定社会组织的复杂性，等等。

本书强调企业组织可持续发展能力是企业组织与环境交互作用的外在正向体现，提升企业组织可持续发展能力必须尊重组织的复杂性机理。本书的预期目标是以复杂系统理论为视角，通过组织与环境的统一描述深化组织复杂性认识，进而刻画企业组织可持续发展影响因素和作用机理，最终丰富现代企业组织理论的研究视角，形成企业组织可持续发展分析框架，获取提升企业组织可持续发展能力的对策建议。

1. 丰富现代企业组织理论的研究视角

传统组织理论以马克斯·韦伯的理想型官僚制组织制度、泰勒的科学管理理论及法约尔等的一般管理理论为代表，着重分析组织的结构和组织管理的一般原则。后期的组织理论开始强调人和人际关系的重要性，形成以马斯洛的需求层次理论、郝茨伯格的双因素理论、弗洛姆的期望理论、麦格雷格的 XY 理论为代表的行为科学组织理论，但其本质上仍然偏封闭和机械。应该注意到，以系统观点来认识和分析组织特性已经成为现代组织理论的方向。为此，本书以系统观角度来认识组织，提出企业组织可持续发展能力是企业组织与环境交互作用的外在正向体现；并以复杂系统理论为视角，以组织为载体梳理控制论、自组织理论、复杂适应系统理论等主要系统理论的逻辑关系，通过企业组织与环境的统一描述深化认识组织特征和组织复杂性，从而完善企业组织的系统观，丰富现代企业组织理论的研究视角。

2. 形成企业组织可持续发展分析框架

企业组织可持续发展问题本身就具备丰富的理论和实践意义，但现实的工作在研究思路上理论与实践结合得不够紧密，在研究内容上组织内部条件与外部环境剥离，在研究方法上相对单调。为此，本书尝试建立以企业组织可持续发展能力提升为目标，以企业组织与环境的复杂性机理为突破点，以实证分析与仿真模型相结合的企业组织可持续发展分析框架，从而实现以厘清企业组织运行的复杂性机理为出发点，将企业组织复杂性研究与企业组织可持续发展能力研究相结合，获取企业组织与环境统一描述的有效手段。这样的思路一方面可以使企业组织复杂性研究更具针对性；另一方面也可以使企业组织可持续发展能力的研究能从企业组织内部机理出发，真正实现理论研究和实践研究的相互促进和价值统一。

3. 获取提升企业组织可持续发展能力的对策建议

企业组织理论和管理理论的重要价值体现离不开管理实践。日益复杂的外部环境使得解决企业组织可持续发展问题迫在眉睫。为此，我们迫切需要提出能切实提高现代企业组织可持续发展能力的对策建议。本书通过实证调查和财经数据相结合，尝试结合主观视角与客观视角来清晰梳理影响企业组织可持续发展的关键要素，以复杂系统理论为支撑，分析和讨论关键要素间的相互作用关系，进而从企业、政府多个角度提出针对性的对策建议，使得实践对策建议建立在牢固的理论支撑和丰富的实例支撑基础之上，充分保证其对实践工作指导的价值和意义。

本书力求理论与实践相结合，从研究角度、研究思路和方法、研究内容上体现新意。

从研究角度上看，本书以中国企业背景下提升企业组织可持续发展能力为目标，将企业组织复杂性研究与企业组织可持续发展能力研究相结合，一方面使得企业组织复杂性研究更具针对性，另一方面使得企业组织可持续发展能力的研究能从企业组织内部机理出发，真正实现理论研究和实践研究的相互促进和价值统一。

从研究思路和方法上看，本书从现实环境与模型环境两条线索出发，结合实证分析和仿真分析，通过调研、假设、检验、建议等环节，形成闭环研究流程，保证研究成果的科学性和针对性，最终获取从企业组织内部提升企业组织可持续发展能力的有效方法和针对性建议。

从研究内容上看，本书在企业组织可持续发展影响因素及结构、企业组织可持续发展能力评价体系、企业组织可持续发展作用机理及企业组织可持续发展的策略对比方面取得一定突破。

第一，梳理并构建企业组织可持续发展影响因素及结构。本书结合企业组织可持续发展相关理论和研究工作，梳理出影响企业组织可持续发展的主要因素，并面向企业组织中高层管理人员，通过二次数据采集，结合数据分析，建立企业组织可持续发展影响因素及结构体系，明确各种因素与企业组织可持续发展绩效之间的影响关系。

第二，构建企业组织可持续发展能力评价体系。本书以耗散结构理论为出发点，引入管理熵来刻画企业组织内外的有序化程度，进而实现对企业组织可持续发展能力的评价。本书在数据分析的基础上采用财务指标来刻画企业组织内部有序化程度，引入经济指标来刻画环境有序化程度，较好地实现理论意义和实践价值的结合。

第三，建立企业组织可持续发展仿真模型，论证发展策略的特点和适用性。本书采用系统动力学模型分析企业组织发展过程中涉及的主要反馈回路，厘清各类影响因素在企业组织发展过程中的作用机理，明确企业创新的价值和意义。然后以复杂适应系统理论为指导，建立基于多主体的企业组织可持续发展仿真模型，并通过多轮仿真实验，明确不同影响因素、不同发展策略对企业组织可持续发展绩效的影响，进而形成从战略、机制到政策等多角度的对策建议。

本书主要包括三部分内容，以期在明确相关概念和理论基础上，弄清企业可持续发展影响因素及作用机理，最终形成提升企业组织可持续发展能力的对策建议。

本书内容及结构与章节之间的对应关系如图 1.1 所示。

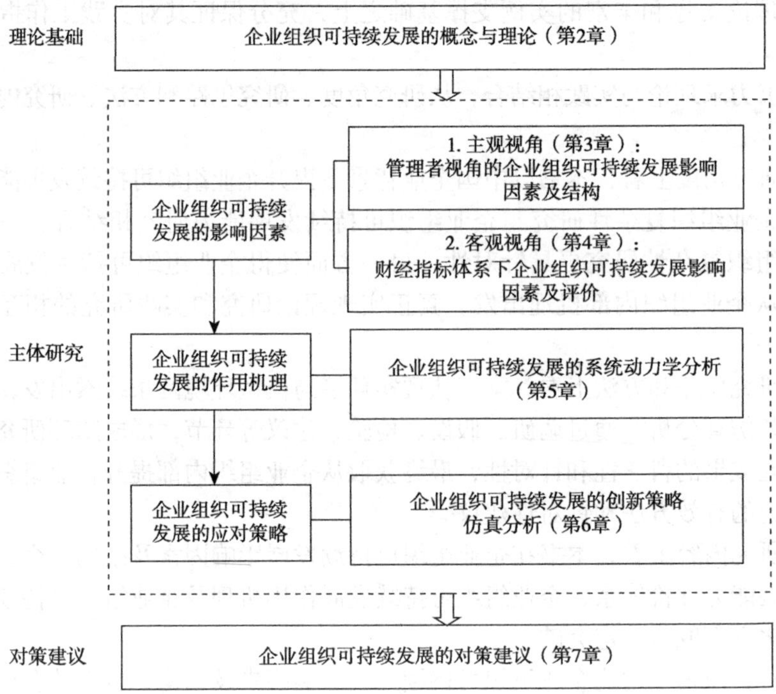

图 1.1　本书内容及结构

第一部分，理论基础，主要对应第 2 章内容。该部分在明确概念、梳理理论的基础上，建立企业组织的复杂系统理论视角，为主体研究提供理论和方法支撑。首先，明确可持续发展的概念，尤其是企业组织可持续发展的内涵和定义；其次，梳理与企业组织可持续发展相关的已有工作，重点包括企业组织可持续发展的相关理论及企业组织可持续发展的影响因素；最后，从企业组织的复杂系统理论视角，明确复杂系统理论对企业组织可持续性研究的理论价值和方法价值。

第二部分，主体研究，主要对应第 3~6 章。该部分是整个研究工作的主体内容，分别从企业组织可持续发展的影响因素、作用机理和应对策略三个方面开展工作。这三个方面相互关联，层层递进。

（1）梳理企业组织可持续发展的影响因素及相互关系（对应第 3 章、第 4 章）。这是研究工作的基础，主要从主观和客观两个角度开展工作。

一是管理者视角的企业组织可持续发展影响因素及结构研究（对应第 3 章）。

基于企业管理人员是企业管理的实践者，从管理者视角提取企业组织可持续发展影响因素更直接、更深刻。研究在收集整理大量调研数据的基础上，重点考虑区域、行业、规模、资金、发展阶段和供应链环境等约束，开展实证分析。研究采用二次调研的方式收集数据，即首先将文献梳理基础上得出的企业组织可持续发展影响因素进行归类分项，提交管理者评价打分，得到主要认可的因素；其次，整理问卷再次做大面积问卷数据采集；最后，经过描述统计、方差分析和结构方程建模分析，形成企业组织可持续发展影响因素及结构。鉴于管理者评价的主观性，可认为该项研究主要基于主观视角。

二是财经指标体系下企业组织可持续发展影响因素及评价研究（对应第 4 章）。本着复杂系统理论中耗散结构的观点，企业组织可持续发展问题是企业组织与环境之间的有序化问题。为此，研究借助管理熵的概念，建立企业组织内外部管理有序化评价体系，分别对应包含地区社会经济环境、地区产业结构、科技投入、城市资源等因素的组织外部环境，以及包含经营能力、发展能力、偿债能力和营利能力等方面的组织内部环境，在开展企业组织可持续发展能力评价的同时，从财经指标体系角度获取企业组织可持续发展影响因素。该视角完全基于公开的财经指标和数据，相对客观，可提供研究的客观视角。

（2）建立企业组织可持续发展的系统动力学模型（对应第 5 章）。这是研究工作的深化。

自然科学复杂性研究为组织复杂性的研究奠定了基础。但企业组织的基本要素——人的主观能动性决定了企业组织机理的复杂性和表现的特殊性。在梳理清楚企业组织可持续发展主要影响因素的基础上，系统动力学模型可以帮助探寻这些因素相互作用的内在机理。研究工作借助系统动力学工具，建立企业组织发展过程中涉及的主要反馈回路，评价创新、管理、战略、市场、政策及管理复杂性等主要因素在企业组织发展过程中具有的正向驱动作用或逆向抑制作用及其相互转化关系，进而寻找影响企业组织可持续发展能力的系统原因。这些研究结果与实证分析结果相结合，形成提升企业组织可持续发展能力的原则假设。

（3）建立企业组织可持续发展仿真模型，开展创新策略仿真分析（对应第 6 章）。这是研究工作的整理和推广。

研究工作在整理前述主要研究结论的基础上，以创新为核心，以复杂适应系统理论为指导，建立遵从企业组织复杂性机理的企业组织可持续发展模型；并通过多轮仿真实验，讨论基础因素（包括生产效率、成本控制、管理优化等）和直接因素（包括关键品牌、技术创新等）对企业组织可持续发展的不同影响，以及突破式创新策略和渐进式创新策略指导下的企业组织可持续发展前景。研究在分析比较主流的 ABM（Agent-based modeling，基于主体建模）平台基础上开展工作，不同企业组织可持续发展战略和创新策略的对比成为分析比较的重点。

第三部分，对策建议（对应第 7 章）。这是研究工作的总结和应用。本书在整理前述研究工作主要成果的基础上，提出“组织的动态适应性造就了企业组织可持续发展能力”的观点，并重点从战略适应性机制、环境感知机制、内外协调协同机制、适应性的企业文化、创新策略建议和政策建议等多个角度提出帮助企业组织提升可持续发展能力的对策建议。

第2章　企业组织可持续发展的概念与理论

2.1　可持续发展的概念

可持续发展概念的提出,最早可以追溯到1972年在斯德哥尔摩举行的联合国人类环境大会。这次大会聚集了全球100多个国家的政府代表团,1 000多位科学家和各界代表。该大会正式明确地指出，人类发展面临日益严峻的环境危机，保护和改善人类环境是保证全世界各国人民生产生活和稳定发展的基础。大会同时提出，人类应共同缔造健康和富有生机的可持续发展环境，并为此享有相应的权利及承担对应的义务。可以说，最初可持续发展概念的提出，是人类对工业文明发展进程的反思，是人类为了克服一系列环境、经济和社会问题，特别是全球性的环境污染和生态破坏所做出的理性选择。

以此为基础，早期的研究学者 Barbie（2005）将可持续发展定义为“在保持自然资源的质量与其所提供服务的前提下，使经济发展的净利益增加到极限”。随后，世界环境与发展委员会（1987）在《我们共同的未来》报告中，把可持续发展定义为“既满足当代人的需要，又不对后代人满足其需要的能力构成危害的发展”。我国学者牛文元（2012）在对联合国可持续发展研究进行回顾时，对该概念有了进一步的认识。他认为可持续发展应该被视作一个复杂系统的行为矢量，它由自然系统、社会系统和经济系统三部分构成，该矢量将推动国家或者地区朝向更加合理、更为和谐的方向发展进化。

在联合国致力于实现全球经济发展与环境保护相协调的同时，各个国家都为实现可持续发展进行着相应的努力。我国科学发展观、生态文明建设等指导思想的出台，体现了我国在实现可持续发展道路上的努力。党的十八大和十九大均将可持续作为发展的基本要求。由此可见，可持续发展已不仅仅是一国经济部门或者环保部门的责任，更是全体经济参与者和社会成员的职责所在。作为国民经济活动的基本单元，企业是社会生产活动的主要参与者，在进行经济活动的同时，也在一定程度上对周围的环境产生着影响，因而，保证企业的绿色健康生产是实现人类可持续发展的关键所在。

2.2 企业组织可持续发展的概念

将可持续发展的概念应用于企业组织，较有代表性的工作由美国学者希金斯（2003）提出。他通过建立可持续增长率（sustainable growth rate）来衡量企业组织可持续发展的水平。目前，学界对企业组织可持续发展概念的认识主要分为经济可持续发展、生态可持续发展和社会可持续发展三个方面，其中，生态可持续发展和社会可持续发展主要从组织行为生态角度出发，主张企业的经济活动应该与生态建设和社会发展相一致，强调企业开展经济活动的同时节约资源、保护环境的重要性；经济可持续发展是从企业管理的角度出发，强调通过资源的有效配置和持续的创新来创造持久的竞争优势，同时注重企业发展战略与短期利益的平衡和协调（汪军和汤卫东，2000）。

肖海林和王方华（2004）在对企业增长和企业发展的定义进行分析探讨后认为，企业组织可持续发展是指企业作为营利性组织和创造财富的组织，其所从事的事业在一个较长的时间内，不断地实现自我超越，持续地取得不低于市场平均利润率的收益，满足企业利益相关者的合理利益要求。何元庆和徐忠伟（2006）认为，企业可持续发展是指在可预见的未来，企业能支配更大规模的资源，谋求更大的市场份额，不断战胜和超越自我，从而取得良好的发展趋势和前景——包括组织规模的扩大，市场份额的提高，企业经营及管理水平由低级向高级的转化。陈耀和汤学俊（2006）提出，企业能否实现可持续成长，不仅关系到企业自身的生存发展，更关系到社会经济的持续、稳定、健康发展。

实际上，除了“企业组织可持续发展”，在学术界还有“企业组织可持续增长”“企业组织可持续成长”等提法。它们在“可持续”概念约束下具有很高的一致性，但进一步分析仍然可见其中存在的区别（韩春伟，2009）。企业组织可持续增长更多是一个财务角度的概念，强调企业利润的增长或规模的扩大，以及市场占有率的提升。企业组织可持续成长则是将企业组织作为一种有机体，拟人化地刻画企业从小到大“成长”的过程。“企业的成长是一个过程，规模是一种状态。成长过程的结果是大规模化”（Penrose，1959）——这从一定程度上否定了增长的目的性，重视“量”与“质”的协同。企业组织可持续发展则是一个相对综合的概念，不只强调企业营利能力、市场竞争能力等综合素质的提高，更强调企业与环境的协调共生。因此，对照来看，企业组织可持续增长的概念相对具体而狭义，企业组织可持续成长和企业组织可持续发展的概念内涵更丰富（吴中超和杜金沛，2011）。本书在论述过程中，会综合采用企业组织可持续增长和企业组织可持续成长方面的研究文献，但考虑到突出企业自身特定的组织特色及组织与环境关系，这里讨论的对象采用企业组织可持续发展的概念。

通过对文献的研究梳理，结合本书的研究目的和研究出发点，本书定义企业组织可持续发展是指企业组织在发展的过程中，既要努力考虑企业经营目标的实现，获得竞争优势地位，同时注重未来核心竞争力的培养，保证企业的持久竞争力，实现企业持续获利和稳定发展的目的。

2.3　企业组织可持续发展的相关理论

在对企业组织发展的研究中，众多学者运用不同的理论进行阐述，诞生了一批优秀的企业发展理论，如斯密（1972）的企业劳动分工理论、吉布莱特定律（傅红岩，1998）、Coase（1993）的交易费用理论、Penrose（1959）的企业成长理论、钱德勒（1987）的现代工商企业成长论、纳尔逊和温特（1997）的经济变迁演化理论、Adizes（1979）的生命周期理论，以及 Teece（2010）等提出的基于动态能力来研究企业组织可持续发展的理论。这里主要参考企业发展动力来源的不同角度进行梳理。

2.3.1　外生发展理论

外生发展理论主张推动企业发展的动因主要来自企业的外部，而不是由企业自身因素决定的。斯密（1972）的企业劳动分工理论开创了理论界对企业发展研究的先河。他认为企业是一种分工组织，其存在的理由是为了获取规模经济利益，企业成长取决于市场范围和分工程度，因而可以用企业雇佣人数和分工程度作为企业成长的度量标准。其实质是重视外部环境对企业发展的重要作用，提醒企业在发展的过程中要注重市场上的分工程度与企业规模大小之间的关系，因而本质上是一种企业外部因素决定企业成长的观点。

马歇尔（1981）在以亚当·斯密为代表的古典经济学研究的基础上，总结了其关于规模经济与企业发展关系的理论，并在此基础上进行了更深入的研究。他认为企业的发展不仅仅是由企业的规模决定的，同时还会受到企业所处的市场结构、企业家的素质等因素影响。企业在发展中应当保持适当的规模，规模过大会降低企业的运营灵活性，对企业造成不利的影响，因而企业的发展遵循着适者生存的生物学规律。新制度经济学理论创始人 Coase（1993）在分析企业发展的原因上，从企业存在和企业规模扩大的决定因素出发，将交易费用理论运用到其中，发现企业发展的动力主要来自交易费用的节约。

从古典经济学、新古典经济学和新制度经济学角度观察企业发展过程是外生发展理论的典型代表。它将企业发展置于经济运行的基本框架中，可以描述企业运行的基本规律，但相对来说，其缺少对企业组织特性和环境因素的刻画。

2.3.2 内生发展理论

李嘉图（1976）从企业内部资源的角度来研究企业的发展问题。他提出，企业的发展过程不能仅仅从宏观经济学角度观察，每一个企业都有自身的特点，影响其发展的主要因素来自企业的内部。Penrose（1959）则对企业发展的原因进行全面的分析，他将单个企业作为研究对象，尝试寻找企业发展问题产生的原因，从而真正推动了企业内生成长理论的发展。他强调企业内部的管理资源是限制企业成长的最主要因素，随着企业的成长，如果管理能力没有进行匹配成长，则企业的运作效率会下降，他同时提出解决管理资源匮乏的办法是管理程序化和知识积累——富余的知识带来更多剩余的管理能力，从而为企业的成长提供支持。Wernerfelt（1984）进一步完善了资源观的企业成长理论，他认为外部的市场结构环境对企业的成长具有一定的影响作用，但不是决定性作用，真正起关键作用的是企业内部的资源。企业在资源方面的优势是获得竞争优势的源泉。企业成长是一个动态的过程，只有不断地积累内部资源，才能实现企业的可持续成长。Barney（1991）针对企业的发展问题，提出了广义的资源基础观点，认为影响企业发展的主要资源因素包括企业拥有的资产、能力、组织过程、企业特征、信息、知识等多项内容。

内生发展理论推动了企业资源观、组织能力观的形成，构建了一种帮助企业“稳定增长”的模型。

2.3.3 企业核心能力理论

企业核心能力理论的诞生进一步丰富了企业发展理论。Nidumolu 和 Prahalad（2009）指出，企业获得竞争优势的基础不只是企业资源，而是资源与知识、技术、技能的有机组合，它们共同构成企业的核心能力。企业最重要的核心能力能够帮助企业开拓新的市场，决定企业产品的核心价值，使企业具有难以模仿的竞争力。王江（2014）进一步从企业隐性知识的角度研究企业核心竞争力，提出企业拥有的显性知识容易被复制和模仿，而隐性知识由于其稀缺性和不可复制性，是企业核心竞争力的重要体现。

Teece（2010）发现在动态的环境中核心能力稀缺性会随着环境变化而变淡。这就要求企业能够适应外部环境的变化，因地制宜地做出战略及资源配置上的调整，为此，需要将动态的外部环境引入企业的发展评价中，进而形成动态核心能力理论。Zollo 和 Winter（2002）则强调动态能力是在一种集体行动模式下形成的稳定学习模式，该模式指导企业组织开展学习、调整和适应工作，最终实现企业能力的动态演进。

潘安成（2008）提出，企业组织可持续发展状态受制于企业核心能力的变化，而导致核心能力变化的原因，除了环境的动态变化，还在于竞争对手的改变和新技术的产生。因此，企业核心能力的更新过程就是企业消除与环境不匹配的知识，同时吸收新知识的过程。商华和陈任飞（2018）进一步提出动态可持续能力的概念，强调该能力由监控、捕获和重构能力构成，对企业可持续绩效各个维度均具有显著的正向影响，资源管理能力对动态可持续能力与企业环境和社会绩效的关系起部分中介效应，但对经济绩效没有中介效应。

企业核心能力理论比较深刻地揭示了开放环境下企业之间的竞争关系，视角从产业层面具体到企业内部，对企业认清自身优势或劣势具有指导作用。

2.3.4　基于生命周期的企业发展理论

Adizes（1979）和 Greiner（1997）都认可企业生命周期的概念，认为企业和生命体一样，在不同的发展阶段存在不同的特征，同时在不同的发展阶段存在不同的管理侧重点。新古典经济学的另一位代表人物 Stigler（1995）主张企业的发展就如同生物的生命过程一样，存在着固定的生命周期规律，应该基于这一规律来解释企业的发展问题。他认为在产业形成的初期，市场的规模较小，因而内部分工是企业发展的动力；随着产业的扩大，社会分工扩大会导致企业数量的增加。进而，他从功能和市场匹配程度上揭示了企业发展和企业数量增加的原因。

在企业生命周期具体划分标准方面，Greiner（1997）给出了一些具体的定性化标准。熊义杰（2002）则主张将定量化的方法应用于企业生命周期的划分，并提出三次曲线函数和修正的指数函数的具体方法。李业（2000）则认为企业的生命周期虽然与生物成长周期有相似性，但仍有企业自身的能动性，如果完全照搬生物体的周期划分，将使企业发展陷入宿命论。

企业生命周期理论的关注重点在于企业发展阶段的划分，以及与阶段相适应的发展特征刻画和管理模式的调整。但如何刻画区别于生物体的企业组织特性？如何找到适合的管理模式？这些问题的回答始终是极富挑战性的工作。

2.3.5　基于复杂系统理论的企业发展理论

复杂系统理论的出现，是人们从系统角度认识世界的重要里程碑（沃尔德罗普，1997）。与传统的还原论方法不同，复杂系统理论强调运用整体论和还原论相结合的方法去分析系统，并且在计算机仿真工具的支撑下，可有效实现理论与应用的统一（Robertson，2005）。复杂系统理论涉及的具体内容很多，在企业管理、企业发展的研究领域，系统动力学、耗散结构、自组织理论、复杂适应系统理论被广泛应用于对企业发展机理（沃尔德罗普，1997）、企业供应链协同（Vlachos et al.，2007）、企业决策（任佩瑜等，2001）、企业集群发展（毛凯军等，2004）、企业创新（叶伟巍等，2014）等问题的研究。

这些理论和思想的提出，使人们认识到单纯的还原论思想，以及传统的线性理论和方法在解释复杂现象方面的局限性。企业发展的问题涉及企业内外部环境等各种因素的交互作用，其本质是复杂系统问题。因而，人们开始将复杂性科学作为一种分析思路引入企业发展研究领域，这能够为研究企业问题提供新途径，丰富企业组织可持续发展研究的内涵和深度。

2.4 企业组织可持续发展的影响因素

研究企业组织可持续发展的影响因素是评价企业组织发展能力、优化企业组织发展战略的前提和基础。在对企业组织发展进行研究的过程中，国内外学者分别从不同的角度提出了自己的观点，但大多受企业组织可持续发展外生理论和内生理论影响，因此，企业组织可持续发展影响因素的研究主要从企业内部和外部两个角度展开。

Wernerfelt（1984）和 Barney（1991）作为企业资源学派的代表，指出影响企业发展的最主要因素来自企业的内部资源，其中人力资源、组织文化和物质资源等是决定企业发展的关键因素。由此开始，前期研究重点集中于内部资源的种类和划分。Barton（1992）认为，除了企业文化和人力、物力资源外，企业家能力和技术创新能力在企业发展过程中同样起到不可忽略的作用。王庆喜和宝贡敏（2007）进一步强调了企业能力的观点，认为制造能力、技术创新能力、营销能力、企业家能力和管理组织能力等是主要影响因素。胡望斌和张玉利（2011）则将企业能力的范围扩展到资源获取能力、组织学习能力、环境洞察能力、组织柔性能力等方面。

内部角度的研究更多集中于具体内部因素的作用效果。其一是关注企业内部动态能力。例如，Annunziata 等（2018）重点关注企业内部组织能力。他们通过结构方程模型分析了意大利葡萄酒行业 357 家企业的调查数据，发现企业组织能力，尤其是供应链协同和组织创新能力对企业组织可持续发展绩效有正向影响。Dangelico 等（2017）集中于企业动态能力的研究，提出了外部资源集成、内部资源集成和资源配置等三个主要动态能力维度，并通过实证分析，论证了它们在企业组织可持续发展绩效方面具有直接或中介作用。商华和陈任飞（2018）将动态能力和企业组织可持续发展的概念相结合，提出了动态可持续能力的概念，并将其定义为，企业通过感知可持续发展问题，把握可持续发展机会，调整企业资源配置，实现经济、环境和社会发展的能力。他们还通过实证分析证明了动态可持续能力对企业组织可持续发展绩效各维度具有显著的正向影响。其二是关注企业科技能力。白晓明和赵曙明（2014）、李君（2018）、Saunila 等（2019）均认为现代企业的信息技术能力对于企业组织可持续发展绩效的影响不容忽视。曾伏娥等（2018）以 214 家汽车制造企业为样本，运用结构方程模型实证分析了 IT（information technology，信息技术）能力对可持续发展绩效的影响。实证结论发现 IT 能力有助于提升可持续发展绩效，同时，业务流程敏捷性是 IT 能力重塑企业的关键环节，对于 IT 能力与可持续发展绩效之间的关系具有显著的中介效应。其三是关注企业产权性质。杨旭东等（2018）、靳曙畅（2019）将研究重点集中于内部控制、管理层能力与产权性质。他们在证明内部控制质量的提高能够在一定程度上提升企业组织可持续发展能力的基础上，论证了较强的管理层能力能够强化内部控制对企业组织可持续发展能力的影响，且这种调节作用与产权性质相关。其四是关注企业文化。武亚军和张莹莹（2015）、曹迪（2017）、Weerts 等（2018）分别从概念和案例上强调了从企业文化视角认识和研究企业组织可持续发展的重要性。Islam 等（2019）则进一步提出应将企业文化属性作为评估企业组织可持续发展绩效的衡量工具，并提出基于模糊综合评价的评价体系。

Whitley（1999）、Herciu 和 Serban（2018）强调从企业外部环境角度寻找对企业发展起主要影响作用的因素。他们在各自的研究中分别提到制度环境、金融环境、文化环境、历史环境等因素在企业的发展过程中起到重要作用。林莎和雷井生（2010）论证了经济环境、人力资源、产业配套、基础设施、投资收益、行政效率、法制环境等外部因素对企业的可持续发展产生重要的影响。

外部角度的研究重点关注特定的具体环境要素。其一是产业环境。Chen 等（2017）强调产业环境是企业发展竞争资源的来源，产业环境的动态性和复杂性对企业行为带来影响。Schnittfeld 和 Busch（2016）、Christ 等（2017）重点关注供应链环境，他们分别基于资源依赖理论和竞合战略，分析了供应链环境下促进和阻碍企业可持续性管理的主要因素，提出通过治理结构、合作伙伴选择和战略调整等措施实现供应链协调。其二是融资环境。周瑾等（2018）发现社会资本对经济增长质量具有显著的积极作用，包括直接作用和通过技术创新、金融优化效应产生的间接作用。其作用表现主要在于显著提升了经济增长的效率和可持续性，且经济发展水平越高、城镇化程度越深、市场化建设越深入，社会资本的作用越重要。杨汉明等（2019）以国内创业板科技型中小企业作为研究样本，探究外部投资行为对可持续增长能力的影响。结果表明，投资不足行为将抑制企业组织可持续增长能力的提升，且这种抑制作用主要是不具有现金流缺口的操作性投资不足造成的。Khan 等（2019）重点观察投资环境对企业关键无形资产和能力的影响。实证分析表明，融资环境和企业金融能力正向影响企业组织可持续竞争优势，并进而影响企业绩效。其三是政策环境。张亚峰和刘海波（2015）、秦立建等（2019）分别从知识产权政策、税务政策等角度论证政策环境对企业发展的重要影响。Songling 等（2018）证明环境绩效与企业经济绩效之间存在正相关关系。其中，政府控制的资源，包括银行贷款和税收优惠，在环境投资转化为经济效益的过程中影响显著。

另一类研究强调内外部因素的整合。马小援（2010）梳理了宏观环境、市场环境、自然环境、企业内部环境与企业组织可持续发展的关系。查颖（2009）认为危机是影响中小企业可持续发展的重要因素，其中包括不确定的外部环境、危机意识淡薄的内部环境。周应堂等（2005）将中小企业不可持续发展的原因归结为内外两个方面，一是中小企业发展与自然、社会的和谐程度，二是企业核心价值观与发展战略等方面的不可持续性。近年来的研究更关注各类影响因素与企业发展之间的作用机理问题。梁强等（2016）论证了内部资源与外部资源中的政府支持和金融机构支持可以形成战略替代效应。郭润萍和蔡莉（2017）在讨论高新技术企业发展时，论证了外部知识整合对企业绩效和创业能力具有积极影响，且创业能力在知识整合与发展绩效之间具有中介作用。

关于企业组织可持续发展水平的测量，已有研究更多着眼于企业绩效的刻画，主要采用资产收益率、投入资本回报率、企业利润率、销售增长率、市场份额增长等财务性指标（金䴘和裘益政，2018；朱仁宏等，2018）。部分研究涉及了成长绩效的概念，但主要也是通过多期的财务指标来刻画（Pedro et al.，2016；任胜钢和赵天宇，2018）。应该注意到，在实证分析中，量表如果涉及被研究对象财务数据的准确信息，实际上很难得到对方配合并获得真实数据。

总的来说，这些研究从不同角度提出了企业组织可持续发展的影响因素。这些因素涉及企业内外部环境，种类繁多、表现多样，为认识企业组织可持续发展影响因素及作用机理提供了很好的参考。例如，企业内部的产权性质、核心资源、动态能力、文化氛围，以及企业外部的产业环境、资金环境、技术环境、政策环境等，都为进一步分析企业组织可持续发展影响因素和作用机理奠定了基础。同时，应该注意到，已有工作存在的一些局限。例如，影响因素涉及面广，量化分析比较困难，能用的财务指标的参考作用有限。另外，非财务指标存在定义困难、测量困难、融合困难的问题。更重要的是，目前的研究主要是从研究者角度展开，在不同管理理论指导下，一些新的概念虽然具有理论价值，但在实证测量时很难保证被研究对象正确理解。

2.5 复杂系统理论视角的企业组织

企业组织的产生是社会生产的复杂性发展到一定阶段的产物。在原始手工业阶段，因为生产劳动足够简单，个体劳动形式成为主流，组织没有产生的基础。人类生产活动进一步发展到手工业工场阶段后，有了分工与协作，管理活动开始独立出来，组织的概念开始形成。大工业生产的到来，则对组织功能提出新的要求——组织需要具有共同的目标；组织需要通过分工以提高效率；组织需要采用等级结构以实现管理幅度，进而传统组织管理理论形成。然而，随着经济全球化、贴牌与外包、供应链协同、横向一体化等管理新思想、新模式的提出，产品本身的日趋复杂化和客户需求的不断更新升级，使得传统组织管理理论开始面临新的挑战。

复杂系统理论是系统科学的一个前沿方向，在研究对象上，它强调的是真正的“Complex”而不是“Complicated”，即不仅仅是认识上的局限性，而是具有内在的规定性，如交互、时变、非线性等。在研究思想上，它强调整体论和还原论的结合；在研究方法上，它强调演化或仿真，强调通过个体行为的交互来“涌现”整体独有的特性（沃尔德罗普，1997）。一般认为，自组织理论、复杂适应系统理论是其中的典型代表。

从系统论的角度看，企业组织可持续发展问题的核心是企业组织内外部各种因素的交互协调问题，其本质是复杂系统问题，故有必要从复杂系统理论视角厘清对企业组织的正确认识。

2.5.1 控制论视角

真正的组织的系统观形成应该是在 20 世纪 30 年代贝塔朗菲的一般系统论诞生以后（陈禹和钟佳桂，2006）。通过一般系统论，人们明确了组织在实现组织目标的过程中应该保持的基本原则：组织中的个体不能离开整体独立存在；组织中的个体通过交互作用形成相对稳定的结构；组织中个体的行为应服务于组织目标。控制论的诞生则将组织的系统观上升到一个新的层次。维纳（2009）把控制论看作一门研究机器、生命及社会系统中控制和通信的一般规律的科学，认为其是研究动态系统在变化的环境下如何保持平衡状态或稳定状态的科学。从控制论的视角观察组织系统，可以清晰地看到它和机器系统的一致性：组织系统就是一种控制系统，它具有自身的发展目标，通过信息反馈机制来揭示现状与目标之间的差异，并采取纠正措施，使系统稳定在预定的目标状态上。

控制论视角的组织系统是一种典型的机械系统观，在这种观点指导下，传统组织理论诞生了。不管是以马克斯·韦伯为代表的理想型官僚制组织制度，以泰勒为代表的科学管理理论，以及法约尔等提出的一般管理理论，还是号称行为科学组织理论的马斯洛的需求层次理论、郝茨伯格的双因素理论、弗洛姆的期望理论和麦格雷格的 XY 理论等，组织管理问题在他们的视角下，就是一个机械控制系统的设计和运行问题。原因很明确：第一，是设计者赋予组织相应的目标，组织管理的意义就是有效实现这个目标；第二，是设计者赋予组织一定的结构，该结构通过职能划分以实现功能划分，通过层级设置以实现统一指挥，最终保证信息传递效率；第三，系统运行过程中的随机波动、环境变化通过反馈机制得以解决。这样，一个理想的组织就可以按照理想的结构实现理想的目标，甚至可以有效应对一定的不确定性（张华夏，2007）。

同组织理论本身的产生一样，社会生产的复杂化使得从机械系统角度认识组织的局限性日渐表现出来。首先，组织环境的复杂化决定了根本就不存在一个全能的“组织的设计者”，该设计者具有完备的知识体系，能脱离于组织本身，站在全局制高点做出完美的设计；其次，社会生产的复杂化使得分工协作并不局限于组织内部，供应链、虚拟组织等概念让组织的边界模糊化，甚至很难基于传统观点给出组织的清晰定义；再次，组织的参与者是人，是具有主观能动性的活的个体。机械的岗位设置和流程设计，实际上是将人作为手段，完全忽视了人的情感，最终丧失了组织的活力；最后，在一个动态、复杂的外部环境中，靠一个集中式的反馈系统来应对不确定性，不管是在范围还是效率方面都是捉襟见肘的。

2.5.2 自组织理论视角

20 世纪 60 年代左右，化学和物理学等自然科学的发展催生了耗散结构理论和协同学（统称为自组织理论）。简单地说，自组织理论反映的是对一种自组织现象的描述和探索。在没有外部指令的条件下，系统内部各子系统之间在一定条件下仍然能够自行按照某种规则形成一定的结构，表现出某种功能。20 世纪 80 年代以后，人们将自组织理论应用于管理问题的研究，从而发现了一种观察组织的新视角（苗东升，2016）。

首先，自组织理论揭示了系统生命力的基础。热力学第二定律阐述系统发展运行的基本规律应遵循熵增定律，即物理世界的系统总是随着时间的推进走向无序，达到熵极大化。但是，一个生命体在生长发育过程中为什么能走向有序且不满足热力学第二定律？耗散结构认为，关键有两点，即远离平衡态和开放。远离平衡态就远离了最极端的无序，使得生命体有走向有序的可能；开放则能让生命体通过新陈代谢与外部环境进行物质能量的交换，这样，生命体通过消耗环境的物质能量，换得内部的熵降，系统有序性增加，焕发生机与活力。

其次，自组织理论揭示了系统应对复杂环境的能力来源。生物学发现，人类智慧的物质基础是神经网络，但构成神经网络的神经元细胞功能简单，它们只是遵循基本的规则：接受其他神经元的刺激，判断其强度（指刺激的强度）是否超出阈值，再向其他神经元发出刺激。这些基于简单行为规则的神经元构成的网络具有强大的学习能力、识别能力和复杂问题求解能力。蚂蚁只会简单的行为规则，但大量的蚂蚁基于简单的行为规则相互交流之后，它们却总能在复杂的环境中找到运送食物的最短路径。不管是神经网络还是蚁群，它们都是通过低层次个体之间局部的相互作用形成高层次的整体特有的结构和功能。关键是这个过程不由外部干预，这样“自发”形成的、有序的、较复杂的系统就是自组织系统。

从自组织理论的角度来看待企业组织、社会组织会给我们带来崭新的视角。

首先，组织发展的关键不是“设计”，而是赋予组织参与者合理的行为模式和交互协作的能力。组织的结构和功能是参与者充分协作后从宏观视角的自然“涌现”。自组织的观点将管理者的角色从“设计者”转化成“参与者”，从“神”变成“人”，这和诺贝尔经济学奖获得者 Herbert A. Simon 所言“管理者是有限理性”的概念一致。这有利于人们正确定位人在组织中的价值和作用，同时思考如何真正发挥其价值和作用。可以说，这是对组织概念和管理者角色的崭新认识。

其次，组织边界的界定是相对的，是系统层次性的体现。对系统层次的认识既反映了人类认识能力的发展，也反映了社会生活复杂性的变化。以企业信息化的发展为例，最初企业信息化的核心内容是物料的有效管理，即 MRP（material requirement planning，物料需求计划），因为在一个社会商品不够丰富的时代，企业竞争的关键是控制成本，成本节约就是利润增加。随着企业竞争加剧，更多信息在企业竞争中扮演越来越重要的角色，信息管理的范围扩展到所有制造资源计划（manufacturing resource planning，MRPII）的管理。随着竞争环境的扩大化，社会生产的复杂化，人们开始认识到财务信息、客户资源等更广范围的资源在提升企业竞争力水平的过程中扮演着重要角色，于是企业资源计划（enterprise resource planning，ERP）产生。而现在，社会分工已不再局限于传统组织内部，供应链、虚拟组织、产业电子商务等跨组织的“组织”日益成为重要的社会生产方式。

最后，具有自组织特性的组织系统显然不是一个集中式的系统。它在弱化“权威”的同时，更在赋予管理参与者适当的“权力”。从传统组织观看来，这可能带来“混沌”和“不平衡”，但从自组织理论角度来看，交互性和分散性提高了系统的适应性和鲁棒性，更关键的是“不平衡”正是组织走向有序和生命的前提，而混沌的边缘可能蕴含的是丰富的创造性和活力。

2.5.3 复杂适应系统视角

1984年，美国的圣塔菲研究所成立，标志着对系统的研究，尤其是对系统复杂性的研究进入一个新的层次。随着研究的深入，其应用领域已经深入自然科学、社会科学领域，甚至是哲学领域。沃尔德罗普（1997）认为，对复杂系统的研究将实现人类在了解自然和自身过程中在认知上的飞跃。复杂经济学创始人阿瑟（2018a）是其中的典型代表。他旗帜鲜明地挑战主流经济学范式在数学上的严格性、清晰性和准确性，提出世界是不可能被还原成纯逻辑的，也是不可能被锁入纯逻辑的铁笼里的，认为非均衡、交互、分散、连续适应等特征才是经济世界的真实面貌。

复杂适应系统理论是复杂性研究的主要成果。复杂适应系统理论把系统的成员看作具有自身目的与主动性的、积极的主体。更重要的是，复杂适应系统理论认为，正是这种主动性及主体与其他主体和环境之间反复的、相互的作用，才是系统发展和进化的基本动因。宏观的变化和个体分化都可以从个体的行为规律中找到根源。Holland（2006）把个体与环境之间这种主动的、反复的交互作用用“适应”一词加以概括。这就是复杂适应系统理论的基本思想——适应性产生复杂性。

复杂适应系统理论是对自组织理论的继承和发展。从复杂适应系统角度来认识组织，不只带来视角的变化，更带来手段和工具。

第一，复杂适应系统的系统观更加真实、客观。它直面社会生产日益复杂化的客观现实，强调在对研究对象开展解剖分析的同时，也应将其与环境的关系作为研究的一部分，而不是简单剥离。这对传统组织观为达到所谓的完美描述而将组织封闭起来，一味采用简化、抽象的处理原则提出了挑战。

第二，中国古代哲学也强调“天人合一”的整体观，贝塔朗菲的一般系统论也将“整体性”原则作为系统观之首。但是，这些理论在强调整体性之于系统观的重要性之外，缺少对整体性机理开展进一步探究的思路和方法，变成了“只见森林，不见树木”。而复杂适应系统有关“主体适应性涌现整体复杂性”的观点，在强调整体性的同时，找到了一种从底向上、从局部到整体的分析思路和方法，实现了对几乎所有复杂现象观察分析的新角度。而采用这种新角度来认识组织，不仅提供了新理论，也提供了具体的手段（付强和范冬萍，2014）。

第三，仿真工具的加入使得系统复杂性研究已不仅仅局限于理论。复杂适应系统理论的影响日渐深远，计算机编程思想也在面向对象的基础上向面向主体发展。Swarm、NetLogo、RePast等多主体编程工具日渐成熟。基于复杂适应系统理论研究组织特性正在日益发展成熟为一门崭新的计算组织理论（Morgan and Carley，2015），并进一步发展出人工系统、计算实验和社会计算等新兴研究领域。同时，仿真分析的应用也进一步促进人们对复杂性理论的认识。复杂适应系统基础上的仿真大都具有随机性特点，即在输入相同的情况下，模型仍会输出不同的结果。这恰恰是系统内外相互作用复杂性的体现。单次仿真的结果是在揭示一定条件下系统可能的历史轨迹和不同的未来路径；多次仿真的普遍性结论则可从统计学角度揭示系统影响的范围和发展的总体趋势，从而更有利于揭示个体行为与整体表现之间的动态关系。

因此，复杂适应系统视角本质上反映了人们在观察和研究复杂对象时从世界观上的转化，那就是从绝对到相对，从封闭到开放，从集中到分布。对复杂系统而言，传统的数学模型或逻辑模型强调总体、统一、简化、集中，而复杂适应系统视角则强调部分、相对、具体和分布。同样，对智能系统而言，符号主义实际上假定存在一种统一、完美、绝对的智能表达方法（即符号计算），而联结主义则反映了一种对个体、个体之间的关系、个体与环境之间关系的重视，即智能的开放性、相对性和分布性。在相互联系日益紧密、社会生产日益复杂化的今天，这样一种世界观的转变对我们观察世界、认识世界具有普遍的指导意义（高波和费奇，2005）。

2.6　本 章 小 结

可持续发展概念的诞生突出了人类与环境和谐发展的重要性。以此为背景，我们可以更清晰地认识企业组织可持续发展的概念重心——以企业组织和环境关系为支撑，获取持续获利和稳定发展的能力。在此基础上，本章梳理了企业组织可持续发展的相关理论和影响因素，并以控制论、自组织理论和复杂适应系统理论为视角，讨论了企业组织的系统观形成和发展的过程。正是基于复杂系统理论视角，借助自组织理论和复杂适应系统理论的系统观，我们明确了本书研究的基本观点。

（1）企业组织可持续发展能力是组织应对复杂环境的核心能力，是企业组织复杂性的外在正向体现。

（2）提升企业组织可持续发展能力必须尊重组织的复杂性机理。将复杂系统理论与现实环境的组织特性相结合是系统认识组织复杂性机理的关键。

（3）基于复杂系统理论的基本原理，企业组织面临的复杂性问题具有高度的非线性和随机性，其可持续发展能力是很难通过事先的外部设计来提升的，应通过个体适应性的提高和有效的交互，使其以自组织形式从内部涌现。

第3章　管理者视角的企业组织可持续发展影响因素及结构

第2章对企业组织可持续发展影响因素的研究状况做了梳理。总的来说，这些研究从企业组织外部环境、企业组织内部环境及内外环境相结合等角度开展研究工作,这为认识企业组织可持续发展的影响因素及作用机理提供了很好的参考，但也反映出一些问题。例如，财务指标反映信息有限，非财务指标量化分析困难，以及实证研究中一些管理理论和概念很难被研究对象正确理解等问题。同时，应该注意到，现有研究较少从企业管理者视角开展研究。企业管理者作为企业组织经营发展的亲历者和责任人，其经验和判断对企业组织发展的正确认识具有非常重要的参考价值。为此，有必要从管理者视角开展工作，采集实战经验丰富的企业中高层管理人员的观点，从管理实务角度梳理其对企业组织可持续发展问题的经验和认识。中高层管理人员的观点具有个体性和主观性，可以体现管理环境和管理行为的具体特征，结合实证分析可以发现主观视角下的规律性认识。这些工作和基于财经指标体系的分析一起，可以更加全面地刻画企业组织可持续发展的影响因素及相互关系。

3.1　企业组织可持续发展影响因素提取

本书的研究项目于 2014 年 1~6 月开展了企业组织可持续发展情况预调查，主要目的是对企业组织可持续发展影响因素做归类和提炼，以便形成正式问卷。调研对象为企业中高层管理人员，调研方式为访谈和问卷结合，具体内容见附录一。访谈对象共计 26 人，发放问卷 160 份，回收问卷 118 份，经分析筛选，有效问卷 87 份。

前面的文献梳理揭示了企业内部的产权性质、核心资源、动态能力、文化氛围，以及企业外部的产业环境、资金环境、技术环境、政策环境等因素都可能影响企业组织可持续发展。在此基础上，预调查问卷的设计重点确定为既要强调企业管理者的视角，又要在已有影响因素基础上尽量包含更多信息。于是，本书首先提出影响企业组织可持续发展的 5 类共 19 项影响因素，包括企业经营类、企业管理类、技术资源类、管理者个人类和外部环境类。结合返回问卷和访谈结果，企业中高层管理人员反馈的企业组织可持续发展主要影响因素集中于 15 个因素。本书结合在访谈和问卷中反映出的结果和问题，同时考虑各项因素表述的清晰性和准确性，设立对应的 15 个问卷题项，如表 3.1 所示。

表 3.1 中高层管理人员反映的企业组织可持续发展基本影响因素

影响因素	问题表现	拟设置题项
1. 行业环境问题	行业大环境不景气，企业发展相互制约明显	X_1 产业饱和，行业环境恶化
2. 材料成本问题	材料成本上升明显，制造业影响尤其明显	X_2 材料成本日益走高
3. 劳动力成本问题	劳动力短缺，培训、工资成本上升明显，制造业、服务业等行业表现尤其突出	X_3 劳动力成本日益走高
4. 资金问题	融资渠道有限，程序烦琐	X_4 资金短缺、融资困难
5. 税费问题	税费占成本比重变大，制造、服务等传统行业减免渠道有限	X_5 税费太高
6. 人员流失问题	人员稳定性差，招聘培训环节时间、资金成本上升，缺少稳定的企业环境	X_6 人员流失严重
7. 人才问题	核心人才培养难度大，流失明显	X_7 缺少关键性人才
8. 品牌影响力问题	无显著影响力，受其他品牌冲击大	X_8 缺少有竞争力的品牌
9. 技术问题	技术优势不明显，缺少技术提升资源	X_9 缺少核心技术
10. 市场竞争问题	市场开放程度高，竞争激烈	X_{10} 产品市场竞争力弱
11. 市场环境问题	客户需求多样化，市场环境变化迅速	X_{11} 客户需求、市场环境变化太快
12. 内部管理冲突问题	管理流程冲突，考核激励机制不合理	X_{12} 企业不同部门之间存在推诿扯皮的现象
13. 决策机制问题	组织结构复杂，等级感强，信息传递低效，决策不民主、不科学	X_{13} 体制僵化，决策死板、不科学
14. 供应链协同问题	供应商、客户占据明显优势地位，上下游依赖性强，沟通协作困难	X_{14} 企业发展受制于上下游合作企业
15. 政策配套问题	政策变化影响直接，缺少政府、政策支持	X_{15} 缺少政府政策资源

3.2 企业组织可持续发展影响因素实证分析

以预调查获得的管理者视角的企业组织可持续发展影响因素为基础，拟定出正式调查问卷——“企业组织可持续发展影响因素调查问卷”。问卷内容主要由企业基本信息、管理者对国家和企业发展情况评价、企业组织可持续发展影响因素评价三部分构成，具体内容见附录二。

问卷于 2015 年 1~10 月以纸质和网络方式在全国范围发放，发放对象为企业中高层管理人员。问卷共发放 621 份，经整理分析，有效问卷 432 份，有效问卷回收率为 69.6%。

3.2.1 描述统计

根据样本属性确定的样本分布情况如表 3.2 所示。

表 3.2 样本分布情况

属性	选项	频数	频率	属性	选项	频数	频率
企业所在位置	北京	23	5.3%	企业所属行业	文化、体育和娱乐	21	4.9%
	重庆	255	59.0%		农林牧渔，采矿，住宿和餐饮，租赁和商务服务，社区服务、修理等，其他	102	23.6%
	广东	47	10.9%	企业性质	国有	140	32.4%
	河北	11	2.5%		合作	13	3.0%
	浙江	64	14.8%		合资	41	9.5%
	其他	32	7.4%		独资	27	6.3%
企业经营时间	2 年内	46	10.6%		集体	3	0.7%
	2~5 年	63	14.6%		私营	166	38.4%
	5~10 年	81	18.8%		个体户	11	2.5%
	10~20 年	101	23.4%		其他	31	7.2%
	20 年及以上	141	32.6%	企业上年营业收入	50 万元以下	40	9.3%
企业所属行业	食品、轻纺工业	19	4.4%		50 万~100 万元	33	7.6%
	化工金属等资源加工业	12	2.8%		100 万~500 万元	44	10.2%
	机械电子工业	71	16.4%		500 万~1 000 万元	34	7.9%
	建筑与房地产	34	7.9%		1 000 万~1 亿元	89	20.6%
	批发和零售	27	6.3%		1 亿元及以上	192	44.4%
	交通运输、仓储物流	15	3.5%	企业员工规模	20 人及以下	82	19.0%
	金融保险	53	12.3%		21~50 人	67	15.5%
	技术与信息服务	44	10.2%		51~100 人	45	10.4%
	教育	18	4.2%		101~500 人	66	15.3%
	卫生、社会保障等	16	3.7%		501 人及以上	172	39.8%

1. 企业所在位置

432 名受访对象来自我国 20 个省（区、市）。其中，255 名来自重庆，占比 59.0%；来自浙江的占比 14.8%；来自广东的占比 10.9%；来自北京的占比 5.3%；来自河北的占比 2.5%；来自其他地区的占比较小。总体上看，样本覆盖面较广，东部、中部、西部区域均有涉及，经济发达区域和欠发达区域构成比例有一定的代表性。

2. 企业性质

432 名受访对象来自国有、私营、合资、独资等企业单位。其中，受访对象主要来自私营企业和国有企业，频数分别为 166 和 140，占比分别为 38.4%和 32.4%；合资企业有 41 名，占比 9.5%，独资企业有 27 名，占比 6.3%；个体户有 11 名，占比 2.5%。考虑到私营企业在我国经济环境中数量上的绝对优势，以及国有企业在体量上的重要影响，可以认为样本能够反映我国经济环境中主要的企业形态。

3. 企业经营时间

432 名受访对象中，141 名中高层管理人员所在企业经营时间超过 20 年，占比 32.6%；101 名中高层管理人员所在企业经营时间在 10~20 年，占比 23.4%；10 年以下的企业分为 2 年内、2~5 年和 5~10 年，对应频数分别为 46、63 和 81，占比分别为 10.6%、14.6%、18.8%。总体来看，样本企业经营时间跨度较大，具有一定代表性。若以 10 年为界，则各自占比分别为 44%和 56%，比较能反映不同经营时间对企业发展影响因素的认识。

4. 企业所属行业

432 名受访对象所属行业涉及 16 个主要行业领域，其中，代表性的行业：机械电子工业 71 名，占比 16.4%；金融保险 53 名，占比 12.3%；技术与信息服务 44 名，占比 10.2%；建筑与房地产 34 名，占比 7.9%；批发和零售 27 名，占比 6.3%；文化、体育和娱乐 21 名，占比 4.9%；食品、轻纺工业 19 名，占比 4.4%；教育 18 名，占比 4.2%。传统行业和新兴行业都有涉及，行业覆盖面较广，有一定代表性。

5. 企业上年营业收入

该项主要反映企业规模和资金水平。432 名受访对象所在企业上年营业收入 1 亿元及以上的有 192 名，占比 44.4%；1 000 万~1 亿元的 89 名，占比 20.6%；500 万~1 000 万元的 34 名，占比 7.9%；100 万~500 万元的 44 名，占比 10.2%；50 万元以下、50 万~100 万元的分别为 40 名和 33 名，占比分别为 9.3%和 7.6%。样本分布情况反映出各资金段均有涉及，以 1 亿元为界，中小企业和大企业比例接近。

6. 企业员工规模

该项主要从劳动力规模来反映企业规模和发展状况。432 名受访对象所在企业雇员 501 人及以上的 172 名，占比 39.8%；101~500 人的 66 名，占比 15.3%；51~100 人的 45 名，占比 10.4%，20 人及以下、21~50 人分别对应频数为 82 和 67，占比分别为 19.0%和 15.5%。样本分布情况反映出各种员工规模情况均有涉及，以 500 人为界，中小企业和大企业比例接近，与通过营业收入反映的情况基本一致。

7. 国家与企业发展情况评价

Y_1 项到 Y_8 项为管理人员对国家和企业发展情况评价，描述指标如表 3.3 所示。从评分情况看，管理人员对国家发展前景总的看法是积极的（均值 3.45），但同时，其对经济转型的大环境带来的现实困难还是比较在乎的（均值 3.36）。对所在企业发展状况总体呈积极态度（均值大于 3.00），尤其对未来发展态势比较乐观（均值 3.66），考虑到数据基本呈负偏态分布，因此，多数管理人员的态度应比均值反映的情况更积极一些。同时，还可看到，管理人员对企业当前利益和长期发展的看法比较理性（均值 2.95），没有出现明显的倾向性。

表 3.3 管理人员国家和企业发展情况评价

题项	*N*	均值	标准差	偏度		峰度	
	统计量	统计量	统计量	统计量	标准误	统计量	标准误
Y_1 未来 3~5 年中国经济前景辉煌	432	3.45	1.069	−0.324	0.117	−0.409	0.234
Y_2 当前经济转型对我所在企业带来很大困难	432	3.36	1.050	−0.215	0.117	−0.542	0.234
Y_3 “互联网+”的兴起非常有利于我所在企业的发展	432	3.53	1.106	−0.429	0.117	−0.414	0.234
Y_4 我所在企业过去一年总体运行情况很好	432	3.58	1.035	−0.464	0.117	−0.193	0.234
Y_5 我所在企业未来一年总体运行情况前景辉煌	432	3.58	1.057	−0.463	0.117	−0.227	0.234
Y_6 我所在企业未来 2~3 年总体运行情况前景辉煌	432	3.66	1.023	−0.528	0.117	−0.099	0.234
Y_7 对我所在企业来说，当前的效益比将来的发展更重要	432	2.95	1.166	0.174	0.117	−0.896	0.234
Y_8 企业已经或有意扩大经营范围	432	3.66	1.085	−0.542	0.117	−0.430	0.234
有效的 *N*（列表状态）	432						

8. 企业发展影响因素评价

X_1 项到 X_{15} 项是管理者对企业组织可持续发展影响因素的评价，描述指标如表 3.4 所示。这些题项的得分均值全部超过 3.00，说明这些因素对企业发展的影响得到普遍认可，验证了前期影响因素提取的有效性。同时，我们注意到，最高的三项分别为“缺少关键人才”（3.59）、“劳动力成本日益走高”（3.56）、“税费太高”（3.56），这反映出人力资源和资金资源在企业发展过程中的重要作用及短缺现象得到普遍重视。“产业饱和，行业环境恶化”（3.3）和“缺少有竞争力的品牌”（3.29）的得分次之，反映出企业对大环境和自身核心竞争优势的担心。

表 3.4　企业组织可持续发展基本影响因素评价

题项	N	均值	标准差	偏度		峰度	
	统计量	统计量	统计量	统计量	标准误	统计量	标准误
X_1 产业饱和，行业环境恶化	432	3.30	1.084	−0.396	0.117	−0.525	0.234
X_2 材料成本日益走高	432	3.23	1.155	−0.361	0.117	−0.645	0.234
X_3 劳动力成本日益走高	432	3.56	0.990	−0.499	0.117	−0.215	0.234
X_4 资金短缺、融资困难	432	3.09	1.204	−0.290	0.117	−0.665	0.234
X_5 税费太高	432	3.56	1.186	−0.459	0.117	−0.633	0.234
X_6 人员流失严重	432	3.20	1.036	−0.318	0.117	−0.185	0.234
X_7 缺少关键性人才	432	3.59	0.992	−0.545	0.117	0.013	0.234
X_8 缺少有竞争力的品牌	432	3.29	1.121	−0.320	0.117	−0.419	0.234
X_9 缺少核心技术	432	3.26	1.148	−0.367	0.117	−0.534	0.234
X_{10} 产品市场竞争力弱	432	3.03	1.098	−0.129	0.117	−0.481	0.234
X_{11} 客户需求、市场环境变化太快	432	3.25	0.954	−0.314	0.117	−0.070	0.234
X_{12} 企业不同部门之间存在推诿扯皮的现象	432	3.00	1.166	−0.070	0.117	−0.764	0.234
X_{13} 体制僵化，决策死板、不科学	432	3.11	1.183	−0.224	0.117	−0.730	0.234
X_{14} 企业发展受制于上下游合作企业	432	3.07	1.092	−0.287	0.117	−0.426	0.234
X_{15} 缺少政府政策资源	432	3.13	1.202	−0.275	0.117	−0.680	0.234
有效的 N（列表状态）	432						

3.2.2　方差分析

企业性质、企业经营时间、企业上年营业收入、企业当前员工规模、企业所在位置、企业所属行业等基本信息反映了企业基本的内外部环境情况。为了分析因环境状况不同而出现对国家、企业发展态势及影响因素的不同认知，有必要进一步开展方差分析，明确企业组织可持续发展影响因素评价受环境因素的影响状况。

1. 企业所在位置

对企业所在位置做方差分析。考虑到样本比较集中于重庆、北京、广东和浙江，且这四个区域涉及东部区域、西部区域、经济发达区域和经济欠发达区域，具有一定代表性，因此，选择这四个水平做分析。

经方差齐性检验，受企业所在位置差异影响显著（$P<0.05$）的主要因素有对互联网认识（Y_3）、资金压力（X_4）、税费问题（X_5）、企业内部矛盾（X_{12}）、企业体制（X_{13}）等（其中，企业内部矛盾未通过方差齐性检验，但做非参数检验，差异显著）（表 3.5）。对互联网持积极态度的企业主要集中于北京、广东等经济发达地区，浙江、重庆比例较低，这反映出传统行业和新兴行业对外部技术环境的不同认知；反映资金压力严重的更多集中于北京、广东、浙江，重庆相对较低，

这可能反映了经济发达地区产业升级等原因带来企业对资金的更大需求;类似地,反映税费太高的也主要是北京的企业;在企业内部矛盾和企业体制等方面,重庆的企业存在问题最多,北京最少,这从某种程度上反映了区域经济开放程度不同带来的企业内部治理效果的差异。总体上看,可认为企业所在位置作为重要的环境因素,对企业组织可持续发展有比较明显的影响。

表 3.5 受企业所在位置差异影响显著的主要因素

自变量	因变量				
企业所在位置	X_4	X_5	X_{12}	X_{13}	Y_3
北京	3.5	4.2	2.4	2.6	4.0
重庆	2.9	3.5	3.2	3.3	3.5
广东	3.4	3.5	2.7	3.0	3.8
浙江	3.3	3.7	2.8	2.8	3.3
显著性	0.003	0.029	0.002	0.012	0.008

2. 企业性质

对不同企业性质做方差分析。其中,由于集体性质企业样本数过少,将其删除后,只考虑国有、私营等其他几种企业性质。

劳动力成本问题(X_3)、企业内部冲突问题(X_{12})未通过方差齐性检验,改为非参数检验,差异显著,因此,受企业性质差异影响显著($P< 0.05$,X_4、X_5为0.052,仍加以考虑)的主要因素有劳动力成本(X_3)、资金状况(X_4)、税费问题(X_5)、企业内部矛盾(X_{12})和企业体制(X_{13})(表 3.6)。分析可见,私营企业和个体户对劳动力成本上升的感受最突出,国有企业和合作企业感受最轻,同时,在资金压力层面私营企业和个体户的反映也最突出,国有企业最轻,合资企业次之,这突出反映了私营企业发展面临不小的资金压力;在税费问题方面也有类似反映,私营企业反映较突出,但也应注意到个体户反映较轻,这可能和政府的个体经营政策相关,也可能涉及偷漏税款问题。在企业内部矛盾和企业体制方面非常明显,国有企业反映出的问题最严重。

表 3.6 受企业性质差异影响显著的主要因素

自变量	因变量				
企业性质	X_3	X_4	X_5	X_{12}	X_{13}
国有	3.4	2.8	3.3	3.5	3.6
合作	3.3	3.2	3.9	2.7	2.6
合资	3.5	3.2	3.8	3.0	3.0
独资	3.7	3.0	3.8	2.8	3.0
私营	3.8	3.3	3.7	2.6	2.8
个体户	3.8	3.3	3.3	3.0	3.1
其他	3.2	2.9	3.2	3.0	3.1
显著性	0.001	0.052	0.052	0	0

总体上看，私营企业对资金状况更敏感，国有企业则受困于企业内部协调与决策机制等问题。

3. 企业经营时间

企业经营时间分析可反映出一个企业在生命周期各个阶段面对的不同压力，也可反映出企业应对压力的基本能力和效果。因企业经营时间不同而表现出显著差异的主要因素有对国家经济前景的看法（Y_1），资金压力（X_4），企业内部矛盾（X_{12}），企业体制（X_{13}）和政府政策资源（X_{15}）（表 3.7）。经营时间在 2~5 年的企业对国家经济前景乐观的比例最小，其他经营时间的企业都比较乐观；资金压力方面与经营时间有明显关系，经营时间越短，资金压力越大，这反映出资金压力是初创企业必须面对的问题；从企业内部矛盾和企业体制方面可以看出，随着经营时间增加，这两方面问题在加重；政府政策资源则相反，经营时间越长，企业反映政府政策资源压力的比例越小。因此，初创企业的压力更高体现在资金和政府政策资源方面，经营时间长的企业则面临的企业内部矛盾和企业体制等方面的问题更严重。

表 3.7　受企业经营时间差异影响显著的主要因素

自变量 经营时间	因变量				
	X_4	X_{12}	X_{13}	X_{15}	Y_1
2 年内	3.5	2.8	2.9	3.4	3.4
2~5 年	3.4	2.7	2.9	3.4	3.1
5~10 年	3.3	2.9	2.8	3.2	3.5
10~20 年	2.9	3.0	3.2	3.0	3.5
20 年及以上	2.7	3.3	3.4	2.9	3.6
显著性	0	0.003	0.001	0.044	0.057

4. 企业所属行业

样本在企业所属行业方面覆盖面较广。为保证方差分析质量，我们选择了占较大样本比例的机械电子工业，金融保险，技术与信息服务，建筑与房地产，批发和零售，文化、体育和娱乐六个行业。总体上，传统行业和新兴行业都有涉及，有一定代表性。

其中，对国家前景认识（Y_1）、对企业前景认识（Y_5、Y_6）、企业状况（Y_4）评价未通过方差齐性检验，改为非参数检验，前两者差异显著，企业状况（Y_4）评价不显著，故删除。

总结来看，受企业所属行业差异影响显著的主要因素有对国家前景认识（Y_1）、对互联网认识（Y_3）、对企业前景认识（Y_5、Y_6）、材料成本（X_2）和劳动力成本（X_3）、供应链关系（X_{14}）（表 3.8）。技术与信息服务，文化、体育和娱乐行业对国家前景积极的认可度最高，对互联网发展的认可度也最高，这反映了第三产业未来的良好发展态势；对企业状况评价最消极的行业为批发和零售，这反映出在电子商务蓬勃发展的今天，传统流通环节面临比较大的发展压力。对材料成本压力反映最大的集中于机械电子工业，建筑与房地产、文化、体育和娱乐行业。传统制造建筑领域材料成本压力大应与其行业性质有关。文化、体育和娱乐行业的材料成本压力则反映了文化、体育和娱乐行业实体化的特征。劳动力成本压力主要集中于机械电子工业、批发和零售、技术与信息服务行业，这一方面反映出劳动力密集型产业在劳动力成本方面持续面临的压力，也反映出一些新兴技术领域开始面临的人才成本压力。

表 3.8　受企业所属行业差异影响显著的主要因素

自变量 企业所属行业	因变量						
	X_2	X_3	X_{14}	Y_1	Y_3	Y_5	Y_6
机械电子工业	3.5	3.8	3.3	3.4	3.4	3.6	3.6
建筑与房地产	3.2	3.3	2.9	3.2	3.2	3.6	3.6
批发和零售	3.1	3.9	3.1	3.2	3.2	3.0	3.2
金融保险	2.5	3.0	2.7	3.4	3.7	3.4	3.6
技术与信息服务	2.8	3.7	3.1	3.8	4.2	4.0	4.0
文化、体育和娱乐	3.4	3.5	3.6	3.9	4.0	4.0	4.0
显著性	0	0	0.036	0.032	0.001	0.006	0.034

5. 企业上年营业收入

对企业上年营业收入开展的方差分析反映出，国家前景认识（Y_1）、企业经营状况（Y_4）、企业前景认识（Y_5、Y_6）、资金压力（X_4）、企业内部矛盾（X_{12}）和企业体制问题（X_{13}）随企业营业收入增加有显著变化。具体数据见表 3.9。总体上看，对国家前景认识、企业经营状况和企业前景认识的积极性随营业收入上升呈波动性上升；资金压力随营业收入上升呈显著下降趋势。对企业内部矛盾和企业体制问题的认识，在 100 万~500 万元营业收入的企业中表现不明显，但随着营业收入增加有增大的趋势，同样反映出企业内部矛盾和企业体制是大企业发展的主要问题。

表 3.9　受企业上年营业收入差异影响显著的主要因素

自变量 营业收入	因变量							
	X_4	X_{12}	X_{13}	X_{14}	Y_1	Y_4	Y_5	Y_6
50 万元以下	3.5	2.8	2.7	2.8	3.6	3.4	3.5	3.5
50 万~100 万元	3.4	3.2	3.1	3.3	3.0	3.2	3.3	3.3
100 万~500 万元	3.5	2.3	2.6	3.2	3.6	3.6	3.7	3.7
500 万~1 000 万元	3.1	2.6	2.8	2.8	3.0	3.2	3.5	3.4
1 000 万~1 亿元	3.1	2.7	3.0	3.3	3.6	3.8	3.9	3.9
1 亿元及以上	2.8	3.3	3.4	3.0	3.4	3.6	3.5	3.5
显著性	0	0	0	0.018	0.009	0.011	0.042	0.042

6. 企业员工规模

对企业员工规模开展的方差分析反映出，企业劳动力成本（X_3）、资金压力（X_4）、企业内部矛盾（X_{12}）和企业体制问题（X_{13}）与企业员工规模显著相关。具体数据见表 3.10。总体上看，随着企业员工规模变大，资金压力有减小的趋势。但同时，企业内部矛盾和企业体制问题却有加重的趋势。这与对企业经营时间开展方差分析获得的结论一致。

表 3.10　受企业员工规模差异影响显著的主要因素

自变量 企业员工规模	因变量			
	X_3	X_4	X_{12}	X_{13}
20 人及以下	3.7	3.5	2.7	2.7
21~50 人	3.6	3.4	2.6	2.9
51~100 人	3.5	3.1	2.8	3.1
101~500 人	3.8	3.2	3.1	3.0
501 人及以上	3.4	2.7	3.3	3.4
显著性	0.038	0	0	0.018

方差分析反映出企业相关属性信息与企业组织可持续发展影响因素间存在显著的关联关系。进一步整理企业属性反映的信息，可以明确，企业外部环境因素（企业所在位置、企业所属行业）、企业内部环境因素（企业性质）、企业生命周期（企业经营时间、企业上年营业收入、企业员工规模）对企业组织可持续发展能力从多角度构成显著影响。

3.2.3　探索性因子分析

为探索企业组织可持续发展影响因素间的相关关系，并在此基础上提出因素间的结构模型，下面的工作分四步展开：①将 432 个样本随机分为两类，分别标记为探索性分析样本和验证性分析样本；②对探索性分析样本开展因子分析，提炼关键因子；③结合文献成果和描述性分析结论提出影响因素结构模型；④验证结构模型，总结结论。

1. 样本随机分组

借助随机数，样本随机分为探索性分析组（样本容量 226 个）和验证性分析组（样本容量 206 个）。

2. 提炼关键因子

经综合比较，采用主成分分析法提炼关键因子。

1）方法适用性检验

采用 KMO（Kaiser-Meyer-Olkin）和 Bartlett 球形检验，得到表 3.11。其中，KMO 样本测度值为 0.847，远大于 0.5 的参考标准；Bartlett 球形检验的显著性水平为 0，说明各题项的独立性假设不成立。因此，该样本数据非常适合进行因子分析。

表 3.11　KMO 和 Bartlett 的检验结果（一）

取样足够度的 KMO 度量		0.847
Bartlett 球形检验	近似卡方	1 360.459
	自由度	105
	显著性	0

2）因子分析

进一步采用主成分分析法进行分析，并以方差最大旋转法进行旋转，取得因子负荷量矩阵。从公因子方差看（表 3.12），除了“缺少政府政策资源”项，其他变量所含原始信息提取比例较高，因子解释能力可以得到保证。

表 3.12　公因子方差

题项	初始	提取
X_1 产业饱和，行业环境恶化	1.000	0.454
X_2 材料成本日益走高	1.000	0.629
X_3 劳动力成本日益走高	1.000	0.669
X_4 资金短缺、融资困难	1.000	0.629
X_5 税费太高	1.000	0.514
X_6 人员流失严重	1.000	0.428
X_7 缺少关键性人才	1.000	0.673

续表

题项	初始	提取
X_8 缺少有竞争力的品牌	1.000	0.702
X_9 缺少核心技术	1.000	0.736
X_{10} 产品市场竞争力弱	1.000	0.577
X_{11} 客户需求、市场环境变化太快	1.000	0.504
X_{12} 企业不同部门之间存在推诿扯皮的现象	1.000	0.593
X_{13} 体制僵化，决策死板、不科学	1.000	0.667
X_{14} 企业发展受制于上下游合作企业	1.000	0.576
X_{15} 缺少政府政策资源	1.000	0.316

注：提取方法为主成分分析法

从表 3.13 看，前三个因子的特征根大于 1。其中，第一因子的方差占所有因子方差的 36%左右，第二因子方差占比约 13%，前三个因子的累积方差贡献率接近 60%。虽然占比不是非常高，但已经可以描述影响因素的绝大部分信息。

表 3.13　解释的总方差

成分	初始特征值			提取平方和载入			旋转平方和载入		
	合计	方差	累积	合计	方差	累积	合计	方差	累积
1	5.426	36.176%	36.176%	5.426	36.176%	36.176%	3.254	21.693%	21.693%
2	1.912	12.746%	48.922%	1.912	12.746%	48.922%	2.979	19.859%	41.552%
3	1.331	8.875%	57.797%	1.331	8.875%	57.797%	2.437	16.246%	57.797%
4	0.921	6.137%	63.935%						
5	0.872	5.810%	69.745%						
6	0.775	5.168%	74.913%						
7	0.657	4.379%	79.292%						
8	0.602	4.012%	83.304%						
9	0.493	3.289%	86.593%						
10	0.441	2.943%	89.536%						
11	0.406	2.704%	92.240%						
12	0.351	2.340%	94.579%						
13	0.334	2.223%	96.803%						
14	0.251	1.671%	98.474%						
15	0.229	1.526%	100.000%						

注：提取方法为主成分分析法

根据旋转后各个因子在不同题项的载荷情况（表3.14），可得到以下对应关系。

表 3.14 旋转成分矩阵[1)]

题项	成分		
	1	2	3
X_9 缺少核心技术	0.829	0.132	0.178
X_8 缺少有竞争力的品牌	0.815	0.117	0.157
X_7 缺少关键性人才	0.788	0.189	0.127
X_{10} 产品市场竞争力弱	0.695	0.202	0.231
X_6 人员流失严重	0.548	0.187	0.304
X_3 劳动力成本日益走高	0.046	0.807	0.128
X_2 材料成本日益走高	0.036	0.735	0.296
X_4 资金短缺、融资困难	0.320	0.726	0.013
X_5 税费太高	0.158	0.700	−0.001
X_{15} 缺少政府政策资源	0.217	0.517	0.038
X_1 产业饱和，行业环境恶化	0.069	0.512	0.432
X_{13} 体制僵化，决策死板、不科学	0.375	0.012	0.725
X_{11} 客户需求、市场环境变化太快	0.035	0.087	0.704
X_{12} 企业不同部门之间存在推诿扯皮的现象	0.340	0.048	0.690
X_{14} 企业发展受制于上下游合作企业	0.241	0.298	0.655

1）旋转在 5 次迭代后收敛

注：提取方法为主成分分析法；旋转法为具有 Kaiser 标准化的正交旋转法

第一个关键因子（核心竞争力水平）包含的影响因素如下所示。

（1）X_9 缺少核心技术。

（2）X_8 缺少有竞争力的品牌。

（3）X_7 缺少关键性人才。

（4）X_{10} 产品市场竞争力弱。

（5）X_6 人员流失严重。

第二个关键因子（资金水平）包含的影响因素如下所示。

（1）X_3 劳动力成本日益走高。

（2）X_2 材料成本日益走高。

（3）X_4 资金短缺、融资困难。

（4）X_5 税费太高。

（5）X_{15} 缺少政府政策资源。

（6）X_1 产业饱和，行业环境恶化。

第三个关键因子（管理环境水平）包含的影响因素如下所示。

（1）X_{13} 体制僵化，决策死板、不科学。

（2）X_{11} 客户需求、市场环境变化太快。

（3）X_{12} 企业不同部门之间存在推诿扯皮的现象。

（4）X_{14} 企业发展受制于上下游合作企业。

第一个关键因子包含的 X_9、X_8、X_7 等题项直接反映了企业发展过程中的关键性资源，是企业核心竞争力的体现，因此，标记为“核心竞争力水平”因子。第二个关键因子包含 X_3、X_2、X_4 等题项直接反映企业发展过程中的资金水平，可标记为“资金水平”因子。第三个关键因子包含的 X_{13}、X_{11}、X_{12} 等题项直接反映企业发展过程中的内外部环境，是企业外部供应链管理水平及内部管理文化、决策机制的综合反映，可标记为“管理环境水平”因子。

涉及企业发展水平评价的指标采用被研究对象对企业过去一年和未来一段时间经营状况的评价和预期及经营范围的预期来测量。用同样的方法对这些指标做因子分析，提炼出评价企业组织可持续发展水平关键因子的构成因素：Y_4 企业过去一年运行良好；Y_5 企业未来一年前景良好；Y_6 企业未来 2~3 年前景良好；Y_8 企业已经或有意扩大经营。

3. 结构模型

基于前述文献分析，结合探索性因子分析结论，本书考虑各影响因素与企业组织可持续发展效果之间存在直接的影响关系，从而建立直接影响模型。同时，本书考虑到影响因素之间的作用机理，尤其是现有研究更多揭示企业能力在其中可能起到的中介作用，分析核心竞争力水平可能存在中介作用，于是建立传递影响模型。

1）直接影响模型

结合已有文献工作和前面描述性统计结果来看，核心竞争力水平、资金水平和管理环境水平的提升对企业组织可持续发展都会产生正面的影响，因此，最直观可能的假设，就是这三个因子同时正向作用于企业组织可持续发展水平，如图 3.1 所示。

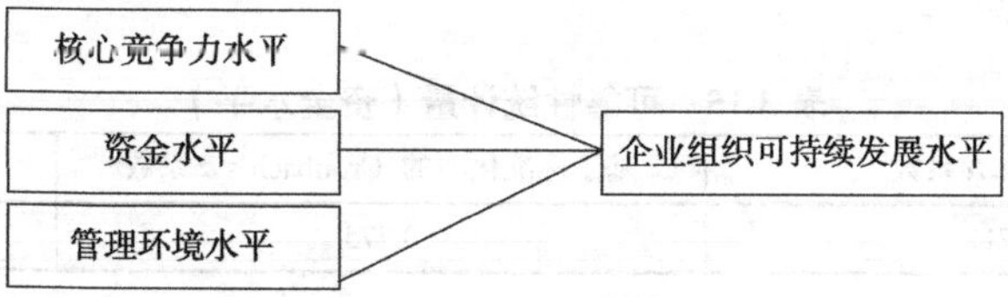

图 3.1　直接影响模型

为此，可得如下假设。

假设 3.1.1　企业核心竞争力水平与企业组织可持续发展水平呈正相关关系。

假设 3.1.2　企业资金水平与企业组织可持续发展水平呈正相关关系。

假设 3.1.3　企业管理环境水平与企业组织可持续发展水平呈正相关关系。

2）传递影响模型

考虑到核心竞争力是企业能力与资源的综合反映，因此，核心竞争力可以作为中介变量，在企业资金水平、管理环境水平与企业组织可持续发展水平之间建立桥梁。这样，企业资金水平、管理环境水平成为影响企业组织可持续发展的基础因子；企业核心竞争力水平则成为影响企业组织可持续发展的直接因子，如图3.2 所示。

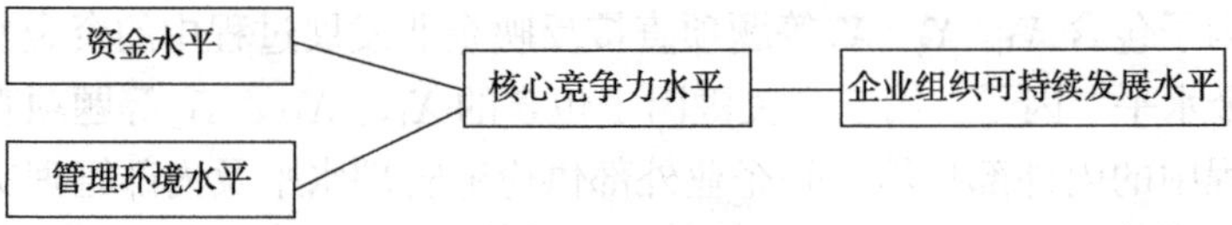

图 3.2 传递影响模型

为此，可得如下假设。

假设 3.2.1 企业资金水平与企业核心竞争力水平呈正相关关系。

假设 3.2.2 企业管理环境水平与核心竞争力水平呈正相关关系。

假设 3.2.3 企业核心竞争力水平作为中介变量与企业组织可持续发展水平呈正相关关系。

4. 验证模型，总结结论

1）信度检验

问卷信度是问卷内容一致性或稳定性程度的反映。其中，一致性主要反映问卷中同一构念下各个题项反映信息的一致程度；而稳定性则主要反映各个题项测量内容的稳定程度。基于已有工作基础，目前研究大都采用 Cronbach's α 系数对问卷的信度进行检验。其值介于 0~1，数值越大，对应问卷的信度越高。

对资金水平构念下各个题项做可靠性分析，得到结果如表 3.15 所示。Cronbach's α 系数达到 0.771，属于高度可信。从各个题项的检验来看（表 3.16），如删除任一题项，都会导致对应的 Cronbach's α 系数减少，因此，该构念信度检验通过。

表 3.15 可靠性统计量（资金水平）

Cronbach's α 系数	基于标准化项的 Cronbach's α 系数	项数
0.771	0.775	6

表 3.16 项总计统计量（资金水平）

题项	项已删除的刻度均值	项已删除的刻度方差	校正的项总计相关性	多相关性的平方	项已删除的 Cronbach's α 系数
X_1产业饱和，行业环境恶化	16.43	16.217	0.502	0.299	0.740
X_2材料成本日益走高	16.44	15.789	0.536	0.419	0.732
X_3劳动力成本日益走高	16.05	15.724	0.622	0.443	0.713
X_4资金短缺、融资困难	16.58	15.748	0.495	0.321	0.742
X_5税费太高	16.06	15.308	0.532	0.351	0.733
X_{15}缺少政府政策资源	16.35	16.191	0.425	0.197	0.761

但是，“X_{15} 缺少政府政策资源”题项的相关性较低，而且从实际含义看，X_{15} 和其他项反映的经营成本信息有一定区别，考虑将“X_{15} 缺少政府政策资源”单独作为解释变量考虑。因此，在直接影响模型和传递影响模型的基础上，补充以下假设。

假设 3.1.4　企业的政府政策资源水平与企业组织可持续发展水平呈正相关关系。

假设 3.2.4　企业的政府政策资源水平与核心竞争力水平共同作用于企业组织可持续发展水平，且呈正相关关系。

对核心竞争力水平构念下各个题项做可靠性分析，得到结果如表 3.17 所示。Cronbach's α 系数达到 0.814，也属于高度可信。从各个题项的检验来看（表 3.18），删除任一题项，都会导致对应的 Cronbach's α 系数减小，因此，该构念信度检验通过，不考虑删除任一题项。

表 3.17　可靠性统计量（核心竞争力水平）

Cronbach's α 系数	基于标准化项的 Cronbach's α 系数	项数
0.814	0.814	5

表 3.18　项总计统计量（核心竞争力水平）

题项	项已删除的刻度均值	项已删除的刻度方差	校正的项总计相关性	多相关性的平方	项已删除的 Cronbach's α 系数
X_6 人员流失严重	12.95	10.603	0.555	0.353	0.791
X_7 缺少关键性人才	12.54	10.815	0.597	0.401	0.780
X_8 缺少有竞争力的品牌	12.88	10.234	0.623	0.394	0.771
X_9 缺少核心技术	12.93	9.673	0.654	0.463	0.761
X_{10} 产品市场竞争力弱	13.12	10.097	0.589	0.389	0.782

对管理环境水平构念下各个题项做可靠性分析，得到结果如表 3.19 所示。Cronbach's α 系数达到 0.746，也属于高度可信。从各个题项的检验来看（表 3.20），删除任一题项，都会导致对应的 Cronbach's α 系数减小，因此，该构念信度检验通过，不考虑删除任一题项。

表 3.19　可靠性统计量（管理环境水平）

Cronbach's α 系数	基于标准化项的 Cronbach's α 系数	项数
0.746	0.744	4

表 3.20 项总计统计量（管理环境水平）

题项	项已删除的刻度均值	项已删除的刻度方差	校正的项总计相关性	多相关性的平方	项已删除的 Cronbach's α 系数
X_{11} 客户需求、市场环境变化太快	9.18	7.756	0.448	0.217	0.736
X_{12} 企业不同部门之间存在推诿扯皮的现象	9.43	6.115	0.619	0.476	0.641
X_{13} 体制僵化，决策死板、不科学	9.31	5.998	0.629	0.484	0.635
X_{14} 企业发展受制于上下游合作企业	9.35	7.076	0.478	0.246	0.722

对企业组织可持续发展水平构念下各个题项做可靠性分析，得到结果如表3.21 所示。Cronbach's α 系数达到 0.852，属于高度可信。从各个题项的检验来看（表 3.22），Y_8 的相关性较弱，删除该题项会导致 Cronbach's α 系数进一步增大，因此，可删除 Y_8，通过其他题项来表达企业组织可持续发展的信息。

表 3.21 可靠性统计量（可持续发展水平）

Cronbach's α 系数	基于标准化项的 Cronbach's α 系数	项数
0.852	0.855	4

表 3.22 项总计统计量（可持续发展水平）

题项	项已删除的刻度均值	项已删除的刻度方差	校正的项总计相关性	多相关性的平方	项已删除的 Cronbach's α 系数
Y_4	7.1602	7.521	0.662	0.489	0.824
Y_5	7.1456	6.662	0.810	0.785	0.760
Y_6	7.2621	6.760	0.831	0.783	0.753
Y_8	7.1359	7.903	0.497	0.275	0.895

2）效度检验

在内容效度方面，两次实证调研最大限度地保证了从管理者视角反映企业组织可持续发展的影响因素，同时在问卷发放上采用了推荐人制度，避免了无效问卷的混入。在结构效度上，根据 KMO 度量标准，表 3.23 中问卷 KMO 值为 0.847，处于有价值的标准范围区间，并且 Bartlett 球形检验显著性水平为 0，处于非常显著的水平，有充分理由拒绝原假设，即数据之间的相关性达到要求，适宜进行因子分析。

表 3.23 KMO 和 Bartlett 的检验结果（二）

取样足够度的 KMO 度量		0.847
Bartlett 球形检验	近似卡方	1 144.716
	自由度	105
	显著性	0

3）结构评价与分析

结合前面信度和效度分析，得到解释变量：资金水平、核心竞争力水平、管理环境水平、政府政策资源水平。根据直接影响模型的假设，所有解释变量都正向影响被解释变量企业组织可持续发展。将以上信息带入 LISREL 8.7，建立结构方程模型，得到结构方程模型路径（图 3.3）。

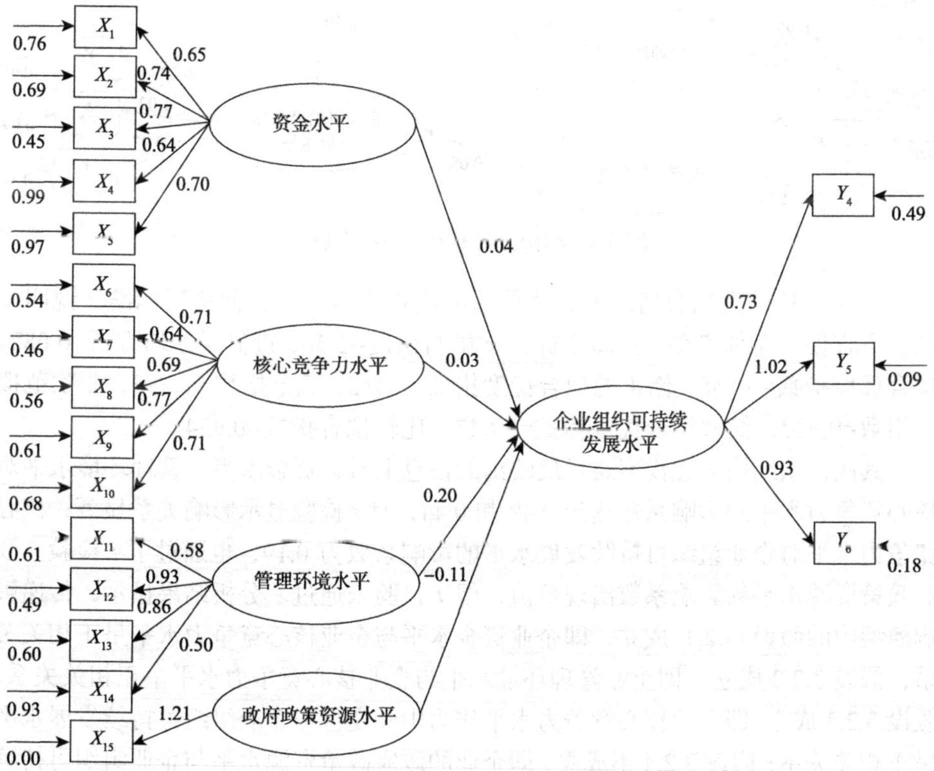

图 3.3 结构方程模型路径（直接影响）

从结构方程模型路径反映出的信息上看，资金水平、核心竞争力水平对企业组织可持续发展水平的影响系数只有 0.04 和 0.03，政府资源水平的影响系数出现负值，且四个影响关系的 t 值检验都没有通过，即模型中假设 3.1.1、假设 3.1.2、假设 3.1.3 和假设 3.1.4 都无法得到验证。

接着，根据传递影响模型的假设，资金水平、管理环境水平等解释变量是影响企业组织可持续发展水平的基础性因素，它们应该通过企业核心竞争力水平来发挥对企业组织可持续发展的影响。同时，考虑政府政策资源对企业发展具有直接影响，为此，重新建立结构方程模型，得到结构方程模型路径（图 3.4）。

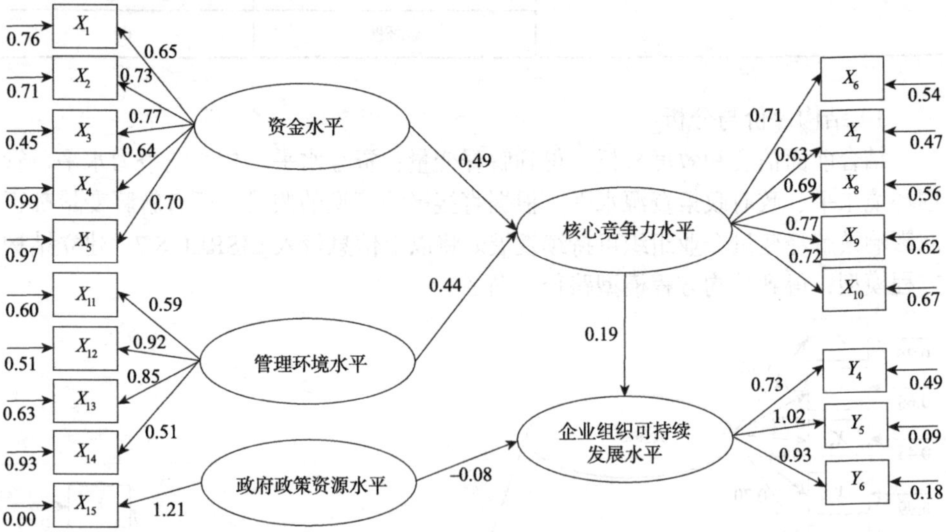

图 3.4 结构方程模型（间接影响）

首先，从模型拟合情况上，主要适配度指标达到或近似达到标准，说明该结构方程模型总体有效。具体指标：卡方/自由度=2.36，近似误差均方根=0.082，拟合优度指数=0.858，修正的拟合优度指数=0.812，赋范指数= 0.893，非赋范拟合指数=0.922，简效拟合优度指数=0.647，比较拟合指数=0.934。

其次，从结构方程模型路径反映出的信息上看，资金水平、管理环境水平对核心竞争力水平的影响系数达到 0.49 和 0.44，且 t 检验显示影响关系显著；核心竞争力水平对企业组织可持续发展水平的影响系数为 0.19，也通过了 t 检验。政府政策资源水平的影响系数出现负值，但 t 检验未通过。分析结果显示，传递影响模型中的假设 3.2.1 成立，即企业资金水平与企业核心竞争力水平呈正相关关系；假设 3.2.2 成立，即企业管理环境水平与企业核心竞争力水平呈正相关关系；假设 3.2.3 成立，即企业核心竞争力水平作为中介变量与企业组织可持续发展水平呈正相关关系；假设 3.2.4 不成立，即企业的政府政策资源水平与企业组织可持续发展水平不存在显著关联。结构方程模型证明资金水平和管理环境水平构成了企业组织可持续发展的基本条件，这些条件的提升有利于提高企业核心竞争力水平，进而促进企业组织可持续发展。另外，政府政策资源对企业可持续发展的影响并没有想象的那么明显。结合前面方差分析结果来看，政府政策资源的价值对初创企业更明显，但不具有普遍性。

3.3 本章小结

实证分析从管理者主观视角进一步证明了企业组织可持续发展存在一些普遍而核心的影响因素，这与前述文献反映出的观点具有一致性。例如，企业内部涉及的产权性质、决策机制、品牌竞争力、内部管理协同度等，企业外部涉及的区域经济环境、供应链环境、政策资源、技术环境等。同时，我们也应该注意到，企业劳动力成本、材料成本、融资水平等影响因素是从管理者角度提出的，但其本质是企业内部资源和能力（如成本控制能力、融资能力等）和外部环境状态（如社会职工平均工资水平、固定资产投资比重等）共同作用的结果。这也说明，管理者主观视角可以为认识企业组织提供另一种研究角度，这对全面清晰地认识企业组织可持续发展的影响因素及其相互关系是一种必要的补充。

从具体结果上看，本书的实证分析不但从管理者视角明确了企业组织可持续发展的具体影响因素，并且对这些因素之间的关联结构也给出了相应的描述。

第一，企业组织可持续发展的影响因素可从总体上概括为企业资金水平、企业管理环境水平和企业核心竞争力水平。其中，企业资金水平表现为企业劳动力成本、材料成本、融资和税费水平等要素；企业管理环境水平表现为企业体制、决策机制、内部协同度、供应链协同度等要素；企业核心竞争力水平表现为企业核心技术、竞争力品牌、关键性人才、品牌竞争力等要素。

第二，资金水平和管理环境水平的提升是实现企业组织可持续发展的基础性保证，它们直接影响企业核心竞争力的提升，最终影响企业的持续成长。基础因素所处位置决定了在这些因素上的投入应该是持续而稳定的，效果并非立竿见影，却是企业长远发展的基石。同时，我们还应该注意到，基础因素中两个关键因子不仅包含不可控的环境因素，也包含管理能力、领导水平和企业文化等能动性要素。因此，在利用和适应环境的同时，提升管理能力和领导水平是管理者可以施展才能的重要手段。

第三，企业核心竞争力水平是保证企业组织可持续发展的直接因素，即在该方面的有效资源投入对提升企业组织可持续发展能力具有直接显著的作用。因此，打造竞争力品牌，研发和掌握核心技术，引进和培养关键性人才是保证企业持续稳定发展的关键环节。

第四，政府政策资源对企业组织可持续发展的影响并不显著。结合方差分析来看，比较在乎政府政策资源的主要还是新创企业。这说明，政府政策资源对新创企业的倾斜具有更重要的价值。

当然，我们也应该注意到，虽然传递影响模型得到证明，影响路径成立，但相关系数只是处于中高程度的相关，这至少给出以下三点启示。首先，企业组织可持续发展涉及因素众多，影响因素复杂；其次，本书实证分析的出发点是从管理者视角探索企业组织可持续发展的影响因素及其结构，角度的限制使得影响因素间关系的刻画有其自身的局限性；最后，方差分析揭示，企业属性信息包含了企业外部环境信息（企业所在位置、企业所属行业等）、企业内部环境信息（企业性质、企业经营时间、企业员工规模等），它们主要影响企业组织可持续发展的基础因素，从而间接对企业组织可持续发展能力构成影响。

从管理者视角对企业组织可持续发展影响因素及结构的探索进一步明确了企业组织可持续发展影响因素间存在的中介传递关系，明确了基础因素和直接因素在企业发展过程中起到的不同作用。这些工作对管理工作实践具有启示意义，例如,企业管理者在企业发展过程中应该注意长远目标和关键手段之间的有效结合。同时，这些工作也对后面进一步建立企业组织可持续发展系统动力学模型，分析影响因素间相互作用的内在机理提供了建模的理论支撑。

第 4 章　财经指标体系下企业组织可持续发展影响因素及评价

对企业组织可持续发展能力和策略的讨论，始终离不开以下基本问题：究竟有哪些因素在影响企业组织可持续发展？这些因素之间存在什么样的关系结构？从多个角度开展企业组织可持续发展影响因素的讨论，有利于认识企业组织可持续发展的作用机理，最终帮助企业组织提升可持续发展能力。第 3 章重点以管理实践环境为基础，从管理者主观视角提取了企业组织可持续发展的影响因素，同时分析了影响因素间的结构关系。可以明确，企业组织内部环境和外部环境对企业组织可持续发展存在交互作用。本章以财经指标体系为切入点，以相对客观的视角和方法开展企业组织内部环境和外部环境评价，结合耗散结构理论，构建企业组织可持续发展能力评价体系，进而提取影响企业组织可持续发展的财务及经济指标，完善对企业组织可持续发展影响因素的认识。

现有关于企业组织可持续发展能力评价的研究大都基于财务角度和非财务角度展开，本书在梳理这些研究成果的基础上，以复杂性科学的耗散结构理论为基础，通过企业内外部环境的有序化测量给出评价体系。

4.1　企业组织可持续发展能力评价的主要研究角度

目前，国内外关于企业组织可持续发展能力评价的研究大致可以分为基于财务角度的研究和基于非财务角度的研究两类。基于财务角度的研究主要是从企业财务指标角度出发来研究企业组织可持续发展问题；而基于非财务角度的研究除了考虑企业的财务绩效指标外，还将企业与社会和环境的协调发展等指标考虑进来进行综合分析。

4.1.1　基于财务角度的研究

在财务会计领域，对企业发展与成长开展定量化评价最具有代表性的是希金斯（2003）和范霍恩（2000）的相关工作。希金斯将企业组织可持续增长率定义为所有者权益的增长率，强调在不需要耗尽财务资源的情况下，企业销售增长的最大比率。范霍恩则认为，可持续增长率应根据经营比率、负债比率和股利支付比率等指标来计算。两者虽然存在角度的差异，但本质上都是基于会计恒等式开展推导的，计算形式不同，但可以相互转换（汤谷良和朱蕾，2002）。

另外，科雷（2003）提出了从现金流量的变化来评价企业可持续增长的水平，即通过现金余额的增长刻画企业可持续增长情况。他在一定条件下测算了现金流量与可持续增长率之间的关系，推导出现金流量与可持续增长率之间存在线性负相关关系，即当实际增长率大于可持续增长率时，企业的现金流量为负值，而当实际增长率小于现金余额的增长率时，企业的现金流量为正值。汤谷良和游尤（2005）通过实例数据验证，指出现金流分析对于企业可持续增长的评价和发展具有较强的现实指导意义，但仍存在销售收入需全部为收现收入、成本需全部为付现成本等强条件约束。

Coad 和 Rao-Nicholson（2008）在对企业组织可持续发展能力进行研究时，将“企业总资产规模的大小”作为主要评价指标，通过上市企业的财务数据对企业组织可持续发展能力进行评价。Coles 和 Daniel（2008）则将财务指标中的“托宾 Q”作为主要评判标准，对企业组织可持续发展能力进行相应的分析。Buck 和 Liu（2008）在采用财务数据分析企业组织可持续发展能力时，对与企业发展相关的指标进行筛选，认为股票价值、股票收益、资产收益率、税前利润是反映企业组织可持续发展能力的重要指标，以此为基础建立了相应的指标评价体系。张玉明和段森森（2012）、徐浩等（2014）则针对中小企业的特点给出了基于扩展财务指标的企业成长能力评价体系。

王黎华等（2015）指出，对我国企业简单套用国外的评价模型，涉及财务指标的通用性等问题。针对我国上市企业可持续发展情况，姚禄仕和聂瑞（2007）在评价指标选取上，强调了上市公司营利能力、经营能力、偿债能力、发展能力、资产结构等方面的多个财务指标，建立了相应的指标评价体系。刘倩（2011）在对已有的企业组织可持续发展评价方法进行研究后，根据对企业内部财务数据的分析，提出了基于主成分聚类分析的客观分析方法，并以首批 28 家创业板上市企业作为样本进行实证验证。朱光曦和马占新（2008）从效率角度出发，建立了基于企业内部财务数据的评价指标体系，通过数据包络法将企业内部的运行情况转化为能够反映企业组织可持续发展能力的指标值。吴春雷和张新民（2017）进一步指出，应该克服以“经济价值”为核心的会计的狭隘性，会计在本质上应该是组织主体采用专门方法，通过计量投入的经济资本、环境资本和社会资本及其各自创造的价值，来综合确定组织主体可持续性价值的一种工具。

4.1.2　基于非财务角度的研究

在运用非财务数据进行分析方面，Barringger 等（2005）在对 50 个发展势头良好的样本企业和 50 个发展滞后的样本企业进行数量分析后，发现领导者品质、企业特性、商业模式和人力资源管理等 4 个因素对企业组织可持续发展产生影响，从而构建了相应的评价指标体系。Yan 等（2011）在对物流企业组织可持续发展能力进行测量时，运用样本分析方法，采用非确定性测量模型，得出企业组织可持续发展能力评价方法。Chalmeta 和 Palomero（2011）综合企业发展与经济社会环境协调的观念，将平衡计分卡运用到企业组织可持续发展能力的评价上，对 16 个样本组织进行数据分析，得出了能够反映企业组织可持续发展能力的可持续平衡计分卡。Lee 和 Saen（2012）运用数据包络法，将韩国电子工业企业作为研究样本，选取企业内部运行的数据进行量化分析，得出了评价企业组织可持续发展能力的新方法。Jing（2012）将企业的发展看成一个动态的过程，认为影响企业发展的因素在时刻变化，提出了一个基于管理熵的测量模型来检测企业组织可持续发展能力。

还有一些学者重点从财务指标的扩展方面开展工作。温素彬（2010）在指出单一财务指标刻画企业发展绩效存在局限性的基础上，提出基于可持续观念发展的企业是利益相关者缔结的多元资本共生体，应追求经济利益、生态利益、社会利益的和谐发展。为此，他将评价内容、实现环节和评价对象三个维度相结合，构建了绩效立方体模型。武晓龙和李妍锦（2016）强调经济性评价指标应该与社会性评价指标、生态性评价指标共同考虑，提出了以可持续发展为日标的企业绿色财务评价体系。朱丹等（2019）利用我国 A 股非金融类主板上市企业 2008~2016 年的数据，从审计意见类型和审计报告内容是否涉及持续经营问题入手，运用一阶自回归模型，证明审计意见可对企业盈利持续性进行有效反映。

另外，还有一些研究在实例应用方面做了大量工作。陶金国等（2013）以南京化工园区 28 家企业作为研究对象，通过设计基于企业社会责任的调查问卷收集数据，并将层次分析法和专家打分法相结合，综合运用统计分析、回归分析等方法，构建了工业园区企业组织可持续发展能力的评价体系。周佳和祝合良（2014）基于层次分析法，结合北京零售业的发展情况，确定了可持续发展的各相关因素，并通过专家意见法进行定量分析，得出了评价体系。

众多学者运用不同模型或方法对企业组织可持续发展能力评价进行了研究。总体来看，从企业内部财务角度开展企业发展评价的研究相对较多，而能够将企业内外部发展状况进行结合，分析外部环境对企业发展影响的研究相对较少。部分将企业内部运营与外部环境结合起来开展企业组织可持续发展能力评价的工作，更多偏重模型或者理论探讨，很少运用实际数据进行研究。

4.2 基于耗散结构理论的评价模型

前面的讨论已经明确，企业的发展是由组织内部因素和外部环境共同决定的，尤其在经济新常态条件下，企业发展的外部环境发生了剧烈变化，因而在对企业组织可持续发展能力进行评价时，不能忽视外部环境的影响。本书在研究过程中，一方面，对经济新常态下影响企业组织可持续发展的外部因素进行整理，建立相应的外部环境评价指标体系；另一方面，从企业内部财务角度出发，对企业的内部发展状况开展评价。同时，本书引入管理熵和转义的 Brusselator 模型，将企业内外部发展情况通过转义的 Brusselator 模型转化为企业组织可持续发展能力的评价值，分析不同地区、不同制造业企业的可持续发展能力值及外部环境的影响机制。本书的研究结合了企业内部有序化程度和外部环境状况的评价体系，能够更好地反映企业组织可持续发展状况，更客观、清晰地分析企业发展中存在的问题和不足。

诺贝尔化学奖获得者 Prigogine 提出了耗散结构理论，指出一个远离平衡态的开放系统，通过与环境不断地交换能量、物质和信息，可以在一定条件下产生自组织现象，即由无序到有序，从较低层次有序到较高层次有序，并形成新的稳定结构（Prigogine and Allen，1982）。企业是社会经济系统的一部分，企业的原料采购、人员聘用、技术研发、市场推广等诸多环节都与所在区域的经济、金融和科技环境存在着密不可分的联系，不可能在完全封闭的环境下运行；企业由各个部门组成，各部门同样不可能在完全封闭的环境下独立运行，因而其本身就是一个复杂的组织系统。企业在运行过程中，组织内部各部门之间，组织与外部环境之间都不可避免地进行着物质、能量和信息的交换，符合复杂系统的基本描述。基于此，我国学者任佩瑜等（2001）将熵和耗散结构等概念引入企业发展评价上来，提出了管理熵和管理耗散结构的理论。他们认为，任何一种组织的管理、制度、政策、方法等，在相对封闭的组织运动过程中，总会呈现出有效能量逐渐减少，而无效能量不断增加的一个不可逆的过程。管理熵就是对这个过程的量化描述方式，其本质是反映组织结构中管理效率递减的规律。而一个远离平衡态的复杂企业组织，通过不断地与环境进行能量、物质和信息的交换，在内部各单元之间的相互作用下出现负熵增加，组织有序化程度的增加大于自身无序化程度的增加，从而形成新的有序结构和产生新的能量，这个过程就是管理耗散（任佩瑜等，2013）。张铁男等（2010）研究指出，熵是系统无序化程度的度量，企业的内部矛盾导致正熵产生并持续增长。正熵是企业不稳定的根源，正熵的不断增加导致企业管理效益的降低。而负熵能够抑制正熵带来的消极影响，从而维持企业管理的秩序与企业本身的生存和发展。并且，他们对企业正熵、负熵进行了明确的量化定义，指出企业运营过程中产生的熵就是正熵，正熵是其无序化发展的主要原因；企业外部环境带来的熵就是负熵，是企业有序运行的支撑和保证。

企业实现可持续发展的关键，在于企业内外部的协调发展，即企业内部有序运行，同时拥有较为有利的外部发展环境。而企业内部运行是否有序可以用正熵来度量，如果企业内部呈现无序化发展，则企业的正熵增加；如果企业的内部因素作用有序，则企业的正熵减少。企业的外部环境是否对企业产生积极影响可以用负熵来度量，如果企业外部环境对企业发展不利，则企业的负熵减少；如果企业外部环境对企业发展有利，则企业的负熵增加。当企业一旦形成"耗散结构"，企业内部运行日趋合理，外部环境适应性增强，此时企业就可实现可持续发展。因而，企业在追求可持续发展的过程中，既要努力提高企业内部系统的运行效率，努力地减少"熵增"，保持企业的内部正熵尽可能小，也要努力利用外部环境带给企业的机会，引进负熵，抵消企业内部产生的正熵，保证企业内部运营有序化，最终实现企业的可持续发展。

为此，本书在阐述中定义企业组织运营完全有序、可持续为理想的"耗散结构"状态，采用接近"耗散结构"的程度来判断企业组织可持续能力的大小：越接近"耗散结构"，表明企业组织的内外部有序化程度越高，企业组织实现可持续发展的能力就越强；反之，越远离"耗散结构"，企业组织的内外部有序化程度越低，企业组织实现可持续发展的能力就越弱（高波和秦学成，2015）。

4.2.1　企业组织外部环境熵的计算

外部环境对企业组织的发展至关重要。外部环境越优越，越有利于企业组织发展；企业组织从环境中吸收的有利因素越多，实现持续发展的可能性就越大。外部环境越恶劣，越不利于企业组织发展；企业组织从环境中得到的有利因素越少，实现持续发展的可能性就越小。本书用外部环境熵来衡量企业组织外部环境的有利程度，具体公式如下所示。

（1）根据管理熵定义，设定有 n 个评价对象，m 个指标，则 x_{ij} 为第 i 个评价对象的第 j 个评价指标的指标值。其中，$i=1,2,\cdots,n$，$j=1,2,\cdots,m$。

（2）指标标准化。

$$y_{ij}=\alpha+(1-\alpha)\frac{x_{ij}-\min\limits_{i}x_{ij}}{\max\limits_{i}x_{ij}-\min\limits_{i}x_{ij}},\quad i=1,2,\cdots,n;\ j=1,2,\cdots,m \tag{4-1}$$

为避免后面对数运算出现 0 值，式（4-1）引入调节参数 $\alpha\in(0,1)$。同时，为减轻对原指标值的影响，其取值参考标准化后的指标取值大小，设定为 0.001~ 0.01。

（3）计算第 i 个评价对象的第 j 个评价指标的指标值在这个指标值的和中所占的比重。

$$f_{ij}=\frac{y_{ij}}{\sum_{i=1}^{n}y_{ij}},\ i=1,2,\cdots,n;\ j=1,2,\cdots,m \tag{4-2}$$

（4）根据 f_{ij} 得出第 i 个评价对象的第 j 个评价指标的熵值。

$$H_{ij}=kf_{ij}\ln f_{ij} \tag{4-3}$$

其中，$k=\frac{2}{\ln n}$；$i=1,2,\cdots,n$；$j=1,2,\cdots,m$。

（5）计算第 j 个评价指标的管理熵权重。

$$w_j=\frac{2+H_j}{2m+\sum_{j=1}^{m}H_j} \tag{4-4}$$

其中，$H_j=\sum_{i=1}^{n}H_{ij}$；$i=1,2,\cdots,n$；$j=1,2,\cdots,m$。

（6）计算第 i 个评价对象的环境熵。式（4-5）考虑了评价对象数量对 H_{ij} 的影响。

$$B_i=n\sum_{j=1}^{m}w_jH_{ij},\ i=1,2,\cdots,n;\ j=1,2,\cdots,m \tag{4-5}$$

4.2.2 企业组织内部管理有序化程度的计算

企业组织内部管理有序化程度可以通过管理熵值来进行反映。内部管理有序化程度越高，企业的管理熵值就越低，从而企业组织实现可持续发展的可能性就越大；内部管理有序化程度越低，企业组织的管理熵值就越高，企业组织实现可持续发展的可能性就越小。具体公式如下所示。

（1）根据管理熵定义，设定有 n 个评价对象，m 个评价指标，则 x_{ij} 为第 i 个评价对象的第 j 个评价指标的指标值。其中，$i=1,2,\cdots,n$；$j=1,2,\cdots,m$。参照式（4-1）和式（4-2）进行指标标准化和比重计算。

（2）根据 f_{ij} 得出第 n 个评价对象的第 j 个评价指标的熵值。

$$H_{ij}=-kf_{ij}\ln f_{ij} \tag{4-6}$$

其中，$k=\frac{1}{\ln n}$；$i=1,2,\cdots,n$；$j=1,2,\cdots,m$。

（3）计算第 j 个评价指标的管理熵权重。

$$w_j=\frac{1-H_j}{m-\sum_{j=1}^{m}H_j} \tag{4-7}$$

其中，$H_j=\sum_{i=1}^{n}H_{ij}$；$i=1,2,\cdots,n$；$j=1,2,\cdots,m$。

（4）计算第 i 个评价对象的管理有序化程度。式（4-8）考虑了评价对象数量对 H_{ij} 的影响。

$$A_i = n\sum_{j=1}^{m} w_j H_{ij},\ \ i = 1,2,\cdots,n;\ \ j = 1,2,\cdots,m \tag{4-8}$$

4.2.3　企业组织可持续发展能力评价模型

Prigogine 所代表的布鲁塞尔学派在研究中构建了 Brusselator 模型来反映耗散结构建立的数学条件，该模型也被称为三分子反应模型。张铁男等（2010）对 Brusselator 模型进行了转义，将耗散结构实现的临界值条件 $|B| \geqslant 1 + A^2$ 引用到企业组织发展评价中来，指出 A 为企业组织内部环境产生的正熵，B 为企业组织外部环境带来的负熵。当该条件实现时，企业组织处于耗散结构状态，组织内外部运行状态达到持续优化水平。本书基于已有文献的研究成果，尝试将转义的 Brusselator 模型引入企业组织可持续发展能力的评价上来，并且对该模型实现的数学条件进行重新定义，转化为企业组织可持续发展能力值的评价公式。

应该注意到，Brusselator 模型本身是自然科学领域的耗散结构模型，对其进行转义，以用于管理问题分析，其主要的依据来源于复杂性科学的普遍性和跨学科规律。但如果严格按照耗散结构实现的临界值条件 $|B| \geqslant 1 + A^2$，用以判断一个企业组织是否处于耗散结构状态，则存在逻辑完备性的问题。首先，企业管理作为社会科学领域问题，其覆盖面更广，涉及因素更复杂，描述指标的选择及指标含义的交叉，都使得内外部环境的刻画很难保证完全的客观和全面；其次，有关企业和环境有序化程度计算的管理熵和环境熵模型，其公式本身就决定了模型主要表现被研究对象有序化程度的相对情况，而非绝对数值。因此，对转义引入的 Brusselator 模型，过分强调内外部熵值的绝对大小，并以此作为判断企业组织是否达到耗散结构的标准并不合适。本书更看重 Brusselator 模型对反映企业组织可持续发展能力的相对评价上。为此，本书针对具体的第 i 个企业组织，定义其可持续发展能力评价值为

$$C_i = |B_i| - \{1 + A_i^2\} \tag{4-9}$$

其中，C_i 为第 i 个企业组织的可持续发展能力评价值；A_i 为第 i 个企业组织内部有序化的熵值；B_i 代表第 i 个企业组织所在城市外部环境熵值。C_i 的值越大，表明企业组织实现内外部有序化的水平越高，企业组织获得可持续发展的可能性就越大，因而可持续发展能力就越强；反之，企业组织的可持续发展能力就越弱。

4.3 企业组织可持续发展能力评价指标体系的构建

第3章的分析已经指出，行业性质是影响企业组织可持续发展的重要因素。为了使讨论更具针对性，同时考虑到制造业在整个国民经济中的主体作用，本章指标体系的构建主要基于制造业环境。实际上，2015年5月，国务院发布的《中国制造2025》开宗明义地指出，“制造业是国民经济的主体，是立国之本、兴国之器、强国之基。十八世纪中叶开启工业文明以来，世界强国的兴衰史和中华民族的奋斗史一再证明，没有强大的制造业，就没有国家和民族的强盛。打造具有国际竞争力的制造业，是我国提升综合国力、保障国家安全、建设世界强国的必由之路”。对制造业企业组织可持续发展能力的研究，不仅有利于提升对制造业的认识，也有利于对其他行业的认识，最终带动的是整个国民经济发展水平的提升。

4.3.1 企业外部环境评价指标选取

1. 企业发展与外部环境关系

企业的外部环境一般是指，存在于企业之外对企业的生存发展产生决定性影响的各种因素的总和（陈晓红和王陟昀，2008）。对企业所处环境进行评价和识别，对于企业制定正确的战略方针，把握准确的市场定位，应对复杂多变的环境挑战，具有非常重要的意义。良好的外部环境，奠定了企业蓬勃发展的重要基础，而恶劣的外部环境，往往导致企业的破产和死亡（关健等，2009）。以贝塔朗菲（1987）为代表的系统理论明确指出，环境不仅是企业系统建立的客观基础，而且是其赖以生存发展的必要条件。企业的发展离不开所处的外部环境，企业作为环境中的一个子系统，与所处的环境起着相互影响的作用。在发展过程中，企业从环境中获取所需的资源，同时又将生产的产品和服务输出给环境。企业只有全面深入地审视自身所处的环境，充分认识企业自身与发展环境之间双向的、互动的关系，才能更好地制定发展目标和具体战略，从而不断提升竞争能力和水平，实现企业的可持续发展。

工业化进程中的一个重要特点就是社会化大生产，制造业企业一旦离开必要的社会条件，就不可能进行正常的生产活动，因此，在制造业企业的发展过程中，不能将企业与所处环境的关系割裂开来。城市是一个企业组织外部环境的综合代表，是一个区域的政治、经济、科技和文化等各类要素和资源的集成体。众多城市的发展构成我国经济发展的整体局面，国家整体经济发展上出现的宏观变化，也会作用在各个城市的发展上，从而改变区域内企业的发展环境，对企业的发展产生相应的影响。

经济新常态时代的到来，标志着我国过去依靠全球化红利、改革红利、人口红利和工业化红利等推动经济高速发展的时代逐渐远去。我国的经济结构、产业结构、收入分配结构、城市化进程、技术创新、资源环境等宏观环境都在发生巨大的变化，而这些国家宏观因素的变化，也会对各城市的发展产生巨大的影响。具体到城市，就业率、商业投资环境、存贷款总额、劳动力工资水平、政府在科教文卫方面的支出、城市基础设施建设、环境治理投入及企业发展的相关规章制度等都会呈现出不同以往的特征。面对新的外部发展环境，影响企业发展的因素主要有哪些？这些因素将会对企业的长远发展产生怎样的影响？这些问题是在研究企业组织可持续发展问题时需要首先解决的问题。

2. 影响企业发展的外部因素

基于城市环境对企业发展的重要影响，同时考虑数据采集的有效性和可行性，本书选取企业所处的城市作为企业外部环境的综合代表，提取城市的各项经济运行数据作为企业外部环境的评价指标，并结合企业实现可持续发展的具体要求，整理可能影响区域内企业发展的主要因素。

蔡昉和王美艳（2006）研究发现，中国总抚养比每降低 1 个百分比，就会带来经济增长速度提高 0.115 个百分点，这是中国经济增长借助于人口红利的直接证据。劳动力资源是制造业企业发展过程中的重要因素，在关于劳动力资源具体指标的选取上，劳动人口比重反映了市场上劳动力的充裕程度，而平均工资水平反映了劳动力获取和使用的成本。因而，在社会劳动力状况方面，可优先从这两个角度选择指标，具体考虑城镇登记失业人口与就业人口比重、职工平均工资水平。

李丛文（2015）指出，从中国经济状况和发展趋势来看，经济新常态的一个重要特征就是动力机制的新常态。在经济增速放缓、结构优化升级的同时，经济发展的动力要由过去的要素驱动、投资驱动转向创新驱动。推动以科技创新为核心的全面创新，将极大地激发微观主体的活力，形成新的增长动力源泉，推动经济持续健康发展。赵树宽等（2012）研究发现，技术创新对经济增长具有长期正向的促进作用，是经济增长的原动力。创新能力水平首先体现在创新人才的培养上。高校学生是科研的主要储备人才，因此，地区高校学生占比和教育支出水平是评价科技水平的两个重要因素。而科技支出则直接反映了对技术创新的投入力度，因而，采用政府支出中科技支出所占比重、政府支出中教育经费所占比重和每万人在校大学生数等指标来反映地区科技创新环境。

经济结构的调整是经济新常态的重中之重，地区生产总值的增速和增加值是经济发展总量指标，反映了经济结构的总体特征；人均地区生产总值则反映了收入分配结构的差异。因而，本章采用人均地区生产总值和地区生产总值增速来反映经济结构。张占斌和周跃辉（2015）认为，经济结构包含产业结构、需求结构、城乡结构、区域结构、收入分配结构等方面。经济新常态下，产业结构由中低端向中高端转换应当是经济结构优化升级的主攻方向。在以前很长一段时间内，中国经济发展的主要动力来自第二产业，即工业的推动，因而，在衡量国民经济发展时，将第二产业的贡献值作为主要指标；随着中国逐渐进入经济新常态，经济增长动力从要素驱动、投资驱动转向服务业发展及创新驱动，第三产业的比重逐渐增大，其对国民经济的贡献率逐渐超过工业，因而考虑将第一产业和第三产业对国民经济的贡献率作为经济新常态下衡量产业结构的主要指标。

资金流贯穿企业生产经营的各个环节，是企业生存发展的血液和保证。企业与环境的交互作用很大程度上体现为资金的顺畅流动。区域金融资源的丰富与否、金融环境的友善与否都将深度影响区域内企业融资和筹资渠道的水平是否多样化，以及筹资和融资的难易程度。本章选取全社会固定资产投资总额、金融机构存款余额和贷款余额等指标来反映区域金融资源的丰富程度和环境的优越程度。

孙晓雷和何溪（2015）指出，中国经济新常态可以概括为三个特质，即增长速度的新常态、发展动力的新常态和结构调整的新常态，并强调要摆脱过去单纯依靠数量、规模的扩张和投资驱动，以环境污染、资源损耗为代价的粗放型经济增长模式。经济新常态下，国家提出了生态文明建设，把环境保护作为中国经济发展的重要衡量指标。因而，在当前经济环境下，自然环境因素将会成为评价企业发展的重要指标。环境治理的主要指标有工业废水排放达标率、固体废弃物综合利用率和建成区绿化覆盖率。城市化水平同样与企业的发展息息相关，城市化程度高，相关配套设施齐全，企业发展的外部条件就便利。因而，在衡量城市化建设方面，本书从城镇基础设施的完善程度来描述城市化建设进程，具体采用人均城市道路面积、人均城市公共汽车拥有量来反映城市的建设情况。

对经济新常态下可能对企业经营和发展产生影响的因素进行分析和总结，最后得到城镇登记失业人口与就业人口比重、职工平均工资水平、科技支出占政府支出的比重、教育支出占政府支出的比重、每万人在校大学生数、工业废水排放达标率、工业固体综合利用率、建成区绿化覆盖率、第一产业占地区生产总值的比重、第三产业占地区生产总值的比重、人均城市道路面积、人均城市公共汽车拥有量、全社会固定资产投资总额与地区生产总值的比值、年末金融机构存款余额、年末金融机构贷款余额、社会消费品零售总额占地区生产总值的比值、人均地区生产总值、地区生产总值增长率、当年实际使用外资金额 19 个区域环境指标。

3. 相关性分析

考虑到制造业属于工业体系，而规模以上工业企业总产值、应缴增值税和利润总额三个指标反映了一个地区所有工业企业一年的生产水平，因而采用这三个指标来衡量地区工业企业整体发展水平。上文对企业外部环境因素的分析中，从地区社会经济环境、地区产业结构、金融环境、城市化水平、科技投入和环境状况等方面提取了 19 个可能对企业的发展产生影响的因素。下面采用偏相关分析对各因素与地区企业发展状况的关系进行研究，找出主要影响因素。

地级市是中国最重要也是最具代表性的区域经济单元，其通过完善城市功能，在自身得到发展的同时，也会带动区域经济快速发展（肖金成，2003）。基于地级市在中国经济发展中的重要地位，选取中国地级及以上 287 个城市 2010~2017 年的发展数据进行分析，各城市的发展数据主要来自《中国城市统计年鉴》和各省（区、市）、地级市的统计局网站。

进行企业发展指标与影响因素指标的描述性统计，结果如表 4.1 所示。

表 4.1　企业发展指标与影响因素指标的描述性统计

变量	均值	方差	最小值	最大值
lnTP	13.233	4.774	0.003	17.317
lnAVTP	12.850	1.626	0.001	16.019
lnGIOV	16.266	1.253	11.039	19.598
lnUR	−2.896	0.563	−8.149	0.241
lnPGDP	8.131	10.207	0.681	13.056
lnGDPGR	2.526	0.349	−1.609	3.493
lnPICV	3.546	0.251	2.149	4.342
lnFICV	2.352	0.770	−3.219	3.910
lnBCIA	−0.476	0.367	−2.439	0.774
lnTRSC	−1.140	0.318	−3.543	−0.191
lnFAVU	9.798	1.779	0.001	14.336
lnEFS	−4.554	0.786	−11.599	−2.376
lnEFE	−1.721	0.482	−15.594	−0.974
lnLNBS	15.884	1.192	12.772	20.546
lnDNBS	15.955	1.133	13.318	20.473
lnAW	10.328	0.340	9.162	11.451
lnSERI	4.622	1.083	0.637	7.147
lnPTBT	1.743	0.747	−1.139	4.705
lnPCPR	2.188	0.621	−3.912	6.094
lnIWWD	1.519	2.170	−4.857	4.605
lnISW	4.313	0.469	−0.199	4.668
lnGCA	3.579	0.431	−1.022	5.931

资料来源：《中国城市统计年鉴》（2010~2017 年）

为了计算方便，本书用英文简写对各指标值进行标注。其中，GIOV 表示规模以上工业总产值，TP 表示规模以上工业企业利润总额，AVTP 表示规模以上工业企业应缴增值税，PGDP 表示人均地区生产总值，GDPGR 表示地区生产总值增长率，PICV 表示第三产业占地区生产总值的比重，FICV 表示第一产业占地区生产总值的比重，UR 表示城镇登记失业人口与就业人口比重，AW 表示职工平均工资水平，SERI 表示每万人在校大学生数，DNBS 表示年末金融机构存款余额，TRSC 表示社会消费品零售总额占地区生产总值的比值，LNBS 表示年末金融机构贷款余额，PCPR 表示人均城市道路面积，PTBT 表示人均城市公共汽车拥有量，IWWD 表示工业废水排放达标率，ISW 表示工业固体综合利用率，GCA 表示建成区绿化覆盖率，BCIA 表示全社会固定资产投资总额占地区生产总值的比值，EFE 表示教育支出占政府支出的比重，EFS 表示科技支出占政府支出的比重，FAVU 表示当年实际使用外资金额。

在进行相关性分析时，为了能够体现出企业发展指标与影响因素指标之间深层次的影响关系，分别对各指标值取对数。从表 4.2 可以看出，城镇登记失业人口与就业人口比重（UR）指标与衡量城市企业发展水平的三个指标［依次为规模以上工业企业利润总额（TP）、规模以上工业企业总产值（GIOV）、规模以上工业企业应缴增值税（AVTP），下同］的相关系数分别为–0.305、–0.132 和–0.159，并且均在 P 值为 0.01 的水平上显著。

表 4.2 企业发展指标与影响因素的相关性分析

变量	lnTP	lnGIOV	lnAVTP
lnUR	-0.305^{***} （–0.073 0）	-0.132^{***} （–0.035 7）	-0.159^{***} （–0.032 2）
lnPGDP	0.135^{*} （–0.068 7）	0.156^{***} （–0.033 6）	0.115^{***} （–0.030 3）
lnGDPGR	0.442^{***} （–0.110 0）	0.175^{***} （–0.053 8）	0.119^{**} （–0.048 5）
lnFICV	-0.254^{***} （–0.070 9）	-0.270^{***} （–0.034 7）	-0.298^{***} （–0.031 3）
lnPICV	-1.154^{***} （–0.157 0）	-0.412^{***} （–0.077 0）	-0.562^{***} （–0.069 5）
lnBCIA	-0.261^{**} （–0.124 0）	-0.189^{***} （–0.060 5）	-0.286^{***} （–0.054 6）
lnTRSC	0.277^{**} （–0.127 0）	0.208^{***} （–0.061 9）	0.017 9 （–0.055 9）
lnFAVU	0.175^{***} （–0.020 8）	0.175^{***} （–0.010 2）	0.167^{***} （–0.009 2）
lnEFS	0.227^{***} （–0.071 3）	0.111^{***} （–0.034 9）	0.075^{**} （–0.031 4）
lnEFE	0.023 （–0.089 1）	0.025 （–0.043 6）	0.072^{*} （–0.039 3）
lnLNBS	0.536^{***} （–0.075 7）	0.205^{***} （–0.037 0）	0.176^{***} （–0.033 4）

续表

变量	lnTP	lnGIOV	lnAVTP
lnDNBS	−0.288*** (−0.077 7)	−0.101*** (−0.038 0)	−0.079** (−0.034 3)
lnAW	0.081** (−0.037 3)	0.077*** (−0.018 2)	0.075*** (−0.016 5)
lnSERI	−0.081* (−0.042 8)	−0.014 (−0.020 9)	−0.002 (−0.018 9)
lnPTBT	−0.042 (−0.078 1)	0.082** (−0.038 2)	0.114*** (−0.034 5)
lnPCPR	0.293*** (−0.081 5)	0.186*** (−0.039 9)	0.155*** (−0.036)
lnIWWD	0.069*** (−0.023 6)	0.084*** (−0.011 5)	0.065*** (−0.010 4)
lnISW	−0.026 (−0.039 2)	−0.005 (−0.019 2)	−0.032* (−0.017 3)
lnGCA	−0.077 (−0.087 1)	0.210*** (−0.042 6)	−0.003 (−0.038 4)
样本量	2 011	2 011	2 011

***、**、*分别表示显著性水平的 P 值为 0.01、0.05、0.1

注：括号内为标准误

人均地区生产总值（PGDP）代表一个地区或者城市经济总量的人均值，是衡量地区或城市经济发展水平的重要指标。该指标与衡量城市企业发展水平的三个指标的相关系数分别为 0.135、0.156 和 0.115，并且分别在 P 值为 0.1、0.01 和 0.01 的水平上显著。人均地区生产总值反映了区域发展的质，而地区生产总值增速则反映了区域发展的量，结果显示地区生产总值增长率（GDPGR）指标同样与衡量城市企业发展水平的三个指标显著相关。

制造业属于工业，而规模以上工业企业总产值与工业的整体发展水平有关，当工业对地区生产总值贡献率提升时，工业企业在国民经济中的发展水平相对于第一、第三产业企业来说居于较高水平。表 4.2 的相关性分析结果显示，第一产业占地区生产总值的比重（FICV）和第三产业占地区生产总值的比重（PICV）均与衡量城市企业发展水平的三个指标在 P 值为 0.01 的水平上显著相关。

金融环境的优劣与否对企业发展过程中的筹资、融资等活动将产生直接的影响。本书中全社会固定资产投资总额占地区生产总值的比值（BCIA）、当年实际使用外资金额（FAVU）、年末金融机构贷款余额（LNBS）及年末金融机构存款余额（DNBS）这四个指标反映了该地区金融渠道的丰富程度。从表 4.2 的相关性分析结果可以看出，这四个指标均与衡量城市企业发展水平的三个指标在 P 值为 0.05 或者 0.01 的水平上呈现相关性，其中当年实际使用外资金额、年末金融机构贷款余额与企业发展呈正相关关系。

社会消费品零售总额占地区生产总值的比值（TRSC）是反映市场环境发展

状况的指标，表 4.2 显示该指标与衡量城市企业发展水平的三个指标中的前两个指标呈显著相关关系，尽管与第三个指标的相关性不显著，但是表明对企业的发展还是有一定的影响的。

资源和环境是企业发展过程中必不可少的因素。环境方面的指标主要为工业废水排放达标率（IWWD）、工业固体综合利用率（ISW）和建成区绿化覆盖率（GCA），从表 4.2 的相关性分析结果可以看出，工业废水排放达标率与衡量城市企业发展水平的三个指标在 P 值为 0.01 的水平上均呈显著正相关，而工业固体综合利用率与衡量城市企业发展水平的其中两个指标呈 P 值不显著，表明相关程度不高。建成区绿化覆盖率与规模以上工业企业总产值呈显著正相关。

在评价地区科技创新水平上，科技支出占政府支出的比重（EFS）、教育支出占政府支出的比重（EFE）及每万人在校大学生数（SERI）三个指标中，只有科技支出占政府支出的比重指标与衡量城市企业发展水平的三个指标呈显著相关，其余两个指标均呈 P 值不完全显著。

而城市化建设水平主要由人均城市公共汽车拥有量（PTBT）和人均城市道路面积（PCPR）两个指标来衡量。人均城市道路面积指标与衡量城市企业发展水平的三个指标呈显著正相关。相对而言，人均城市公共汽车拥有量指标与衡量城市企业发展水平的三个指标相关性不完全显著。

4. 企业外部环境评价指标体系构建

根据表 4.2 的相关性分析结果，剔除与企业发展指标不相关的因素，本书得出影响制造业企业发展的外部环境因素，包括地区社会经济环境、地区产业结构、科技投入、金融环境、城市资源等方面的因素。这些因素均在企业发展过程中起到一定的影响，具体的指标体系如表 4.3 所示。

表 4.3 制造业企业外部环境评价指标体系

一级指标	二级指标
地区社会经济环境	E_1 城镇登记失业人口与就业人口比重/%
	E_2 人均地区生产总值/元
	E_3 地区生产总值增长率/%
	E_4 职工平均工资水平/元
	E_5 社会消费品零售总额占地区生产总值的比值/%
地区产业结构	E_6 全社会固定资产投资总额占地区生产总值的比值/%
	E_7 第一产业占地区生产总值的比重/%
	E_8 第三产业占地区生产总值的比重/%

续表

一级指标	二级指标
科技投入	E_9 科技支出占政府支出的比重/%
金融环境	E_{10} 年末金融机构贷款余额/万元
	E_{11} 年末金融机构存款余额/万元
	E_{12} 当年实际使用外资金额/万美元
城市资源	E_{13} 人均城市道路面积/平方米
	E_{14} 工业废水排放达标率/%
	E_{15} 建成区绿化覆盖率/%

4.3.2 企业内部有序化程度评价指标选取

从企业核心能力理论的角度看，企业组织可持续发展能力由内部的发展能力和外部的环境条件共同决定。内部发展能力泛指协调、整合、应用企业资源，提升企业绩效，实现企业预定目标的方法与程序，它建立在企业内部人、财、物、知识及技能等相关资源基础之上，经由组织学习而形成。企业组织内部发展能力越强，越有助于其更好地整合利用内外部资源，识别、获取并开发发展机会，并在机会开发过程中不断延伸并夯实其资源与能力基础，实现企业组织稳定可持续成长（高波和秦学成，2017）。

制造业作为我国国民经济的重要组成部分，在我国现代化建设中发挥了极具重要的作用，对国民经济的飞速发展、人民生活水平的提高及我国整体综合国力的提升起到了极大的正向推动作用。随着我国工业化进程的逐渐深入，人力资源和原材料等优势逐渐丧失，制造业企业在这一过程中陷入发展的被动局面，对可持续发展有迫切需要。同时，考虑到第 3 章的分析已揭示行业差异是影响企业组织可持续发展因素的重要方面，为此，本章做分析和讨论的模型与数据都采用制造业企业为对象。

在对企业组织可持续发展能力评价指标值的选取上，本书根据前面的文献基础，重点考虑扩展的财务指标体系，结合制造业上市企业的实际运营情况，可以得到流动比率、速动比率、现金比率、利息保障倍数、资产负债率、权益乘数、产权比率、资本保值增值率、总资产增长率等 29 个可能反映企业发展状况的财务指标。综合王晓巍和陈慧（2011）所采用的强制性因子分析法，本章对企业内部运营涉及的这 29 个财务指标进行筛选。

运用 SPSS 17.0 软件对 29 个财务指标进行因子分析，由于这 29 个指标都可能会对企业发展产生影响，进行因子分析后，可以看出各指标对企业内部运营产生的影响程度，如表 4.4 所示。提取值表示得到的因子从该指标中提取的比例。

可以看出，资产负债率、应付账款周转率、利息保障倍数、营业利润增长率、应收账款周转率等 8 个指标提取值均小于 0.6，表明这些指标对企业整体发展能力产生的影响较小，因而将这 8 个指标进行剔除，剩余 21 个指标进行运算。

表 4.4 29 个财务指标在因子分析法中的提取比例

指标	初始	提取	指标	初始	提取
速动比率	1.00	0.98	净资产收益率增长率	1.00	0.93
资产报酬率	1.00	0.98	流动资产净利润率	1.00	0.91
总资产净利润率	1.00	0.98	营业净利率	1.00	0.88
流动比率	1.00	0.97	流动资产周转率	1.00	0.84
产权比率	1.00	0.97	可持续增长率	1.00	0.83
权益乘数	1.00	0.97	总资产周转率	1.00	0.82
资本保值增值率	1.00	0.96	股东权益周转率	1.00	0.80
所有者权益增长率	1.00	0.96	营业利润率	1.00	0.78
现金比率	1.00	0.96	净利润增长率	1.00	0.72
净资产收益率	1.00	0.93	资本密集度	1.00	0.67
应付账款周转率	1.00	0.25	总资产增长率	1.00	0.67
利息保障倍数	1.00	0.25	营业总收入增长率	1.00	0.58
营业利润增长率	1.00	0.24	综合收益增长率	1.00	0.57
应收账款周转率	1.00	0.08	存货周转率	1.00	0.56
资产负债率	1.00	0.39			

由于这 21 个指标仍存在一定的相关性，对企业组织可持续发展能力评价可能产生交叉影响，因而只选取其中影响更大的指标。具体来说，权益乘数和产权比率的相关系数接近 1.0，因而可以选取权益乘数或者产权比率，本书将权益乘数作为影响因子；所有者权益增长率和资本保值增值率的相关系数接近 1.0，因而选取资本保值增值率作为影响因子；净利润增长率、营业总收入增长率均与营业利润增长率高度相关，而营业总收入增长率、营业利润增长率由于提取值过小已被剔除，因而将三者都剔除；营业利润率与营业净利率的相关系数达到 0.487，因而在运算时保留营业利润率；资产报酬率与净资产收益率的相关系数为 0.820，保留净资产收益率。最后得到 16 个指标。

将得到的指标按性质进行归类，构建出四个维度的指标体系，正好对应财务分析的四大类能力，即偿债能力、营利能力、发展能力、经营能力。其中，偿债能力重点反映企业偿还到期债务的能力，是企业组织可持续发展能力最基本的保证，其衡量指标主要有流动比率、速动比率等四项。这里的经营能力对应指标包括资本密集度、流动资产周转率等四项。营利能力主要包括营业利润率、净资产收益率等指标，是对企业经营盈利水平和能力的反映。发展能力则通过考察资本保值增值率、总资产增长率等指标，反映企业随时间进程的发展变化情况。经营能力直接对应企业从各类资产投入到效益和利润产生的过程，是对企业经营水平和运行状态的反映，是企业生存和发展的基本能力。具体的指标体系如表 4.5 所示。

表 4.5　制造业企业内部有序化程度评价指标体系

一级指标	二级指标	计算公式
偿债能力	F_1流动比率	流动资产/流动负债×100%
	F_2速动比率	（流动资产–存货）/流动负债×100%
	F_3现金比率	现金及现金等价物期末余额/流动负债×100%
	F_4权益乘数	资产总计/所有者权益合计×100%
营利能力	F_5总资产净利润率	净利润/总资产余额×100%
	F_6流动资产净利润率	净利润/流动资产总额×100%
	F_7净资产收益率	净利润/股东权益余额×100%
	F_8营业利润率	营业利润/营业收入×100%
发展能力	F_9资本保值增值率	所有者权益本期期末余额/所有者权益本期期初值×100%
	F_{10}总资产增长率	（资产总计期末值–资产总计期初值）/（资产总计期初值）×100%
	F_{11}可持续增长率	（净利润/所有者权益期末余额）×[1–每股派息税前/（本期净利润/实收资本本期期末值）]/（1–分子）×100%
	F_{12}净资产收益率增长率	（本期净资产收益率–上期净资产收益率）/上期净资产收益率×100%
经营能力	F_{13}流动资产周转率	资产总计/所有者权益合计×100%
	F_{14}资本密集度	总资产/营业收入×100%
	F_{15}总资产周转率	营业收入/平均资产总额×100%
	F_{16}股东权益周转率	营业收入/股东权益期末余额×100%

4.4　企业组织可持续发展能力评价的实证研究

本书的研究主要从三个层面展开。一是通过研究我国地级及以上城市的发展状况，了解制造业企业外部环境的基本情况；二是对制造业上市企业内部管理有序化程度进行计算，分析各地区、各行业制造业企业的发展状况及发展趋势；三是通过转义的 Brusselator 模型探讨城市环境对企业组织可持续发展能力的影响。

4.4.1　外部环境熵值计算

基于 4.2 节中建立的企业外部环境评价指标体系，选取我国 287 个地级及以上城市（删除了部分统计数据不全和成立时间较晚的地级市）作为研究样本。根据上文选取的地区社会经济环境、地区产业结构、科技投入金融环境、城市资源等方面的指标，选取 2010~2017 年这 8 年的数据进行计算。这些数据能够较好地反映以城市为代表的企业外部环境的发展状态，同时为分析环境对企业组织可持续发展能力的影响提供支撑。

1. 外部环境熵值描述统计

根据环境熵计算公式［式（4-1）~式（4-5）］，对我国 287 个地级及以上城市的发展环境熵值进行分年计算，其描述统计结果见表 4.6。

表 4.6　2010~2017 年 287 个地级及以上城市的发展环境熵值描述性统计

年份	均值	中位数	标准误	标准差	区域	最小值	最大值
2010	–1.799	–1.283	0.087	1.470	11.690	–12.524	–0.833
2011	–1.801	–1.298	0.086	1.463	11.695	–12.164	–0.470
2012	–1.803	–1.319	0.084	1.423	10.955	–11.760	–0.805
2013	–1.809	–1.331	0.080	1.358	10.131	–10.946	–0.814
2014	–1.814	–1.369	0.077	1.311	9.859	–10.679	–0.820
2015	–1.817	–1.360	0.078	1.322	10.054	–10.930	–0.876
2016	–1.818	–1.359	0.080	1.347	10.275	–11.151	–0.876
2017	–1.815	–1.364	0.076	1.287	9.321	–10.187	–0.866

环境熵属于企业外部熵，按照管理熵和耗散结构理论，外部熵属于负熵，因而城市环境发展熵值均为负值，值越小代表负熵越大，则该城市环境越有利于区域内企业的发展；反之，值越大代表负熵越小，则该城市环境越不利于区域内企业的发展。从表 4.6 的数据可以看出，2010~2017 年 8 年来环境熵的均值较为稳定，在–1.818~–1.799 微小波动，总体上有减小的趋势，表明城市环境整体发展趋势良好。标准差处于 1.300 左右的较低水平，说明样本数据值分布整体比较集中。区域指标跨度较大，说明极端城市之间环境状态的差异比较大，结合最大值和最小值来看，极端值之间有十倍以上的差距。从样本的标准误来看，其值在 0.080 左右，表明用样本值推断总体信息比较可靠，这些城市的数据分析具有较强的代表性。

2. 基于城市等级的对比分析

从城市规模和城市等级的角度对发展环境进行进一步的分析评价。采用《第一财经周刊》①的城市分级标准，将四线及以下的城市统称为四线城市，从而得

① 张衍阁（2013）。

到一线城市 19 个，二线城市 36 个，三线城市 64 个，四线城市 168 个。运用这一标准对本章选取的城市环境熵进行对比评价，得到结果如表 4.7 和图 4.1 所示。

表 4.7 2010~2017 年各级城市环境熵值的描述性统计

年份	一线城市		二线城市	
	均值	标准差	均值	标准差
2010	−5.986	2.512	−2.839	1.110
2011	−6.030	2.446	−2.826	1.062
2012	−6.038	2.348	−2.801	1.036
2013	−5.722	2.184	−2.794	0.972
2014	−5.585	2.104	−2.782	0.933
2015	−5.600	2.191	−2.806	0.946
2016	−5.622	2.399	−2.749	0.920
2017	−5.437	2.204	−2.780	0.933
年份	三线城市		四线城市	
	均值	标准差	均值	标准差
2010	−1.707	0.411	−1.138	0.167
2011	−1.685	0.399	−1.148	0.169
2012	−1.699	0.393	−1.179	0.276
2013	−1.709	0.397	−1.194	0.226
2014	−1.731	0.388	−1.212	0.206
2015	−1.719	0.340	−1.214	0.192
2016	−1.715	0.377	−1.225	0.195
2017	−1.700	0.393	−1.242	0.212

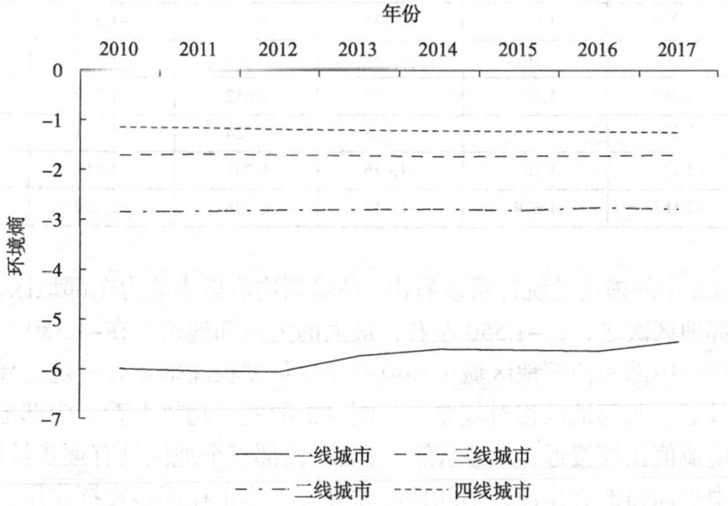

图 4.1 2010~2017 年各级城市环境熵值走势

从表 4.7 来看，各级城市在环境熵的取值上呈现出明显的差异。其中，一线城市的均值最小，在–5.750左右，表明其城市环境优良，资源丰富，有序化程度高，最有利于企业的发展；二线、三线城市取值在–2.800、–1.710左右，表明其城市环境优良程度降低，对企业的支撑效果降低；四线城市的均值最大，达到–1.190左右，表明其城市环境确实在资源和有序化程度方面较差，对企业的支撑力度最低。图4.1更直观地反映了城市之间的差异，并且可以看到一线城市的环境优势比较明显。

3. 基于地理区域的对比分析

从城市所处的地理区域对城市发展环境做进一步分析。参照我国“七五”计划（1986~1990年）对全国三大经济地带的划分，东部沿海地带包括辽宁、北京、天津、上海、河北、山东、江苏、浙江、福建、广东、广西、海南12个省（区、市），中部地带包括黑龙江、吉林、山西、内蒙古、安徽、河南、湖北、湖南、江西9个省（区），西部地带包括重庆、四川、云南、贵州、西藏、陕西、甘肃、青海、宁夏、新疆10个省（区、市）（由于数据统计口径不一致，未将台湾、香港、澳门计算在内）。将划分标准应用于样本城市，得到东部地区城市117个，中部地区城市105个，西部地区城市65个。计算结果见表4.8和图4.2。

表4.8　2010~2017年东部、中部、西部地区城市发展环境熵值描述性统计

年份	东部地区		中部地区		西部地区	
	均值	标准差	均值	标准差	均值	标准差
2010	–2.377	1.968	–1.462	0.689	–1.304	0.902
2011	–2.353	1.940	–1.480	0.683	–1.326	1.014
2012	–2.324	1.864	–1.535	0.729	–1.315	1.033
2013	–2.301	1.764	–1.536	0.699	–1.382	1.040
2014	–2.289	1.709	–1.560	0.682	–1.399	0.998
2015	–2.260	1.716	–1.583	0.724	–1.413	1.015
2016	–2.235	1.789	–1.626	0.741	–1.416	0.999
2017	–2.183	1.679	–1.612	0.776	–1.480	0.939

从表4.8中的描述性统计可以看出，环境熵均值最小的为东部地区，在–2.290左右；中部地区次之，在–1.550左右；最大的为西部地区，在–1.380左右。也就是说，东部、中部和西部地区城市环境有序化程度状况确实有一定差异，且东部地区相对较好，西部地区相对较差。从图4.2的发展趋势上看，中部地区和西部地区的环境熵值比较接近，并且东部、中部、西部三个地区具有逐步接近的态势。这说明，中央加强地方建设，消除地区差异等工作正在逐步发挥作用。

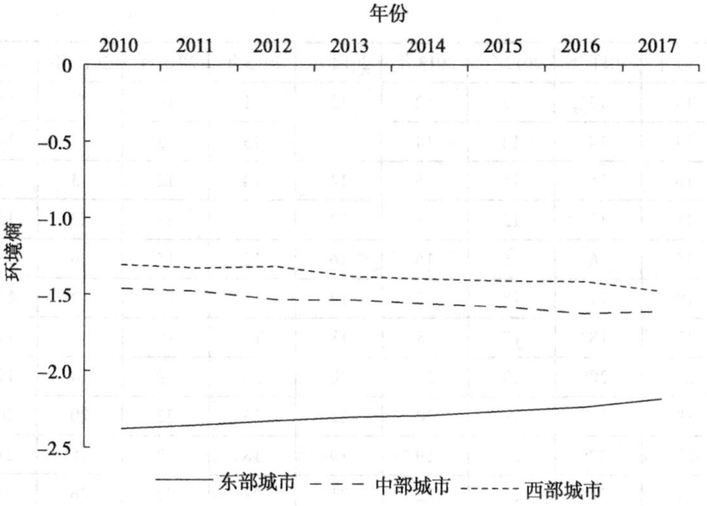

图 4.2　2010~2017 年东部、中部、西部地区环境熵值走势

4. 代表性城市发展环境对比分析

为进一步检验评价指标体系构建的合理性，同时了解国内主要城市的环境资源情况和企业环境友好度的差异，下面选取国内代表性城市开展环境有序化程度测算。本书在代表性城市样本的选取上，参考李懋和秦化清（2016）的选取标准，考虑城市规模、等级和区域代表性，针对性地选出 30 座大中城市。因为环境熵值的计算模型决定了该值更多反映的是相对优势，为便于直观分析，对城市环境熵值大小按照环境熵值越小对应环境优势越明显的基本原则，整理排序后得到表 4.9（2010~ 2017 年代表性城市环境熵值具体信息参见附录三）。

表 4.9　2010~2017 年代表性城市发展环境优势排序

城市	2010 年	2011 年	2012 年	2013 年	2014 年	2015 年	2016 年	2017 年	均值	标准差
上海市	1	1	1	1	1	1	1	1	1.0	0
北京市	2	2	2	2	2	2	2	2	2.0	0
天津市	3	3	3	3	3	3	3	3	3.0	0
深圳市	6	5	6	5	4	4	4	5	4.9	0.78
广州市	4	6	8	6	5	5	5	4	5.4	1.22
苏州市	5	4	4	4	7	8	9	9	6.3	2.11
重庆市	9	9	5	7	8	6	6	6	7.0	1.41
杭州市	7	8	9	10	10	10	7	7	8.5	1.32
成都市	10	10	10	8	6	7	8	10	8.6	1.49
大连市	8	7	7	9	9	9	18	19	10.8	4.55
南京市	12	11	11	11	11	12	11	11	11.3	0.43

续表

城市	2010年	2011年	2012年	2013年	2014年	2015年	2016年	2017年	均值	标准差
武汉市	13	13	13	12	12	11	10	8	11.5	1.66
宁波市	14	14	14	14	15	13	13	15	14.0	0.71
青岛市	16	15	15	15	14	14	12	13	14.3	1.20
沈阳市	11	12	12	13	13	19	21	22	15.4	4.21
长沙市	15	16	16	16	16	16	15	16	15.8	0.43
西安市	19	17	18	17	17	15	14	12	16.1	2.15
郑州市	17	18	17	18	18	17	16	17	17.3	0.66
合肥市	23	20	20	21	20	20	19	14	19.6	2.39
济南市	18	19	19	20	22	23	22	20	20.4	1.65
长春市	27	27	27	19	19	18	17	18	21.5	4.30
昆明市	21	21	21	22	21	21	20	26	21.6	1.73
福州市	22	23	22	24	25	25	24	25	23.8	1.20
厦门市	20	22	24	27	24	27	25	21	23.8	2.44
哈尔滨市	26	25	26	23	23	22	23	23	23.9	1.45
南昌市	24	24	23	25	27	24	26	24	24.6	1.22
太原市	25	26	25	26	26	26	27	28	26.1	0.93
石家庄市	28	28	28	28	28	29	29	29	28.4	0.48
贵阳市	30	30	30	30	30	28	28	27	29.1	1.17
南宁市	29	29	29	29	29	30	30	30	29.4	0.48

从整体上说，各个城市的发展环境稳定性较高，2010~2017 年的排位波动较小，具体表现在排位的标准差较小，绝大部分城市排位标准差小于 1.50。这也说明城市环境资源具有相对稳定性和持续性，城市环境的改善和提升需要多方面、多角度的持续投入。

具体来看，上海市、北京市、天津市、深圳市和广州市处于城市发展环境排序的最前列。其中“北上广深”是国内公认的综合经济实力最强的一线城市，环境熵值的排位进一步证明了这种观点，这也和《第一财经周刊》发布的“2018 年中国城市商业魅力排行榜”总体一致。同时，还应该注意，在这个排位中，天津市处于第三的位置，这说明虽然其地区生产总值数据有波动，但截至 2017 年的数据显示，其环境资源优势仍然比较突出。从排位标准差来看，上海市多年来稳定在第一位，北京市和天津市则稳定在第二位和第三位，反映出这三个城市在环境资源方面具有绝对的优势地位，它们分别作为我国重要的长江三角洲经济圈和环渤海经济圈的领头羊，其核心地位确实轻易不可改变。广州市和深圳市的排位在 2014 年前有一定波动，2014 年后则稳定在第四位和第五位间交错，总体上深圳市稍强。这也反映出广州市和深圳市的经济环境当之无愧处在全国第一梯队，优良的地理位置、充足的资金环境和长期的城市建设奠定了其在珠江三角洲经济圈的领先地位，为地区企业的迅猛发展提供了优良的外部环境。

苏州市、重庆市、杭州市、成都市和大连市处于整个城市发展环境排序的第二梯队。它们大都是新一线城市中排位靠前的城市，整体符合社会评价。苏州市的排位比较耀眼，它既非省会城市，也不是计划单列市，但其排位紧挨深圳市和广州市。《福布斯》将苏州市列为 2018 年中国内地最佳地级城市第一名，显然是对其优良环境的进一步佐证。分析其环境特点会发现，开放型经济体制、发达的乡镇工业、强大的外资吸引能力、地处长江三角洲与周边城市形成的战略协同发展能力，已经成为苏州市经济发展强大的推动力。但应该注意到，苏州市 2015~2017 年的排位有下降趋势，而同处长江三角洲地区的杭州市则在波动中上升。重庆市和成都市虽地处西部地区，但在整个西部地区，成渝地区人口最为稠密，产业最为集中，城镇密度最高，具有优良的工业基础和丰富的自然资源，也具备国家西部大开发提供的充足的政策资源。成渝经济圈正在成为经济增长的“第四极”。大连市属于环渤海经济圈，经济基础扎实，但从排位的变化情况看，其 2016~2017 年排位下降 10 位左右，下降趋势明显。这反映了其经济环境恶化的趋势，也揭示了其制造业低迷、人口外流等相关报道的本质。

南京市、武汉市、沈阳市、合肥市、长春市等 11 个城市可以被划为第三梯队。这里除了一些长江三角洲经济圈和东部区域城市，开始出现中西部地区和东北部地区的省会城市，如武汉市、长沙市、郑州市和西安市等。这一方面更具体地说明了，区域位置确实是制约城市发展的重要因素；另一方面也说明，虽地处中西部地区或东北部地区，但作为省会城市，在市场、资金、人才、科技等方面能获得相对充裕的资源保证，其发展潜力相对其他城市确实更突出一些。同时，我们注意到沈阳市和长春市的环境熵值对应的标准差是参与排序的城市中较大的，沈阳市的排位在 2015~2017 年有下降的趋势，长春市的排位在 2015~2017 年却上升了。我们注意到，2015 年以来，长春市强大的汽车工业和产业优势推动经济增速达到 7%到 8%，而老工业城市沈阳市却受累于传统产业的升级改造，经济增长甚至出现负值。因此，环境熵值反映出的信息是可以佐证的，沈阳市的经济环境和发展态势值得相关部门重视。

昆明市、福州市、厦门市、太原市、贵阳市和南宁市等 9 个城市排位偏后。其中，福州市和厦门市同属福建省，虽地处东部沿海，但经济基础较差，交通相对落后，地理环境局限较多，排名靠后，且一直没有明显变化。其余城市主要为中西部地区省会城市，同样比较具体地说明了区域优势和经济基础在城市发展中的重要作用。

总体上看，我国城市发展环境呈现出不同规模、不同区域城市之间的发展差异现象。就城市规模上的差异来说，一线、二线城市由于规模大，各方面资源优势明显，保持了发展上的优势，为企业的发展提供了良好的环境；三线、四线城市由于规模小，或者部分处于偏远地区，交通、人才、科技等资源存在一定的劣势，为企业提供的发展环境相对较差。就区域差异来说，环境熵值显示出东部、中部、西部地区的不均衡。其中，东部地区地处沿海，具有交通便利、市场广阔、人才丰富等方面的优势，环境熵值总体处于较小的水平；中部和西部地区由于地理位置闭塞，存在较大的发展限制，因而环境熵值相对较大。但值得注意的是，国家政策关注区域协调发展问题，从环境熵值变化趋势看，区域差异有逐步减小的趋势。

4.4.2 企业内部有序化程度计算

4.3 节中采用强制性因子分析法得出了影响企业发展的内部财务指标体系，本小节选取深圳市证券交易所 2010~2017 年制造业上市企业为样本数据开展企业内部有序化分析。剔除 2010 年以后上市的企业及财务数据不全的企业，最后得到 440 家制造业企业为样本企业。在对企业发展能力进行分析时，采用上文所述的管理熵公式［式（4-1）、式（4-2）、式（4-6）~式（4-8）］。企业自身发展产生的正熵，是企业组织无序化程度的度量，本质上反映企业组织发展过程中不利因素的影响。正熵值越大，表明对企业发展不利的内部因素的影响程度越大，企业发展的内部阻力越大；反之，正熵值越小，表明对企业发展不利的内部因素的影响程度越小，企业发展的内部阻力越小。

1. 企业内部管理熵描述统计

首先，从全体样本的描述统计结果来看（表 4.10），制造业企业的内部管理熵值在 2010~2017 年比较稳定，均值在 0.870 左右。具体来看，均值和中位数等集中趋势指标都反映出，2010~2015 年管理熵值有一定波动，2016 年和 2017 年则开始出现比较明显的降低，说明 2016~2017 年企业内部治理有效果，样本企业内部管理有序化程度在增加。同时，标准误总体较小，说明样本数据有一定代表性。从离散指标看，标准差和区域指标在 2016 年和 2017 年变大，说明企业之间内部管理有序化程度差异有增大趋势，即企业之间内部管理环境的差距在扩大。

表 4.10 2010~2017 年制造业企业管理熵值描述性统计

年份	均值	中位数	标准误	标准差	区域	最小值	最大值
2010	0.895	0.763	0.030	0.622	9.271	0.322	9.594
2011	0.831	0.706	0.028	0.596	8.208	0.302	8.510
2012	0.944	0.845	0.018	0.388	3.309	0.368	3.677
2013	0.938	0.841	0.019	0.397	4.843	0.440	5.284
2014	0.922	0.812	0.020	0.429	4.839	0.491	5.330
2015	0.925	0.839	0.018	0.368	3.142	0.544	3.686
2016	0.826	0.702	0.032	0.666	10.499	0.348	10.847
2017	0.743	0.660	0.033	0.683	12.761	0.390	13.151

2. 基于城市等级的对比分析

根据样本企业注册地信息，从对应的城市规模和城市等级的角度对样本企业内部管理环境进行分类比较。采用《第一财经周刊》的城市分级标准，得到一线城市企业样本 175 个，二线城市 109 个，三线城市 98 个，四线城市 58 个。运用这一标准对本书选取的样本企业内部管理熵进行计算，得到结果如表 4.11 和图 4.3 所示。

表 4.11　2010~2017 年各级城市制造业企业管理熵值描述性统计

年份	一线城市		二线城市	
	均值	标准差	均值	标准差
2010	0.915	0.483	0.872	0.374
2011	0.853	0.476	0.802	0.633
2012	0.962	0.407	0.926	0.344
2013	0.979	0.492	0.904	0.288
2014	0.936	0.411	0.892	0.356
2015	0.957	0.417	0.874	0.218
2016	0.862	0.820	0.755	0.237
2017	0.784	0.966	0.688	0.184
年份	三线城市		四线城市	
	均值	标准差	均值	标准差
2010	0.882	0.600	0.897	1.176
2011	0.788	0.311	0.888	1.055
2012	0.966	0.450	0.884	0.281
2013	0.941	0.375	0.874	0.256
2014	0.959	0.583	0.872	0.279
2015	0.908	0.366	0.954	0.432
2016	0.795	0.263	0.898	1.059
2017	0.698	0.190	0.800	0.775

从四类城市所属制造业企业管理熵值的整体走势上看，2010~2015 年管理熵值均有一定波动，2016 年和 2017 年则都开始出现比较明显的降低，这与企业整体管理熵均值的走势是一致的，说明各级城市企业内部有序化发展趋势都有积极的表现。另外，图 4.3 显示出四类城市所属制造业企业管理熵值的走势基本是纠缠在一起的，对表 4.11 的数据做方差分析，也显示出不同城市等级对企业内部管理熵值没有显著影响（P=0.36），即一线、二线城市的企业内部环境不一定必然

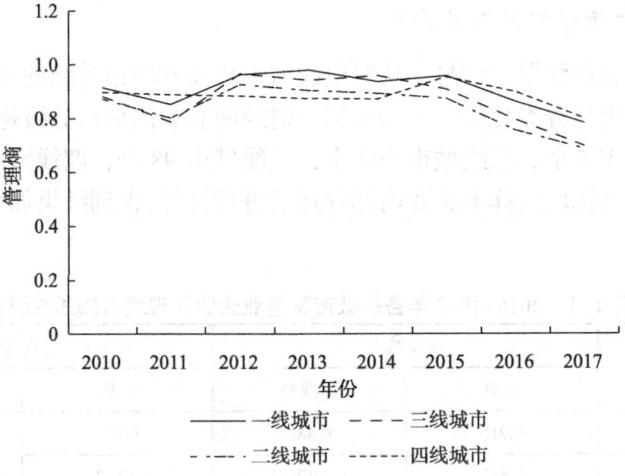

图 4.3　2010~2017 年各级城市制造业企业管理熵值走势

优于三线和四线城市。这个结果值得进一步讨论。一方面，这说明企业内部管理环境与外部环境相比具有相对独立性；另一方面，也可能存在一些更深层次的原因，如这里的样本企业均是上市企业，其上市前的审核及经营过程中的监管都从一定程度上保证了企业的管理水平和管理质量。

3. 基于地理位置的对比分析

从城市的地理位置对城市所属制造业企业进行分类评价。根据 4.4.1 小节中我国“七五”计划（1986~1990 年）对全国三大经济地带的划分，得到东部地区城市对应样本企业 293 个，中部地区城市对应样本企业 84 个，西部地区城市对应样本企业 63 个。运用这一标准对企业内部管理熵进行分类评价，得到结果如表 4.12 和图 4.4 所示。

表 4.12　2010~2017 年东部、中部、西部地区制造业企业管理熵值描述性统计

年份	东部地区		中部地区		西部地区	
	均值	标准差	均值	标准差	均值	标准差
2010	0.895	0.645	0.938	0.653	0.839	0.451
2011	0.808	0.533	0.928	0.869	0.805	0.388
2012	0.949	0.391	0.977	0.455	0.876	0.253
2013	0.951	0.437	0.947	0.337	0.869	0.240
2014	0.910	0.374	0.982	0.598	0.895	0.403
2015	0.921	0.358	0.962	0.446	0.894	0.301
2016	0.823	0.650	0.888	0.899	0.756	0.257
2017	0.741	0.747	0.777	0.661	0.706	0.285

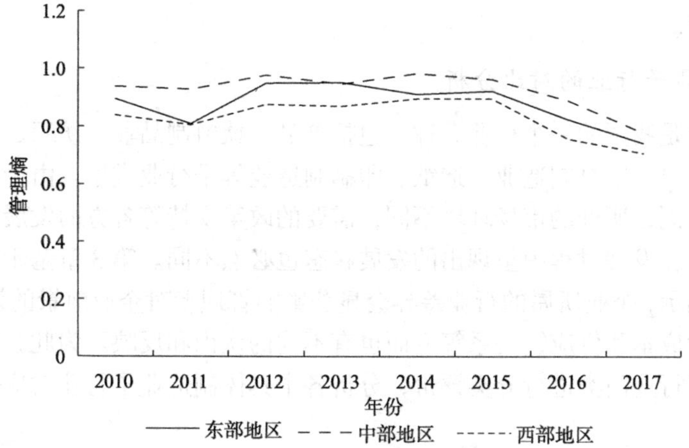

图 4.4 2010~2017 年东部、中部、西部地区制造业企业管理熵值走势

从制造业上市企业数量分布看，我国制造业企业地区分布不均匀。其中，绝大部分企业位于东部地区，占总数的 66.6%，位于中部地区和西部地区的企业数量占比分别为 19.1%、14.3%。这从一个方面说明了区域环境对资源分布的影响，并最终体现为对企业分布的影响。

从分地区的企业管理熵值的走势来看，其整体趋势与前面从总均值、分城市等级的分析趋势是一致的，即 2010-2015 年管理熵值有一定波动，2016 年和 2017 年开始出现比较明显的降低，说明 2016~2017 年不同区域企业内部管理环境有逐步改善的发展趋势。另外，图 4.4 显示出不同地区所属制造业企业管理熵值的走势有纠缠的趋势，对表 4.12 的数据进一步做方差分析，显示出地区差异对企业内部管理熵值有一定影响（P=0.045）。从具体数据来看，西部地区的企业内部管理熵值相对较低，东部地区次之，管理熵值最大的是中部地区。值得注意的是，西部地区的企业内部有序化程度相对较高，这和大家直观上的认识存在偏差，毕竟东部地区的资源更丰富，企业发展环境更友好。进一步分析可从四个方面进行解释。第一，如前所述，企业内部管理环境与外部环境关系紧密，但仍具有相对独立性，西部地区企业内部管理熵值较低，说明在西部地区的企业仍然可以通过优化内部管理获得一个有序的内部环境；第二，从管理熵值随时间的走势来看，地区之间企业管理熵值仍有交叉的趋势，2017 年的差距在缩小，P 值反映出的差距也并非十分显著；第三，同样要注意，这里的样本企业均是上市企业，企业上市前的审核及经营过程中的监管可以从多个方面保证企业的管理水平和管理质量，这与企业所处地区关系不大；第四，尤其要注意，西部地区企业样本数只有 63 个，而东部地区企业样本数为 293 个，故西部地区企业反映出的信息代表性有所不足。实际上，正是因为企业内部管理熵与外部环境熵在概念和意义上存在相对独立性，将两者结合起来，讨论企业在内外部环境共同作用下的可持续发展能力才更有价值。

4. 具体子行业的对比分析

制造业是我国的一个行业总称，包括食品、饮料制品业，纺织、服装、皮毛制造业，木材、家具制造业，造纸、印刷制造业等子行业类别。由于各个行业生产的产品不同，所处的市场环境不同，需要的政策支持等各方面发展条件均不相同，因而，在发展过程中呈现出的发展状态也必然不同。第 3 章基于管理者视角的讨论也揭示，企业所属的行业差异会显著影响管理者对企业前景的认知，同时，在企业经营成本和供应链关系等方面也有不同的认识和反映。为此，有必要对制造业相关子行业门类进行分类评价，分析各个具体制造业子行业对应企业的内部管理环境。

表 4.13 给出了 2010~2017 年制造业各子行业企业管理熵均值的描述，各子行业样本企业的分布呈现出分布不均匀的状态。石油、化学、塑胶、塑料制造业，电子制造业，金属、非金属制造业，机械、设备、仪表制造业的企业数量较多，占整个制造业企业数量的绝大多数；而造纸、印刷制造业，木材、家具制造业等上市企业数量较少。这一方面反映了上市企业分布的行业特征，另一方面也反映出不同子行业在发展前景和资源吸附能力等方面的差异。

表 4.13　2010~2017 年制造业各子行业企业管理熵均值

行业	样本数量/个	2010 年	2011 年	2012 年	2013 年	2014 年	2015 年	2016 年	2017 年
C_0	25	0.903	0.823	1.105	1.040	1.078	1.009	0.820	0.750
C_1	23	0.826	0.754	0.898	0.889	0.870	0.831	0.731	0.640
C_2	3	0.711	0.698	0.891	0.884	0.848	0.919	0.778	0.757
C_3	12	0.649	0.701	0.817	0.854	0.759	0.832	0.778	0.698
C_4	85	0.912	0.814	0.923	0.910	0.887	0.921	0.838	0.785
C_5	60	0.907	0.866	1.032	0.998	1.020	1.010	0.844	0.713
C_6	60	0.868	0.744	0.863	0.836	0.915	0.924	0.716	0.687
C_7	126	0.875	0.839	0.873	0.916	0.850	0.869	0.853	0.773
C_8	38	1.085	1.051	1.183	1.135	1.096	1.041	0.924	0.771
C_9	8	0.838	0.712	0.925	0.946	0.856	0.851	0.865	0.663

注：行业分类中，C_0代表食品、饮料制品业；C_1代表纺织、服装、皮毛制造业；C_2代表木材、家具制造业；C_3代表造纸、印刷制造业；C_4代表石油、化学、塑胶、塑料制造业；C_5代表电子制造业；C_6代表金属、非金属制造业；C_7代表机械、设备、仪表制造业；C_8代表医药、生物制品业；C_9指其他制造业。

从各子行业的企业内部管理熵均值来看，其基本上在 2011 年适度下降的基础上在 2012 年左右达到一个高峰，表明各子行业企业的管理有序化程度均在 2012 年左右达到一个较低的水平。之后开始逐步回升，从 2015 年开始，管理熵均值开始出现比较明显的下降，截至 2017 年达到最低。这同样说明，各子行业几乎都从 2015 年开始，企业内部管理环境有明显改善的发展趋势，说明各子行业企业在经济新常态的大背景下，改善企业内部管理环境的努力在逐步发挥成效。

为了更直观地展示各子行业企业内部管理熵均值的发展态势，下面选取样本容量相对较大，代表意义更突出的行业 C_0（食品、饮料制品业）、C_4（石油、化学、塑胶、塑料制造业）、C_5（电子制造业）和 C_7（机械、设备、仪表制造业）做进一步的企业内部管理熵均值发展态势分析。由图 4.5 可见，C_0（食品、饮料制品业）在 2012~2015 年内部管理熵均值基本处于最大位置，但 2015 年后开始出现显著降低，反映整个行业管理有序化的明显提升。变化比较明显的还有 C_5（电子制造业），其管理熵均值长期处于较大的位置，但从 2015 年后开始得到改善，2017 年在对比的几个子行业中降到最低，反映出子行业企业从整体上已经形成较好的有序化管理环境。

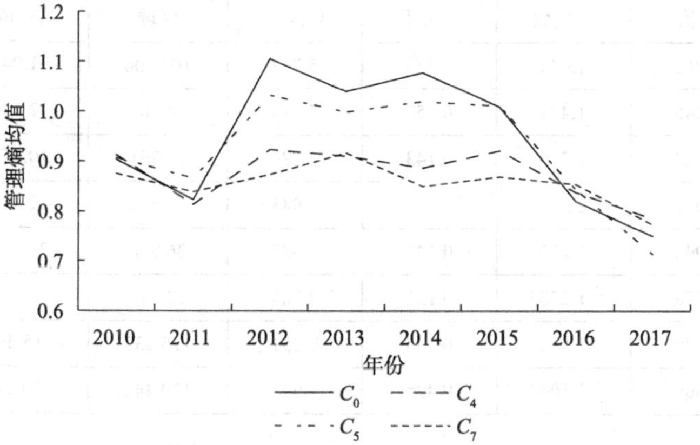

图 4.5　2010~2017 年制造业各子行业企业管理熵均值走势

4.4.3　制造业企业组织可持续发展能力值计算

劳动分工和生产社会化的过程，就是企业组织与环境交互作用的过程。企业的生产资料来源于环境，企业的产品和服务消费于环境。尤其在经济全球化的大背景下，外部环境竞争越来越激烈，对企业内部运营提出了更加严格的要求。如何在提高企业组织内部运营管理效能的同时，有效利用外部环境的有利资源，避免不利因素的影响，从而实现企业的长期可持续发展目标，已经成为学术界和企业自身关注的焦点问题。前文分别对企业内部有序化程度和外部环境的有利程度进行了详细的计算，下面将讨论在耗散结构思想指引下，将内部有序化程度和外部环境的有利程度联系起来对企业组织可持续发展能力值进行刻画。

基于国内外对企业研究的文献的归纳分析，在第 2 章提出的复杂系统理论视角下，我们可将企业视为一个复杂的组织系统，其不可能在完全封闭的环境中运行，而必然会与外界的环境进行物质、能量和信息的交换。根据式（4-1）~式（4-8），可以在得出第 i 个企业的内部管理熵 A_i 和第 i 个企业对应的外部环境熵 B_i 以后，结合耗散结构下内外部环境交互作用的 Brusselator 模型，通过式（4-9）得到反映第 i 个企业组织可持续发展能力的 C_i 值。C_i 值越大表明企业实现耗散结构的可能性越大，即企业既能够有效地利用内部优势与外部机遇，又能够有效地化解内部劣势和外部威胁，表明企业实现可持续发展的能力越强。

1. 企业组织可持续发展能力描述统计

以 4.4.2 小节得到的制造业企业内部管理熵为基础，通过匹配企业所处地理位置（城市）的外部环境熵（参考 4.4.1 小节），在 Brusselator 模型支撑下，计算得到相应企业组织可持续发展能力值。其描述统计结果见表 4.14。

表 4.14　2010~2017 年制造业企业组织可持续发展能力值描述性统计

年份	均值	中位数	标准误	标准差	区域	最小值	最大值
2010	2.062	1.444	0.273	5.722	103.104	−91.945	11.159
2011	2.145	1.433	0.253	5.289	83.163	−72.333	10.830
2012	2.064	1.219	0.143	2.989	20.791	−10.361	10.431
2013	1.972	1.296	0.141	2.943	31.867	−22.283	9.584
2014	1.944	1.276	0.148	3.087	36.908	−27.631	9.277
2015	1.978	1.270	0.132	2.766	22.742	−13.242	9.500
2016	1.979	1.512	0.355	7.354	125.233	−115.392	9.842
2017	1.866	1.506	0.426	8.901	179.443	−170.544	8.900

由表 4.14，从均值来看，整体制造业企业组织可持续发展能力值在 2.0 左右波动，2017 年有降低的趋势。但从中位数信息看，企业组织可持续发展能力值的整体发展趋势在波动中上升。查询描述统计的偏度信息，我们发现 2016 年和 2017 年偏度值在以往 0 附近变为 2016 年的−12.078 和 2017 年的−16.982，即有明显的负偏特征。结合区域和最小值的变化情况，我们可以明确：2010~2017 年整个制造业企业组织可持续发展能力值在波动中有上升趋势，但标准差变大，尤其出现了个别发展较差的企业，其可持续发展能力值对整体均值有向下拉动的作用。

2. 基于城市等级的对比分析

进一步根据上市企业注册地信息，从对应的城市规模和城市等级的角度对制造业企业组织可持续发展能力值进行分类比较，得到结果如表 4.15 和图 4.6 所示。

表 4.15 2010~2017 年各级城市制造业企业组织可持续发展能力值

年份	一线城市		二线城市	
	均值	标准差	均值	标准差
2010	5.005	2.900	1.419	1.899
2011	5.037	3.053	1.230	4.930
2012	4.721	2.491	1.279	1.732
2013	4.332	3.039	1.326	1.497
2014	4.433	2.322	1.256	1.683
2015	4.320	2.487	1.486	1.076
2016	4.349	9.460	1.582	1.099
2017	3.727	13.435	1.675	1.070
年份	三线城市		四线城市	
	均值	标准差	均值	标准差
2010	−0.166	3.559	−1.960	12.029
2011	0.193	1.123	−1.679	9.475
2012	−0.196	1.649	−0.633	0.700
2013	−0.073	1.136	−0.539	0.558
2014	−0.336	3.059	−0.526	0.605
2015	−0.047	1.184	−0.795	1.748
2016	0.217	0.707	−1.599	9.799
2017	0.370	0.549	−0.893	5.490

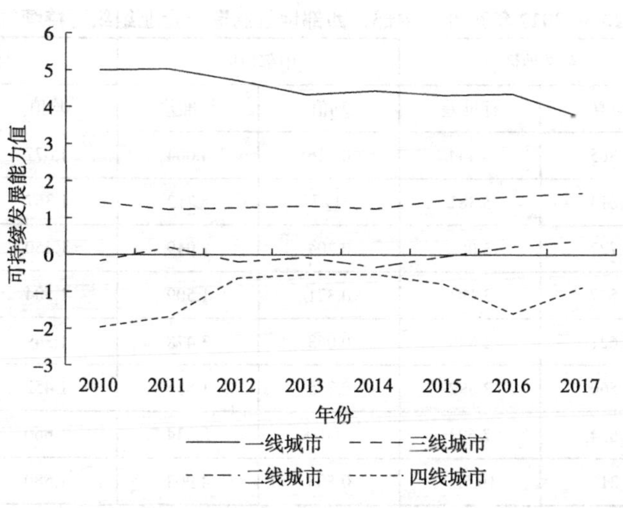

图 4.6 2010~2017 年各级城市制造业企业组织可持续发展能力值走势

4.4.2 小节中对四类城市所属制造业企业管理熵值进行的分析发现，不同城市等级对企业内部管理熵值没有显著影响，即一线、二线城市的企业内部管理环境不一定必然优于三线和四线城市，四类城市内部管理熵值的发展态势基本是纠缠在一起的。考虑外部环境影响后，四类城市企业组织可持续发展能力值出现明显差异，一线、二线、三线和四线城市企业组织可持续发展能力依次降低，反映不同的城市规模和城市等级所对应的不同环境资源对企业发展产生潜在的影响。但是，也应该注意到，2015 年和 2016 年以来，一线城市企业组织可持续发展能力值有下降的趋势，而二线、三线和四线城市企业组织可持续发展能力值在上升。这从一个方面说明，中小城市的发展在加速，城市之间资源对企业发展的影响有趋同的走势。

3. 基于地理位置的对比分析

继续从城市的地理位置对城市所属制造业企业组织可持续发展能力情况进行分类评价，得到表 4.16 和图 4.7。可以发现，前面不同区域制造业企业内部管理熵值存在交错发展的态势，在考虑外部环境的影响后，其对应的企业组织可持续发展能力出现比较明显的差异。东部地区制造业企业组织可持续发展能力值普遍偏高，但相对较低的不是西部地区，而是中部地区。考虑图 4.4 揭示出的中部地区制造业企业相对较高的内部管理熵值，可以得到有益的启示；第一，外部环境的有序化程度反映了环境资源对企业发展的有利程度，它确实可以对企业组织可持续发展能力造成影响；第二，企业内部有序化程度对企业发展仍然具有强大的影响力，甚至可以克服一定条件的环境约束，保持较稳定的可持续发展状态。

表 4.16 2010~2017 年东部、中部、西部地区制造业企业组织可持续发展能力值

年份	东部地区		中部地区		西部地区	
	均值	标准差	均值	标准差	均值	标准差
2010	2.865	6.444	0.016	4.004	1.077	2.317
2011	3.013	5.381	−0.277	5.712	1.367	2.439
2012	2.727	3.082	0.204	2.049	1.450	2.379
2013	2.537	3.193	0.371	1.509	1.504	2.275
2014	2.621	2.849	0.063	3.478	1.349	2.378
2015	2.560	2.892	0.335	1.886	1.452	2.122
2016	2.654	7.693	−0.078	8.334	1.660	2.097
2017	2.317	10.529	0.503	4.903	1.580	1.828

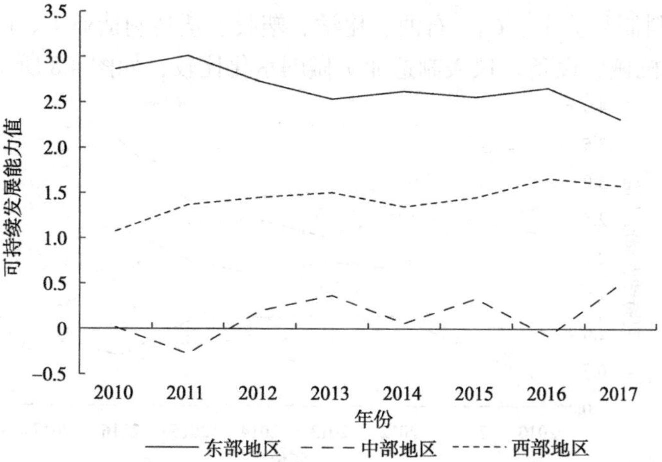

图 4.7　2010~2017 年东部、中部、西部地区制造业企业组织可持续发展能力值走势

4. 具体子行业的对比分析

为分析不同子行业企业组织可持续发展能力情况，进一步统计制造业各子行业企业组织可持续发展能力值，得到表 4.17。由表 4.17 数据可见，2010~2017 年企业组织可持续发展能力相对领先的制造业子行业主要集中于 C_5（电子制造业）、C_6（金属、非金属制造业）、C_7（机械、设备、仪表制造业）和 C_0（食品、饮料制品业），而 C_4（石油、化学、塑胶、塑料制造业）、C_3（造纸、印刷制造业）和 C_1（纺织、服装、皮毛制造业）等子行业发展能力相对较弱。这基本上反映出新兴行业、技术密集型行业逐渐走强的发展态势，而一些传统行业、资源密集型行业发展态势相对较弱。

表 4.17　2010~2017 年制造业各子行业企业组织可持续发展能力值

行业	样本数量/个	2010 年	2011 年	2012 年	2013 年	2014 年	2015 年	2016 年	2017 年
C_0	25	2.291	2.472	1.820	1.918	1.746	1.931	2.362	2.318
C_1	23	1.501	1.657	1.280	1.277	1.331	1.461	1.717	1.607
C_2	3	1.994	2.208	1.813	1.926	2.065	1.675	1.814	1.709
C_3	12	1.601	1.497	1.158	1.130	1.525	1.316	1.570	1.325
C_4	85	0.354	0.784	1.186	1.196	1.176	1.127	0.661	0.944
C_5	60	3.455	3.346	2.879	2.843	2.789	2.719	3.516	3.348
C_6	60	2.202	2.659	2.410	2.375	1.814	1.954	2.640	2.484
C_7	126	2.627	2.397	2.554	2.237	2.471	2.415	1.694	1.272
C_8	38	1.524	1.495	1.167	1.398	1.248	1.580	2.083	2.249
C_9	8	4.210	4.387	3.855	2.911	2.960	3.623	3.939	3.959

进一步开展直观分析，同样取样本容量相对较大、代表意义较突出的行业 C_0

（食品、饮料制品业）、C_4（石油、化学、塑胶、塑料制造业）、C_5（电子制造业）和 C_7（机械、设备、仪表制造业）做图示化比较，如图 4.8 所示。

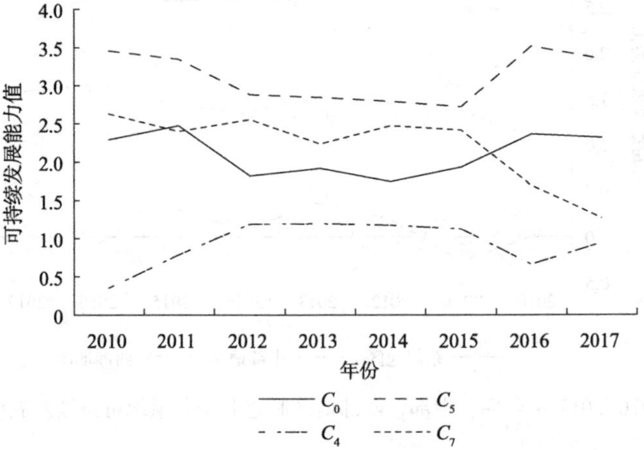

图 4.8　2010~2017 年制造业各子行业企业组织可持续发展能力值走势

由图 4.8 可见，制造业各子行业企业组织可持续发展能力的行业差异比较明显，不仅取值大小有差异，而且发展走势也有较大差异。C_5（电子制造业）企业组织可持续发展能力值一直处于相对较高位置，2012~2015 年虽有小幅下降，但 2016 年又有明显提升。电子制造业是典型的技术密集型行业，是信息化改造传统产业比较典型的代表行业，也是国家综合国力竞争的重要代表。因此，近几年来，不管是市场环境、技术环境、资金环境还是政策环境，对电子制造业而言，都处于一个比较好的发展态势之中。外部资源的丰富和环境的友好，加上企业内部管理有序化程度提升，整个行业的发展景气指数较高。与之相对比，C_7（机械、设备、仪表制造业）也长期处于较好的发展态势，但 2015 年后出现比较明显的下滑，如果联系到近年来国家产业结构调整和去产能等工作涉及的重要领域就有机械制造业，这种态势就可以得到一定程度的解释。C_4（石油、化工塑胶、塑料制造业）则整体处于较低的可持续发展态势之下，2010~2017 年的可持续发展能力值几乎均处于其他各类子行业之下；2011 年和 2012 年有一定的增长态势，但大部分时间比较稳定，直到 2017 年又开始有所增长。实际上，C_4（石油、化工塑胶、塑料制造业）在整个制造业体系中属于与原材料紧密相关的上游行业，改革进度相对缓慢，资源占用多、环保压力大、市场化程度相对较低。这些因素对行业发展的制约作用是比较明显的，行业可持续发展能力的提升与这些因素的认识和改革措施紧密相关。另外，C_0（食品、饮料制品业）的发展态势比较乐观，虽然 2014 年前的可持续发展能力值有所波动，但 2015~2017 年一直保持增长态势。C_8（医药、生物制品业）也与食品、饮料制品业发展趋势类似，在 2015~2017 年一直保持持续增长。这实际上反映了国家经济整体发展和居民消费普遍升级的大背景。

伴随着近段时间中国经济水平的整体提升，居民收入在不断增长，消费能力和消费水平在不断提高，对市场最直接的反映就是对消费和健康提出更深刻、更全面的要求。这正是促使产业升级、供给侧结构性改革的直接推动力。

徐建伟等（2019）以主营业务收入占比和劳动生产率为主要指标，分析了 2010~2016 年我国制造业的发展状况，得到了类似的结论。他们指出，发展趋势向上的制造业行业大都具有与居民消费密切相关，市场化程度相对较高，较早实现数量规模扩张向质量效率增长转变的特点，其中具体包括文娱用品制造业、食品加工制造业、医药制造业、计算机通信和电子设备制造业；而发展相对缓慢，甚至有下降趋势的产业主要是与固定投资、中间投入密切相关的上游基本原材料工业和部分装备制造业，如仪器仪表制造业、造纸和纸制品业、纺织业、通用设备制造业、石油加工炼焦及核燃料加工业、黑色金属冶炼和压延加工等。

制造业各子行业企业组织可持续发展能力的差异比较深刻地说明了企业外部环境对企业发展的重大影响，其中，行业环境正是企业外部环境在资源、资金、技术、政策和供应链体系等诸多具体环境因素方面的综合体现。

总体来看，企业通过组织创新、内部治理等管理行为的实施确实可以带来组织内部管理有序化，推动企业组织可持续发展能力的提升，并且这种能力可以在一定程度上克服地理区域的限制，尤其是当这种能力与企业的行业属性、资源特色相结合，其价值可以得到更大程度的发挥。但同时，企业的原料采购、研发创新、生产组织和销售推广等组织行为都是深刻地与外部环境交织在一起的，脱离环境来谈企业发展，是空洞的，也是不现实的。在财经指标体系下，企业组织可持续发展影响因素的研究和能力评价，从相对客观的指标体系入手，通过对相对宏观的制造业发展规律进行分析，进一步证实了在企业发展过程中，内部管理的有序高效、外部环境的有序友好，以及内外部环境的协调配合，具有非常重要的作用。

4.5　评价指标中企业组织可持续发展的影响因素分析

4.3 节以制造业企业为研究对象，以企业内外部环境有序化程度评价为着眼点，开展了企业组织可持续发展能力评价指标体系的构建工作，并通过 4.4 节的实证分析证明了该指标体系的价值。但是，对企业组织可持续发展能力的评价，其目的不仅仅是对企业组织可持续发展能力做出数值上的评分和排序，更重要的是通过评价过程，帮助我们加深对企业组织可持续发展影响因素和作用机理的认识。为此，本节将整理 4.3 节和 4.4 节内容，从外部环境评价指标和企业内部评价指标入手，梳理企业组织可持续发展影响因素的影响程度和关联关系。

4.5.1 外部环境评价指标分析

在文献梳理的基础上，4.3 节提取了对企业发展可能构成主要影响的环境因素，并经相关性分析，剔除与企业发展指标不相关部分，得到影响企业发展的外部环境主要指标，包括地区社会经济环境、地区产业结构、金融环境、科技投入、城市资源等方面的 15 个具体因素。

结合 4.4.1 小节中对 2010~2017 年 287 个地级及以上城市做外部环境熵值计算的结果，抽取其中权重信息［主要步骤对应式（4-4）］做指标的重要程度分析。因为模型计算得到的权重价值更多体现在参与分析比较的指标之间的相对排序上，为此，在得到 2010~2017 年外部环境评价指标权重的基础上，进行排序整理，得到表 4.18。有关各个指标的详细含义可以参考表 4.3。有关外部环境评价指标权重值的具体信息可以参见附录四。

表 4.18 2010~2017 年外部环境评价指标权重排序

指标	2010 年	2011 年	2012 年	2013 年	2014 年	2015 年	2016 年	2017 年	均值	标准差
E_1	8	8	8	8	7	8	5	7	7.4	1.06
E_2	5	6	5	6	4	5	6	6	5.4	0.74
E_3	14	14	14	15	15	14	14	13	14.1	0.64
E_4	13	12	9	9	9	10	15	12	11.1	2.23
E_5	11	10	13	12	12	12	13	11	11.8	1.04
E_6	9	9	10	10	11	11	11	10	10.1	0.83
E_7	6	5	6	7	8	6	7	8	6.6	1.06
E_8	10	11	12	11	10	9	9	9	10.1	1.13
E_9	4	4	4	4	5	4	4	4	4.1	0.35
E_{10}	3	3	2	2	3	2	2	2	2.4	0.52
E_{11}	2	2	3	3	2	3	3	3	2.6	0.52
E_{12}	1	1	1	1	1	1	1	1	1	0
E_{13}	7	7	7	5	6	7	8	5	6.5	1.07
E_{14}	15	15	15	14	14	15	12	15	14.4	1.06
E_{15}	12	13	11	13	13	13	10	14	12.4	1.30

权重排序位于前列的指标主要有 E_{12}、E_{10}、E_{11}、E_9、E_2、E_1、E_{13} 和 E_7。除 E_4 指标外，其他所有指标的标准差均很小，表明指标权重排序相对稳定，指标权重反映出的影响因素重要性具有较强说服力。

首先，反映城市金融环境的指标处于权重排序最领先的位置。E_{12}（当年实际使用外资金额）、E_{10}（年末金融机构贷款余额）、E_{11}（年末金融机构存款余额）

等指标均稳定地处于高权重位置，反映出金融环境在整个城市外部环境评价中占有非同寻常的位置。充足的资金保障、便捷有效的投融资环境显然对企业的稳定、持续发展具有重要的价值。

其次，反映科技投入的 E_9（科技支出占政府支出的比重）的权重也居于前列。这反映出一个城市的科技投入正在越来越深刻地影响着城市的环境竞争实力。对企业而言，在经济新常态及传统产业面临日益紧迫的换代升级的大环境下，科技创新必然成为企业发展的重要推动力。

E_1（城镇登记失业人口占就业人口比重）、E_2（人均地区生产总值）和 E_7（第一产业占地区生产总值的比重）等指标反映了一个地区社会经济环境的基本情况。其权重相对靠前，反映出人口素质、人才质量和城市经济结构合理性等因素对城市发展环境的影响。这些因素也将直接作用于企业的人力资源成本、经营创新成本。

E_{13}（人均城市道路面积）作为城市资源指标的代表，其较靠前的权重排序反映了城市自然资源、市政资源等资源禀赋对城市发展和企业发展存在的潜在影响作用。

通过指标权重排位分析，我们可以发现，排序前列的指标在地区社会经济环境、地区产业结构、金融环境和城市资源方面均有涉及，这进一步证实了外部环境评价指标体系的完备性和有效性。同时，指标之间权重的差异，也反映出城市发展环境影响因素之间的差异，进而提示我们，对企业组织可持续发展影响因素的分析，应该在全面、完整的基础上，注意根据研究目的，突出主要矛盾。

4.5.2　企业内部评价指标分析

在文献梳理的基础上，考虑数据的客观性和准确性，4.3 节提出了基于财务分析指标的企业内部管理有序化评价体系。结合制造业上市企业的实际运营情况，本书先提取了流动比率、速动比率、现金比率、利息保障倍数、资产负债率、权益乘数、产权比率、资本保值增值率、总资产增长率等 29 个可能反映企业发展状况的财务指标；然后，在因子分析的基础上，对 29 个财务指标进行筛选，最终形成了 4 组共 16 项指标的评价体系。

结合 4.4.2 小节中对 2010~2017 年 440 个制造业企业样本做内部管理熵值计算的结果，抽取其中权重信息［主要步骤对应式（4-7）］做指标的重要程度分析。为突出指标之间的相对重要程度，在得到 2010~2017 年企业内部有序化程度评价指标对应权重信息的基础上，进行排序整理，得到表 4.19。有关各个指标详细含义可以参考表 4.5。有关企业内部管理熵计算涉及评价指标的权重具体信息可以参见附录五。

表 4.19　2010~2017 年企业内部有序化程度评价指标权重排序

指标	2010 年	2011 年	2012 年	2013 年	2014 年	2015 年	2016 年	2017 年	均值	标准差
F_1	4	5	5	5	3	5	6	5	4.8	0.89
F_2	3	4	2	4	4	6	4	4	3.9	1.13
F_3	2	2	1	1	1	1	3	3	1.8	0.89
F_4	10	7	12	14	2	2	11	10	8.5	4.47
F_5	12	8	14	9	11	11	12	14	11.4	2.13
F_6	11	12	15	12	12	13	13	13	12.6	1.19
F_7	14	13	9	2	15	16	15	16	12.5	4.81
F_8	13	16	10	15	13	15	10	9	12.6	2.67
F_9	16	6	16	13	10	3	9	11	10.5	4.57
F_{10}	8	11	8	11	9	9	2	8	8.3	2.82
F_{11}	15	15	13	16	14	12	16	12	14.1	1.64
F_{12}	9	14	11	10	16	14	14	15	12.9	2.53
F_{13}	6	9	3	6	6	7	7	6	6.3	1.67
F_{14}	5	1	7	8	7	8	1	1	4.8	3.24
F_{15}	7	10	6	7	8	10	8	7	7.9	1.46
F_{16}	1	3	4	3	5	4	5	2	3.4	1.41

从 2010~2017 年的排序均值上看，企业内部有序化程度评价指标权重位于前列的指标主要有 F_3、F_{16}、F_2、F_1、F_{14}、F_{13}、F_{15}、F_{10}、F_4 等。所有指标中一半的权重排序标准差大于 2，显示出指标权重排序有一定的波动。但排序位于前列的指标位次稳定性较好，有代表性，值得做进一步讨论。

明显位于前列的 9 个指标，虽然涉及范围较广，对指标体系有比较全面的反映，但结合各个具体指标对应维度可以明显发现，其主要反映的是企业经营能力和偿债能力。

其中，F_{13}（流动资产周转率）、F_{14}（资本密集度）、F_{15}（总资产周转率）和 F_{16}（股东权益周转率）4 个指标对应反映企业经营能力。这 4 个指标权重排序均靠前,说明企业经营能力对企业组织可持续发展能力刻画具有举足轻重的地位。企业经营活动就是将资源转化为利润、成本转化为效益的过程，这是企业生存和发展的基石。流动资产周转率、总资产周转率和股东权益周转率等指标所反映的企业经营能力，通过企业资金运营和周转情况，反映了企业资源管理、效益转化、利润运用的效率高低。因此，可以明确，企业经营环境的优劣及经营管理能力的高低是影响企业组织可持续发展的重要因素。

F_1（流动比率）、F_2（速动比率）、F_3（现金比率）和 F_4（权益乘数）这 4 个指标的权重排序也靠前，且其完全对应企业内部管理有序化评价体系中偿债能力的维度，说明偿债能力是从企业内部影响企业组织可持续发展的重要因素。从财务管理角度看，企业有无现金支付能力和债务偿还能力，是企业能否健康生存和发展的基本条件。资金流是企业的血液循环，它贯穿企业采购、研发、生产和营销的各个方面，企业现金流不正常就可能在原料采购、研发生产和存货积压等各个环节对企业基本经营活动造成阻碍，最终导致资金链断裂、企业破产。企业偿债能力正是从现金流角度对企业财务状况和经营能力的直接反映，因此其对企业组织可持续发展的影响是深刻而全面的。

除了经营能力和偿债能力，反映企业发展能力的 F_{10}（总资产增长率）指标也处于权重排序前列。与经营能力和偿债能力相比，企业发展能力并不直接反映企业即时经营情况，却是企业随时间进程持续发展变化的重要刻画指标。在企业组织可持续发展能力的刻画和评价中，企业发展能力可以从时间维度提供更丰富的信息。

F_5（总资产净利润率）、F_6（流动资产净利润率）、F_7（净资产收益率）和 F_8（营业利润率）等反映企业营利能力的指标权重排序都靠后，这并不能否定企业营利能力的价值，只是和经营能力、偿债能力相比，其重要性相对靠后，在企业组织可持续发展能力评价中提供的区分度信息相对较弱，也可能存在事实上的指标信息重叠。

总体来看，通过企业内部有序化程度指标的权重排位分析，可以明确在企业内部存在着对企业组织可持续发展具有深刻影响力的因素，如企业的经营能力和偿债能力。这些能力都是对企业基本营运和发展起到直接影响的基础性能力，提示在企业组织可持续发展影响因素和作用机理的研究中，应始终从组织生存发展的基本规律入手，注重对企业基本经营活动和管理行为的研究。

4.6 本章小结

财经指标是经济活动的测量仪。它们有科学的定义、规范的计算模型和相对开放的发布渠道，因此，从财经指标体系角度开展企业组织可持续发展影响因素及能力评价研究，相对客观、科学和透明。本章以复杂系统耗散结构理论为支撑，以财经指标体系为切入点，通过构造企业组织可持续发展能力评价体系，开展企业组织可持续发展实证研究，摸清国内企业外部环境的整体情况，梳理制造业企业内部管理有序化程度及组织可持续发展能力的基本情况，也对影响企业组织可持续发展的主要因素有了进一步认识。

第一，可以明确，企业内部管理有序化程度和外部环境的有利程度是决定企业实现可持续发展的两个重要方面。它们可以分别通过企业内部的经营能力、偿债能力、发展能力和营利能力等指标折算出管理熵，以及外部环境中的地区经济社会环境、地区产业结构、科技投入、城市资源等指标折算出环境熵来进行描述和评价。

第二，从企业外部环境来看。以城市为载体的企业外部环境总体上有优化的趋势，但相对稳定性较高，表明城市环境受地理、人文、社会资源及禀赋等诸多因素影响，城市环境的改善过程并非一蹴而就，需要多方面的持续投入。从城市规模和等级来看，一线城市环境优势非常明显，二线城市次之，四线城市垫底，但三线和四线城市环境优势的差异相对较小。从城市的地理位置来看，东部地区城市环境优势明显，中部地区和西部地区依次降低，但从发展趋势上看，地区差异在逐步缩小。代表性城市的环境优势排序进一步证明了以上结论，同时，个别城市位次出现明显波动，也在提示城市管理者，城市环境改善难度大，持续性要求高，城市竞争不进则退。

第三，从企业内部管理有序化程度来看。制造业企业内部管理有序化程度整体比较平稳，2016 年和 2017 年开始出现比较明显的改善迹象，但企业之间的差距也有扩大的趋势。从企业所属城市的规模和城市等级来看，不同城市等级对企业内部管理有序化程度没有显著影响；从企业所属城市所处地理位置来看，差异也不十分显著，且西部地区的企业内部管理有序化程度相对较高，东部地区和中部地区次之。这虽然有样本代表性的问题，但也说明企业内部管理环境与外部环境相比有相对独立性，不具备环境普遍优势的企业仍然可以在内部管理有序化程度方面做出成绩。另外，进一步的分行业讨论揭示，食品饮料业和电子制造业的内部管理环境改善是比较明显的，它们的内部管理有序化程度水平均在 2015 年前后开始出现显著提升。

第四，从企业组织可持续发展能力来看。整个制造业企业组织可持续发展能力在波动中有上升趋势，但标准差变大，后期开始出现个别发展较差的企业。从企业所属城市的城市等级来看，一线、二线、三线和四线城市企业组织可持续发展能力依次降低，但 2015 年以后，城市等级对企业发展的影响有减小的趋势。从城市所处地理位置来看，东部地区企业组织可持续发展能力值普遍偏高，但相对较低的不是西部地区，而是中部地区。这在反映环境资源水平对企业发展存在重要影响的同时，也说明企业提升自身管理有序化程度的重要意义。行业差异对企业组织可持续发展能力的影响较大，其中电子制造业可持续发展能力值一直处于相对较高位置，机械制造业也长期处于较好的发展态势，但 2015 年后出现比较明显的下滑，石油、化工塑胶、塑料制造业则整体处于较低水平，食品、饮料制品业和医药、生物制品业等行业发展态势比较乐观。

第五，从企业组织内外部评价指标体系入手，抽取样本熵值计算过程中的权重信息，从财经指标体系的角度明确了影响企业组织可持续发展的主要因素。这些主要因素具体包括：外部因素中的金融环境、科技投入和地区经济社会环境，以及企业内部的经营能力、偿债能力和发展能力。这为清晰认识影响企业组织可持续发展的主要矛盾，帮助进行企业组织可持续发展作用机理研究和仿真模型分析奠定了重要基础。

当然，我们也应该注意到，基于财经指标体系的企业组织可持续发展因素分析有其内在的局限性：①这些指标并非专为刻画企业组织可持续发展能力而定义，部分指标可能存在适用性和含义重叠等问题；②在经济全球化的大背景下，企业经营活动的地理分散性特征日益明显，而本书基于研究的可行性，用城市环境代替了企业外部环境，带来了刻画准确性上的局限；③用于反映内外部环境交互作用的 Brusselator 模型是从自然科学领域转义到社会经济领域的，虽遵从复杂系统基本规律，但其准确性还需进一步研究。为了应对以上局限，本书的研究在指标选取上采用多种统计分析方法，在实证分析中加大了样本量，并重点从宏观层面揭示基本规律。从结果来看，其具有较好的启示意义。

总体上，本章的工作有利于帮助我们清晰地认识国内企业组织可持续发展的内外部环境，更有利于帮助我们在大量实证数据支持下全面、客观地认识企业组织可持续发展的重要影响因素，这些工作和第 3 章基于管理者视角的企业组织可持续发展影响因素分析一起，实现了客观研究与主观视角相结合，财务指标与定性评价结合，最终帮助建立企业组织可持续发展框架模型，为企业组织可持续发展机理研究、企业组织可持续发展策略选择奠定了重要基础。

第 5 章　企业组织可持续发展的系统动力学分析

企业组织可持续发展的水平和能力，本质上是由企业组织内外部环境所有因素共同作用的结果，是企业作为一个系统的整体性表现。系统的整体性决定了我们不能将企业组织可持续发展的影响因素及作用机理完全分解开来进行还原论般的研究。从组织的系统观角度看，企业组织可持续发展涉及众多影响变量，而且，这些变量具有非线性、时滞、动态等特点。在企业成长的不同阶段或者不同环境下，这些影响因素对企业发展的推动或抑制作用甚至会发生转变，所以说，企业发展系统本质上是一个复杂的动态反馈系统。在第 3 章和第 4 章分别从管理者视角和财经指标体系梳理企业组织可持续发展影响因素的基础上，本章在系统动力学思想和方法支撑下，开展企业组织可持续发展机理研究。

系统动力学是麻省理工学院的 Forrester 教授于 1958 年为分析生产管理及库存管理等企业问题而提出的系统仿真方法。经过几十年的发展，系统动力学的应用范围已经扩展到整个复杂系统领域。虽然它借用了控制论反馈控制的重要理念，但从系统观发展的历史进程上看，系统动力学的研究思路与复杂系统理论具有高度一致性。它强调系统要素的相互作用，强调通过因果关系传递来构造反馈回路，以此从底层刻画系统复杂性机理；它强调发展和动态的视角，重视延迟和反馈回路带来的非线性作用，以此有效解释全局与局部利益的矛盾、短期和长期行为的冲突（胡大伟，2007）。另外，企业组织作为一种具有能动性的社会系统，其决策环节的刻画一直是研究的重点和难点，而系统动力学通过速率环节，可以直观、有效地刻画社会系统的决策环节。因此，可以说，直到系统动力学被用以刻画企业发展的动力机制之后，企业作为一个完整组织系统的观点才更被大家接受。因此，为清晰刻画企业组织可持续发展影响因素之间的作用机理，我们有必要借助系统动力学工具对企业组织发展过程的动力基础、行为机制和表现特性进行建模分析，进而撬动解决企业组织可持续发展问题的最优杠杆。

5.1　面向企业发展的系统动力学研究综述

系统动力学认为，系统中关键要素之间存在着相互作用，这种相互作用基于因果关系环环传递，最终构成一个个闭环的因果关系链路，这就是反馈回路。系统的性质和行为主要取决于系统中存在的反馈回路（王其藩，1994）。因此，采用系统动力学研究企业组织可持续发展的作用机理问题，其核心是希望弄清企业发展的关键影响因素及其构成的反馈回路，进而寻求改进企业发展战略的有效路径。

在将系统动力学与企业发展研究相结合方面，最具影响力的工作当属 Forrester 教授的学生彼得·圣吉。他的《第五项修炼：学习型组织的艺术与实践》成为在多个国家多次再版的畅销书。圣吉（2009）指出，要使企业茁壮成长，必须建立学习型组织，而学习型组织修炼的重心是“第五项修炼”，即强调以系统思考代替机械思考和反应式思考，并且通过引入动态复杂性等概念，强调找出解决问题的“杠杆解”。彼得·圣吉不仅给出了理论，还借助系统动力学工具总结了企业管理中常见的误区和陷阱，建立了十大基本模型，可用以解释企业增长不可持续（增长极限）、短期方法蒙蔽长期目标（转移负担）、防卫行为导致恶性竞争等现实问题，从而实现对实践的有效指导。

其他研究者更关注具体环境的分析。Michael（2012）通过建立包含企业资源积累、管理政策、行业和市场之间关系的系统动力学模型，讨论了组织多样化增长的问题。该模型结果表明，资源积累等因素对于组织多样化的增长起到至关重要的作用，在复杂组织问题的研究过程中应该将这些因素作为一个整体来讨论。Strohhecker 和 Grobler（2012）利用系统动力学对企业的成长过程进行仿真模拟，重点采用管理实验手段分析了一家零售企业的发展过程，并提出了推动企业组织可持续发展的优化方案。杨文斌（2006）建立了基于系统动力学的企业成长系统模型，模拟分析了企业成长的基本结构、基本回路、典型的动态行为模式，以及政府政策与企业成长和能力建设的动态关系。他指出调节回路是稳定器，增强回路是动力，并对企业成长过程中“良性循环”和“恶性循环”的根源给出了思考。张玉明和段升森（2009）通过运用系统动力学的理论和方法，构建了含有 79 个反馈回路的中小型科技企业成长机制模型。该模型分析表明，完善的中小型科技企业成长机制应包含内生成长机制和外生成长机制两部分，其中，内生成长机制是企业成长的根本动力，外生成长机制则是必要条件和补充，它们的协调互补决定了中小型科技企业的成长能力和成长空间。李建钢和李秉祥（2014）就企业成长的内外部动力源做了梳理，内部动力源主要包括企业家、企业发展战略、企业管理能力、企业文化和企业机制；外部动力源主要由政府政策、科技进步、市场竞争、联盟协作、市场需求等要素组成。

还有一些研究者将企业组织可持续发展与企业生命周期相结合。胡斌等（2006）在 Tushman 和 Romanelli（1985）组织演变理论基础上建立了能够反映企业生命周期变化的因果关系图和动力学模型，并通过仿真分析指出，组织在成长期的内在惯性将随着组织的成长壮大不断得到强化；但组织在具有更大的稳定性的同时，对外界反应的灵活性也逐渐降低，组织生命走向衰亡。裴梦丹等（2016）就新创企业发展生命周期开展系统动力学分析，他们将企业的孵化过程解构为萌芽期、成长期与成熟期三个阶段，并据此构建了三阶延迟的系统动力学老化链与协流模型。该模型的仿真分析说明既定资源的合理配置比单纯的资源扩张对企业发展更有效。张美丽等（2017）以成长期高技术制造企业为研究对象，采用系统动力学方法构建组织创新与技术创新相匹配的系统动力学模型，结果显示，成长期企业在技术创新牵引下总体水平快速提高，从而使组织创新对创新效率的动态影响程度呈明显上升趋势，体现出一种技术创新牵引组织创新快速变化的创新匹配发展路径。

从文献综述可以看出，很多学者的研究工作涉及了企业的发展问题。虽然明确以企业组织可持续发展机理为研究对象的文献不多，但是这些研究工作奠定了认识和刻画企业组织可持续发展影响因素及作用机理的基础。

5.2 企业组织可持续发展的基本框架

5.2.1 企业组织可持续发展的框架模型

总结第 3 章和第 4 章分别从管理者视角和财经指标体系角度对企业组织可持续发展影响因素的分析，我们可以发现两个角度的研究揭示了一些影响企业组织可持续发展的共同因素和统一规律。对比整理，我们可以将其归纳为三个关键因素，即经营管理、资金水平和科技创新。

1. 经营管理

管理者视角的研究提取出“企业管理环境水平”是影响企业组织可持续发展的基础性要素，具体包括管理体制、决策行为和内外部管理协同度等方面。财经指标体系角度的研究则提取出“企业经营能力”是企业内部影响组织可持续性的关键要素，具体通过资产周转率等财务指标反映企业通过生产经营实现效益转化的效率。企业之所以为企业，是因为它能够通过自身的经营管理行为为市场提供有益的产品或服务。主观和客观两个角度的研究结论再次强化了企业组织本质属性的重要意义，揭示出企业组织经营管理活动的水平和能力是影响企业生存发展最基本、最核心的要素。

2. 资金水平

主观视角的讨论明确了“企业资金水平”是影响企业组织可持续发展的另一个基础性要素，它既涉及企业劳动力成本、材料成本，又涉及企业融资和税费水平。客观视角的研究则从企业内外部两个方面归纳出资金水平对企业组织可持续发展的重要影响。企业内部就是由流动比率、权益乘数等指标反映的偿债能力，企业外部就是由企业当年实际使用外资金额、年末金融机构存款余额、年末金融机构贷款余额等指标反映的金融环境。无论是成本控制、债务偿还，还是投资、融资,两个角度的研究结论本质上是在反映资金流对企业生存发展的根本性价值。

3. 科技创新

管理者视角的研究揭示“企业核心竞争力水平”是决定企业组织可持续发展的直接要素，具体通过企业核心技术、关键性人才和竞争力品牌等方面来体现。财经指标体系的研究则显示“科技支出”是影响企业环境有利与否的重要因素。将两个角度的研究结果对比，可以发现关键点就是科技创新。科技创新是引领发展的第一动力，全球新一轮科技革命孕育兴起，正在深刻影响世界发展格局，深刻改变人类生产和生活方式。科技创新带来了核心技术和竞争力品牌，而关键人才的具体含义就是创新型人才。

本书在整理企业组织可持续发展关键影响因素基础上建立企业组织可持续发展框架模型（图 5.1）。该模型主要由企业能力子系统、外部环境子系统及其相互联系构成。与经营管理、资金水平和科技创新三个关键要素对应，企业能力子系统反映企业自身可持续发展的三种核心能力，即经营管理能力、财务金融能力和科技创新能力。经营管理能力涉及企业生产经营、人力资源、市场推广等业务活动。财务金融能力则与成本控制、债务偿还和投融资活动有关。科技创新能力涉及企业流程再造、技术创新、产品研发等业务活动。外部环境子系统与三个关键要素对应，同时考虑政府政策对环境各方面的广泛影响，从而共同形成市场环境、融资环境、科技环境和政策环境。内外部子系统之间通过各种渠道和介质保持着交流与沟通，其中关键的联系主要通过四种流进行，即人力流、资金流、科技流和信息流。

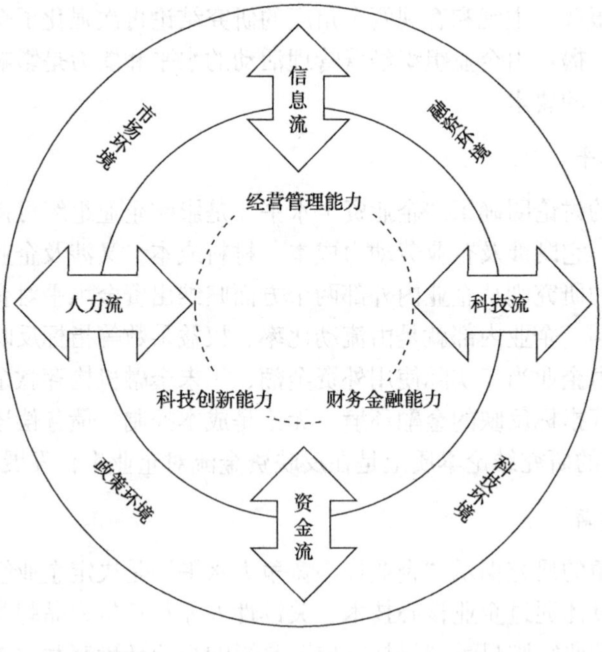

图 5.1 企业组织可持续发展框架模型

5.2.2 企业组织可持续发展的动力因素分析

结合企业组织可持续发展的基本影响因素及前述研究工作，我们可以认为影响企业发展的内部动力主要包括以下几个方面。

1. 研发创新的推动力

企业的研发创新是指新技术、新工艺在新产品或新服务推出过程中的成功应用，也包括对现有技术要素进行重新组合而形成新的生产能力的活动。产品或服务在市场中的等价交易是企业利润的主要来源，而产品或服务的创新是在市场中获得超额利润的重要因素。创新具有难以模仿的特点，企业具有技术或者产品的创新之后，在产权保护完善的市场中就会形成技术壁垒，这样在生产成本控制和市场竞争中就会形成核心竞争力。创新技术和能力积累则是企业在发展稳定期与其他企业相抗衡的重要砝码，是保证企业能够可持续发展的最稳定的推动力。

2. 经营管理的支持力

传统的企业经营管理是指对企业的生产经营进行计划、组织、指挥、协调和控制等。而现代化的经营管理还包括在市场经济环境下对企业进行生产经营规律的把握，对企业管理方法和管理模式的优化改进，以及对企业文化的塑造，对员工积极性的调动和潜能的发挥。经营管理涉及从资源投入到效益再优化的整个过程，涉及人、财、物的合理配置和高效协同。经营管理从组织效率、资本运营、知识运用和危机管理等各个方面为企业发展提供必不可少的支撑。

3. 发展战略的牵引力

企业的发展战略是一个企业发展的指向标，是指导企业经营发展的重要依据。企业在成立之初规模比较小，组织模式简单，协调效率高，调整发展方向容易，故大部分中小企业在发展初期不容易受困于目标抉择、组织效率等问题。但是，随着企业规模的增加，企业发展方向选择更广，管理复杂性也逐渐增加，战略的牵引力对于企业经营方向转移或者扩增具有重要的引导作用。只有在高水平的发展战略牵引下，企业才能够健康、稳定、可持续地发展壮大。

4. 企业资源的保障力

企业资源是指包括人力资源、资金资源、科技资源和信息资源等对企业运营发展起支撑作用的各类投入。企业的各种经营活动和创新行为都需要持续的企业资源保障，企业资源是企业实现可持续发展的基本保证。企业资源的保障水平反映了企业经营管理能力水平，也反映了外部环境的有利程度。

除了这些因素之外，我们还应该注意到，企业发展处于庞大而复杂的社会系统中，企业系统具有开放性的特点，因此，企业系统必定与社会系统有着广泛、复杂的联系。基于前面的工作，企业发展的外部影响因素可以归纳为以下几个方面：①市场环境；②融资环境；③科技环境；④政策法制环境。

5.2.3　企业组织可持续发展的抑制因素分析

系统动力学揭示，企业组织可持续发展的动力可以形成一个正反馈过程，在初期容易带来期望的效果，创造成功的增长螺旋。但单纯的加速增长或衰减，很少能在自然界持续，因为正反馈作用很少孤立出现。即使一段时间内正反馈作用带来明显增长，也总是会有限制因素或快或慢地发生作用，使得增长或减缓，或停止，甚至逆向返回。

1. 外部环境的抑制

图 5.2 描绘了一个企业的基本生产活动反馈回路。在行业发展初期，企业通过增加生产投入带来产量提升，进而在一定延迟后推动销售规模提升、销售收入增加，进一步推动生产投入提升，整个过程持续循环，不断自我强化，是一个典型的正反馈回路。在理想情况下这个反馈回路可推动企业实现持续而稳定的收入增长。但这个过程是不可持续的，企业为了提升销售收入而一味增加产量，最终将带来市场环境的变化，如竞争加剧、供过于求，从而影响到销售规模和产品价格，形成负反馈回路，企业销售收入增长出现抑制。实际上，负反馈回路一直存

在，只是在行业发展初期，市场容量足够大，导致该反馈回路的作用不明显而已。

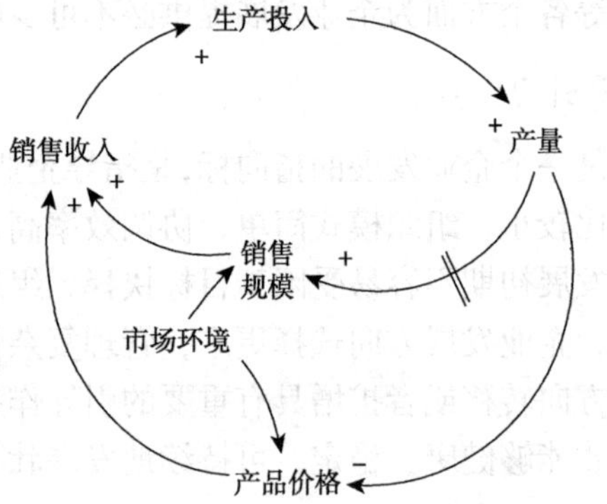

图 5.2 企业的基本生产活动反馈回路

2. 内部环境的抑制

市场环境的约束迫使企业调整发展战略，如考虑以新产品来打开市场。从图 5.3 看，新产品研发环节增加进来后，研发投入、新产品、收入也可以构成一个正反馈回路，企业似乎又走上了持续发展之路。但是，研发经费的增加将带来技术团队规模的增大，进而管理复杂程度、管理负担及产品研发投入增加，最终会抑制新产品研发，这是一个负反馈回路，企业发展又受到抑制。

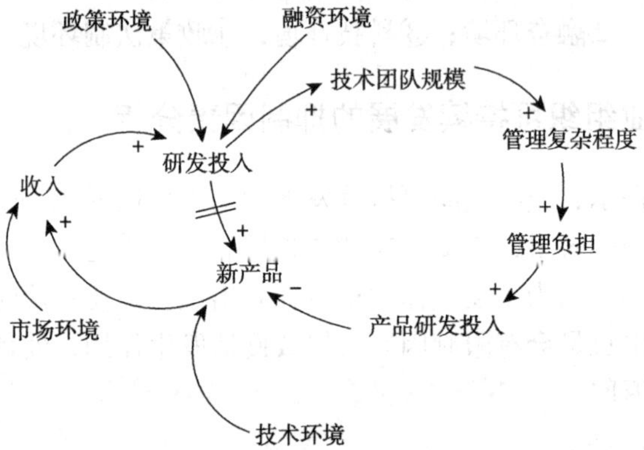

图 5.3 新产品研发生产反馈回路

圣吉（2009）指出，系统的可持续增长，只靠强行推动增长要素并不能起作用，还必须消除限制增长的因素。而一般起杠杆作用的因素都在负反馈回路上。对负反馈回路的有效影响，通常需要有真正的变革措施，这就是创新。管理创新可有效化解管理复杂性，最终实现有效地消减增长抑制因素的影响；技术创新可突破规模报酬提升瓶颈的桎梏，以新产品、新功能开拓新的市场。

5.3　企业组织可持续发展的系统动力学模型

5.3.1　系统边界

由于人类知识和思维能力的局限性，不可能对一个无所不包的模型进行分析，这种模型不存在，也没有意义。因此，在进行建模时，首先要做的就是对模型的边界进行界定，既要“有所为”，也要“有所不为”。这样才能从问题出发，真正将关注点放在核心问题上。

企业组织可持续发展框架模型已经比较清楚地阐明了企业组织可持续发展的系统边界。整个系统包括两个子系统，即企业能力子系统和外部环境子系统。两个子系统之间进行资金流、信息流、人力流和科技流的传递。企业能力子系统重点从三个方面对企业组织可持续发展提供能力支持：①通过经营管理能力维持企业采购、生产、推广等基本业务运行；②通过有效的财务管理和投融资行为，保证企业资金流水平稳定；③通过技术引进、产品研发和其他创新行为，提升企业的竞争力水平。外部环境子系统则在对应维度上从企业外部对组织发展提供支撑。

5.3.2　系统因果关系分析

基于对企业组织可持续发展框架模型的分析，重点考虑企业的三项能力（经营管理能力、科技创新能力、财务金融能力）和四项环境因素（市场环境、科技环境、融资环境、政策环境），可以构建企业组织可持续发展系统的因果关系图（图 5.4）。

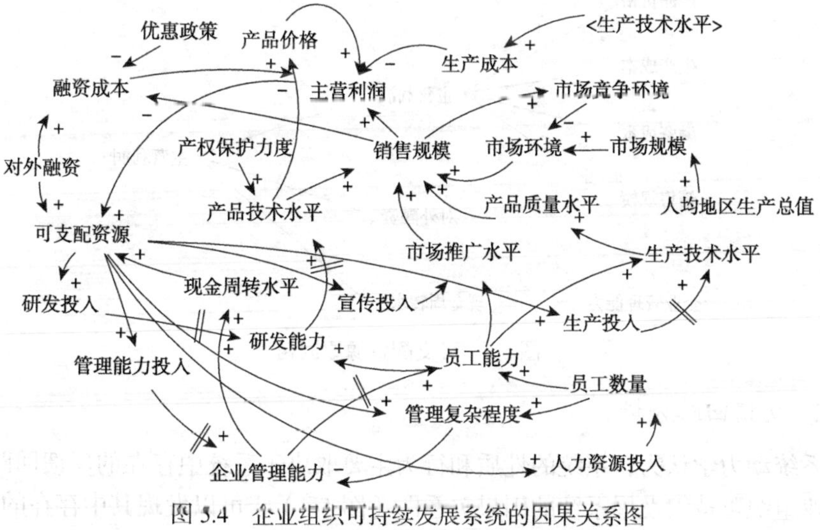

图 5.4　企业组织可持续发展系统的因果关系图

1. 原因树分析

图 5.5 是企业销售规模分析的原因树。直接影响销售规模的一级因素包括企业内部因素（产品技术水平、产品质量水平和市场推广水平）和外部市场环境，其中，企业的研发能力和产权保护力度是影响产品技术水平的原因。企业的生产技术水平影响产品质量水平，员工能力和宣传投入影响市场推广水平，外部市场环境则受到市场竞争环境和市场规模的直接影响。

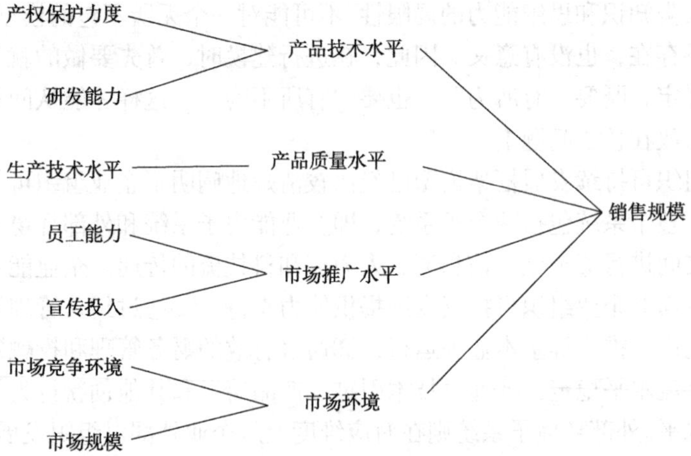

图 5.5　企业销售规模分析的原因树

图 5.6 的可支配资源原因树分析了企业可支配资源的影响情况。企业可支配资源的直接影响渠道是主营利润、对外融资和现金周转水平。其中，主营利润主要来自产品价格、销售规模及对生产成本和融资成本的控制。

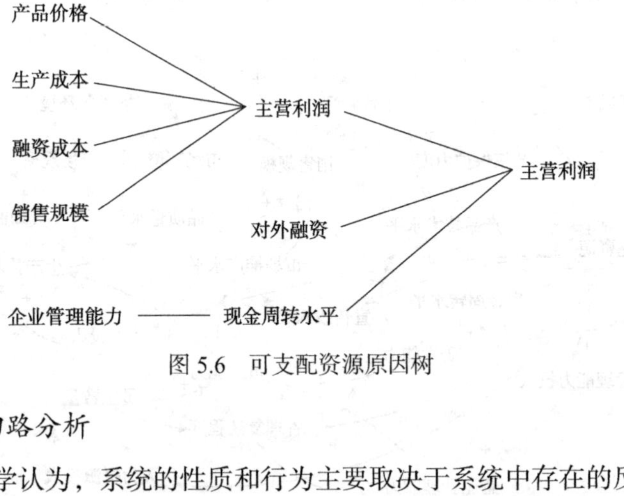

图 5.6　可支配资源原因树

2. 反馈回路分析

系统动力学认为，系统的性质和行为主要取决于系统中存在的反馈回路，分析企业组织可持续发展系统的因果关系图（图 5.4），可以发现其中存在的 15 条主要的反馈回路。

反馈回路 1：主营利润→可支配资源→宣传投入→市场推广水平→销售规模→主营利润。

反馈回路 2：主营利润→可支配资源→生产投入→生产技术水平→产品质量水平→销售规模→主营利润。

反馈回路 3：主营利润→可支配资源→研发投入→研发能力→产品技术水平→销售规模→主营利润。

上述 3 条回路均是正反馈回路。由于主营利润增加，企业的可支配资源更多，为了获得更多的利润，管理者会通过增加市场宣传力度，增加生产设备和研发经费等资源投入方式来提升企业的竞争力，从而获得更高的市场份额，获取更高的市场利润。

反馈回路 4：主营利润→可支配资源→管理能力投入→企业管理能力→员工能力→市场推广水平→销售规模→主营利润。

反馈回路 5：主营利润→可支配资源→管理能力投入→企业管理能力→员工能力→生产技术水平→产品质量水平→销售规模→主营利润。

反馈回路 6：主营利润→可支配资源→管理能力投入→企业管理能力→员工能力→研发能力→产品技术水平→销售规模→主营利润。

反馈回路4~反馈回路6是关于企业管理能力提升对于企业利润增加的正反馈回路。可支配收入的提高推动企业经营管理能力的提升，由此带来生产技术水平、市场推广水平和研发能力的提高，进而推动销售规模提升，主营利润进一步增加。

反馈回路 7：主营利润→可支配资源→人力资源投入→员工数量→员工能力→研发能力→产品技术水平→销售规模→主营利润。

反馈回路 8：主营利润→可支配资源→人力资源投入→员工数量→员工能力→市场推广水平→销售规模→主营利润。

反馈回路 9：主营利润→可支配资源→人力资源投入→员工数量→员工能力→生产技术水平→产品质量水平→销售规模→主营利润。

反馈回路 7~反馈回路 9 体现的是，企业通过对人力资源的投资，来扩大企业员工的规模。人是企业经营的核心要素，劳动力的充足是保证企业正常运转的保证。企业对于人才的吸引一直是需要解决的问题，企业可通过提高员工的薪酬和福利水平来吸引更多的人才加入，降低企业员工的离职率，这为企业核心竞争力的可持续提升奠定了基础。

反馈回路 10：主营利润→可支配资源→研发投入→研发能力→产品技术水平→产品价格→主营利润。

反馈回路 11：主营利润→可支配资源→生产投入→生产技术水平→生产成本→主营利润。

反馈回路 10 和反馈回路 11 这两条正反馈回路体现了企业通过对研发能力的投资获得更强的产品创新开发能力和更高的产品技术壁垒，企业的产品在市场中获得更高的超额利润。同时，对生产技术的投资、提高生产设备的先进程度或者生产技术的规范化程度，可以有效降低产品的生产成本，提高劳动生产率，实现主营利润的增加。

反馈回路 12：销售规模→融资成本→主营利润→可支配资源→研发投入→研发能力→产品技术水平→销售规模。

反馈回路 12 也是正反馈回路。一般来说，企业的销售规模越大，信誉会越高，放款方承担的违约风险就越低，企业就能获得更低的利率水平，从而客观上降低了对外融资成本。对于新创企业，由于其销售规模没能上升到一个有效的规模经济区间，融资成本高成为阻碍企业成长的重要障碍。这时候，除了足够的时间延迟带来企业的资源积累，政府政策的扶持成为推动企业进入发展快速轨道的重要手段。

反馈回路 13：主营利润→可支配资源→管理复杂程度→企业管理能力→员工能力→研发能力→产品技术水平→销售规模→主营利润。

反馈回路 14：主营利润→可支配资源→人力资源投入→员工数量→管理复杂程度→企业管理能力→员工能力→研发能力→产品技术水平→销售规模→主营利润。

反馈回路 13 和反馈回路 14 是负反馈回路，是企业内部环境抑制效应的体现。随着企业可支配资源的增加，企业的扩张基础得到巩固，从而加速扩大企业经营规模，导致企业的生产量和员工规模迅速增加，企业管理复杂程度随之增加，企业管理能力相对不足，从而导致企业在生产、研发和市场等环节出现问题，最终使得企业在市场中失去竞争力。

反馈回路 15：销售规模→市场竞争环境→市场环境→销售规模。

反馈回路 15 是负反馈回路，是企业外部环境抑制效应的体现。这一负反馈回路比较短，说明作用过程的时间相对延迟较少，因而对于企业（特别是中小企业）成长的可持续性影响非常明显。在行业发展初期，初创企业刚开始进入竞争市场时，会通过主动选择比较容易地获得一定的市场份额，随着市场超额利润的增加，进入市场的企业数目越来越多，竞争越来越激烈。同时，客户的增加，使得市场中的潜在客户减少，这也会增加企业销售规模扩增的难度，最终对企业组织可持续发展产生致命的影响。

通过对企业组织可持续发展系统的因果关系图和反馈回路的分析，我们可以看出，企业组织可持续发展系统是一个多子系统、多变量的复杂系统；通过反馈回路对于变量之间关系的梳理，我们也可以看出，企业组织可持续发展过程受到企业内部因素（管理能力、市场能力、创新能力、生产能力、人力资源和财务体系）和外部环境（融资环境、市场环境、技术环境和政策环境）的共同作用影响。虽然正反馈回路较多，但是正反馈并不代表企业具有竞争力增强的天然属性，只有对企业资源进行合理的配置，正反馈才会显示出其增强的效果。因素之间动态非线性的相互作用，使得“良性循环”和“恶性循环”可能只在一线之间。每个企业应对外部环境变化决策的失误都可能使得企业陷入崩溃的泥潭,且越陷越深。同时，一些反馈回馈具有较严重的延迟效果，如研发能力的提升，产品技术水平、生产技术水平、企业管理能力和员工能力的提高都具有较长的时间延迟，这进一步说明企业发展的基础性要素具有一定的稳定性和滞后性。因此，企业在做出投资决策时，要坚持企业可持续成长的宗旨，不能贪图短期的利益而放弃基础性要素的投入，最终失去长远的发展机会。这一点对于新创企业显得尤其关键。由于新创企业对于资金的需求更高，企业家的目标统一性不是很强，很多新创企业会为了解决一时之需而忽略基础性要素的积累，从而丧失持续发展的机会。同时，延迟作用也具有欺骗性，当企业出现问题时，其影响因素实际已长期隐藏于企业环境中，这就提醒企业要具有自我检查和对比的意识，及早发现问题，避免延迟带来的忽略或误判导致的整个企业组织崩溃。另外，负反馈回路的“寻的”特性是企业实现可持续成长必须突破的限制。面对企业规模增大造成的管理能力的不足，企业应该提前准备管理组织的建设和革新，做到管理和资源的协调扩展；而对于企业规模扩大带来的市场竞争的加剧，企业应该提前在技术创新、产品研发方面做好储备，理性协调短期效益和长期目标。

5.3.3　系统流图

在明确反馈回路的基础上，进一步明确因果关系中的变量类型，可建立系统流图，如图 5.7 所示。企业组织可持续发展系统模型中的存量变量包括研发创新能力、市场推广水平、生产技术水平、企业管理能力、未还贷款和现金存量。对应的速率变量是研发能力增量和研发能力减量、市场能力增量、技术增量和技术减量、管理能力增量和管理能力减量、对外筹资和还款额、现金流入和流出。其他的变量为辅助变量。

为了开展模型验证分析，本书的研究选择以机械制造行业为例，将某汽车零配件制造商作为研究具体对象。模型中参数的确定主要采用三种主要方法：第一，借鉴文献综述中研究者采用的成熟的变量关系分析，同时听取行业专家的分析和建议；第二，运用统计分析的方法，根据历史数据来估测参数；第三，通过对模型模拟数据的检验进行调整，优化参数的值（高波和董晓龙，2015）。

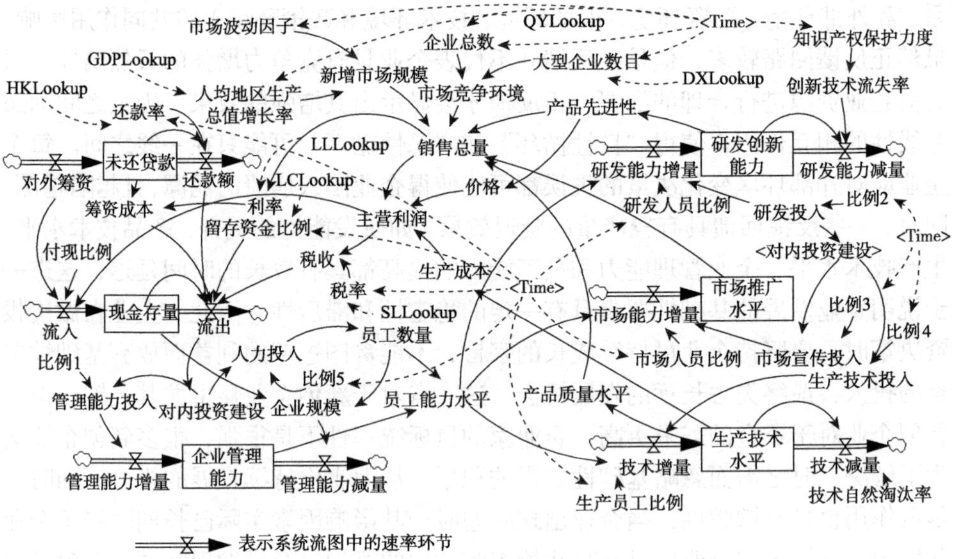

图 5.7 系统流图

GDPLookup、HKLookup、LLLookup、LCLookup、QYLookup、DXLookup 分别为人均 GDP 增长率、还款率、利率、留存资金比例、企业总数、大型企业数目等变量对应的表函数；Time 为全局时间变量

模型中主要的 VENSIM 方程式如下所示。

销售总量=19.314+新增市场规模×［0.029×SQRT（市场推广水平）+0.116×产品质量水平+0.343×产品先进性］/（100×市场竞争环境）。

新增市场规模=5 480.739×市场波动因子×人均地区生产总值增长率。

市场波动因子=RANDOM UNIFORM（0.7，0.9，0.5）。

市场竞争环境=（企业总数+5×大型企业数目）/基准数量。

基准数量=6 000。

市场推广水平=INTEG（市场能力增量，初始市场推广水平）。

市场能力增量=市场员工比例×员工能力水平+0.007×DELAY1I（市场宣传投入，0.2，0）。

产品质量水平=生产技术水平。

生产技术水平=INTEG（技术增量–技术减量，生产技术初始量）。

技术增量=生产员工比例×员工能力水平+0.076×DELAY1I（生产技术投入，0.5，0）。

技术减量=生产技术水平×技术自然淘汰率。

产品先进性=DELAY1I（研发创新能力，1，0）。

研发创新能力=INTEG（研发能力增量–研发能力减量，研发能力初始量）。

研发能力增量=研发人员比例×员工能力水平+0.303×SQRT［DELAY1I（研发

投入，2，0）]。

研发能力减量=创新技术流失率×研发创新能力。

创新技术流失率=SQRT（1/知识产权保护力度）。

员工能力水平=DELAY1I（企业管理能力，0.5，0）×员工数量/1 000。

企业管理能力=INTEG（管理能力增量–管理能力减量，企业管理能力初始量）。

管理能力增量=管理能力投入×0.002。

管理能力减量=企业规模/1 000。

企业规模=现金存量+员工数量/100。

现金存量= INTEG（流入–流出，现金存量初始量）。

流入=对外筹资+主营利润。

流出=筹资成本+还款额+税收+（1–留存资金比例）×现金存量。

税收=税率×主营利润。

主营利润=销售总量×（价格–生产成本）。

价格=0.006+0.003×产品先进性。

生产成本=0.002–0.011×生产技术水平。

筹资成本=未还贷款×利率。

未还贷款=INTEG（对外筹资–还款额，初始贷款量）。

还款额=未还贷款×还款率。

利率=0.06–LLLookup（销售总量）。

其中，管理能力投入、人力投入、市场宣传投入、生产技术投入和研发投入是相对于市场中竞争企业的平均水平，留存资金比例、还款率、人均地区生产总值增长率、企业总数、大型企业数目等通过表函数给出。

5.3.4 模型的有效性检验

为了验证企业组织可持续发展系统模型的有效性，本书以机械制造行业为例，将某汽车零配件制造商作为验证分析对象。设定时间步长 DT=1（年），将 2004 年作为初始年份，2007~2013 年作为检测年份，分别记为第 1~第 7 年。其中，数据来源于该企业的上市公司年报、《中国汽车工业年鉴》，以及我国汽车行业内具有代表性的企业年报。

拟合度测试是对模型最基础和直接的测试，测试主要包括绝对数据的吻合和发展趋势的吻合。

表 5.1 为模型检测变量的初始值，表 5.2 为该企业在第 1~第 7 年的现金存量的

真实值和模拟值的对比误差，以及模型的拟合度 R^2，其中 $R^2=1-\frac{\sum_{i=1}^{n}(y_i-\hat{y}_i)^2}{\sum_{i=1}^{n}(y_i-\hat{y}_i)^2}$。

表 5.1　模型检测变量的初始值

变量	销售总量/万套	主营利润/亿元	现金存量/亿元
初始值	19.314	0.397	2.131

表 5.2　第 1~第 7 年现金存量的真实值和模拟值的对比误差

时间	真实值 y_i/亿元	模拟值 $\hat{y}_i$/亿元
第 1 年	2.216	2.415
第 2 年	2.403	2.163
第 3 年	3.030	3.454
第 4 年	2.792	3.099
第 5 年	3.103	3.196
第 6 年	4.361	3.881
第 7 年	4.077	4.322
R^2	0.83	

图 5.8 是现金存量真实值和模拟值的趋势对比图。

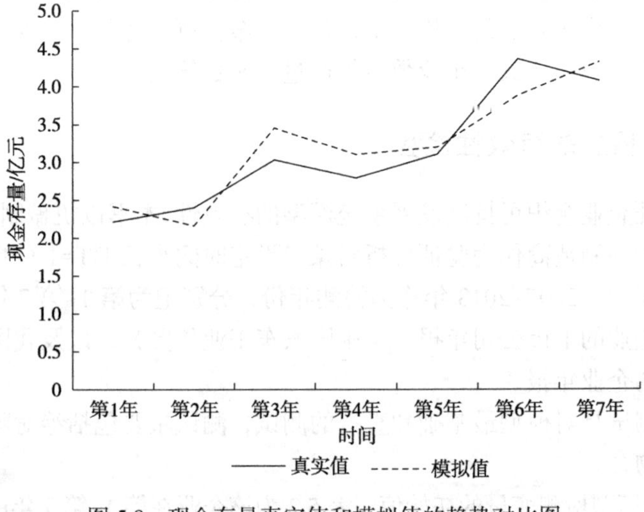

图 5.8　现金存量真实值和模拟值的趋势对比图

从对模型的有效性检验结果（图 5.8）可以看出，模型大部分变量模拟值与真实值的误差总体较小，个别年份的变量误差较大，但是表现出的整体发展趋势与现实是一致的。变量的拟合度 R^2 在 80%以上，说明整体的模拟效果较好，可以认为该企业组织可持续发展系统能够反映真实企业组织可持续发展过程中的系统行为。

5.4 本章小结

本章以系统动力学理论方法为支撑，结合企业组织可持续发展影响因素的分析成果，建立了企业组织可持续发展的因果关系模型和系统动力学流图，并以某汽车零配件制造业为例，模拟验证了模型的有效性，通过本书的研究可以得出以下结论。

第一，企业的生存和发展过程受企业内外部环境多种因素的交互作用，但其中的核心要素始终围绕着经营管理、资金水平和科技创新三个方面。对应这三个方面，可以明确影响企业组织可持续发展的关键要素，在企业内部主要体现为三种核心能力，即经营管理能力、科技创新能力和财务金融能力；在企业外部主要表现为四种关键环境，即市场环境、融资环境、科技环境和政策环境。内外部要素间存在着各种交互作用，它们共同构成多条正负反馈回路，持续影响企业组织的发展进程。

第二，在企业发展的不同阶段，在动态的内外部环境作用下，正负反馈回路的作用效果是不一样的。提高企业组织可持续发展能力既要关注作用显著的主反馈回路，也要注意潜在的影响较小的次反馈回路。在要素之间的动态作用和非线性影响（尤其注意滞后性）下，这种主次影响力可能逆转。

第三，实现企业的可持续增长，只靠强行推动增长要素并不能持续地起作用，还必须消除抑制增长因素的影响，最典型的是外部环境市场容量和企业内部的管理复杂性。由于起杠杆作用的因素大都处在负反馈回路上，负反馈回路应该是我们关注的重点。

第四，可以明确的是，正负反馈回路总是相伴出现，稳定的一成不变的持续增长结构是不存在的，因此，保持企业组织可持续发展的关键是创新。管理创新可有效化解企业内部的管理复杂性，最终实现增长抑制因素影响的消减；技术创新可突破规模报酬提升瓶颈的桎梏，以新产品、新功能开拓新的市场。

第 6 章　企业组织可持续发展的创新策略仿真分析

管理者视角和财经指标体系视角的研究都指出，科技创新是推动企业组织可持续发展的直接要素。企业组织的系统动力学分析进一步揭示，由于企业组织中存在动态变化的正负反馈回路，企业发展过程中并不存在稳定的、一成不变的持续增长结构，因此，保持企业组织可持续发展的关键是创新。实际上，圣吉（2009）倡导的促进企业组织持续发展的学习型组织，其本质就是创新型组织。本章将讨论企业创新的主要类型，并且借助复杂适应系统理论，建立基于多主体系统理论的企业发展模型，并通过仿真分析，探讨不同的创新出发点和不同的创新策略对企业发展带来的影响，进而形成企业组织可持续发展的策略建议。

6.1　创新的内涵与分类

熊彼特于 1912 年在《经济发展理论》一书中首次提出创新的概念，他认为，创新就是生产要素的重新组合。随后，熊彼特创新理论逐渐形成，其最大特色就是强调生产技术的革新和生产方式的变革在经济发展中的重要作用。他明确定义了创新的五种情况：采用新的产品、新的生产方法、开辟新市场、新的原材料供应源、新的组织（Schumpeter，1954）。

随着创新概念的普及，尤其是创新应用方面的研究成果日益显著，创新的外延也扩展到组织创新、文化创新、制度创新、管理创新、市场创新等，但关于企业创新的内涵和本质，不同研究者给出了不同的观点。

胡宗良（2007）认为，从表面上看，企业创新是对企业原有的生产经营过程的一种更新和创造，是对旧的生产经营过程的“破”和新的生产经营过程的“立”。因此，创新容易被认为就是生产形式和技术的变革。实际上，在这些变革形式的背后是价值的创造过程。

王维等（2008）认为，在企业发展过程中，随着企业系统规模的扩大，企业原有约束或子系统间的协作机制失灵，协作效率降低，即由有序的合作向无序的合作转变。此时，企业系统的混乱程度将增加，系统的熵值提高。这时，如果企业能够通过自身的建设，如技术引入，市场开拓，企业制度、领导方式和组织层级的调整，改变企业的系统状态，将形成自组织的管理耗散结构，推动企业组织可持续发展。因此，企业创新的实质就是引入负熵流。

乔德健和张国梁（2013）认为，面对复杂多变和不确定性骤增的外部环境，企业一旦失去适应环境的基本能力，必将失去其生存和发展的根基。如果一味追求企业的经济绩效，忘却创新的适应性本质，也会本末倒置，最终适得其反，创新难以成功，企业也难以获得持续、健康的发展。因此，企业创新主体应置于其本真的适应性主体地位，纷繁复杂的经营活动皆可以归因到适应性本质上来。

随着创新概念的推广，Popadiuk 和 Choo（2006）提出应注意区分创新与知识创造之间的区别和联系。知识创造的重点是知识的产生和应用，它可以为企业带来创新能力。但创新行为更关注如何将这些创新能力转化为市场上具有经济价值的产品和服务。吴金希（2015）指出，从发展趋势上看，创新的概念有泛化的危险，科学技术本身不能等同于创新，国家创新体系的核心一定是产业创新绩效和竞争力的提升，因此，创新应与市场结合，与产业环境结合。

从这些观点上看，创新研究应注重与企业行为相结合。企业组织的系统观，尤其是耗散结构理论和复杂适应系统理论对认识企业创新的内涵给出了比较清晰的视角，这与本书的整体研究思路是一致的。

6.1.1　创新的分类

企业创新涉及的因素繁多，因此，企业创新分类的角度各异（夏洪胜和张世贤，2014）。

英国苏塞克斯大学科学政策研究所按照技术创新对经济的影响层次不同把技术创新分为渐进性创新、根本性创新、技术系统的变革、技术—经济范式的转换（吴瑞祥，2011）。渐进式创新主要是指为满足现有市场和顾客需求而在技术上的改进，虽然单次创新带来的变化比较小，但是其持续性的改进带来的累积效果常常使得企业获得较大的竞争优势；根本性创新是指思想观念上有根本性变化的创新，可能带来产业结构的调整；技术系统的变革可能带来新兴产业的出现，是颠覆性的创新，还会导致技术关联上的集群创新，其影响能够渗透到经济中的几个部门；技术—经济范式的转换将导致革命性集成创新和多发技术系统的变革，会导致社会和经济系统的根本性改变。

Wind 和 Mahajan（1997）从创新的强度出发将技术创新方式分为渐进式创新

和突破式创新。渐进式创新是对现有技术渐进的、连续的创新，重点在于改进现有产品的市场领域。突破式创新是对一项技术或工艺进行大幅度改造，很可能会产生新行业、新产品或新市场，并且使得消费者的消费模式有显著的变化。

按照知识源的不同，Chesbrough（2010）将创新分为封闭式创新和开放式创新两类。封闭式创新即企业完全依靠自身能力进行研发生产和商业化，技术、创意、知识等均来自企业内部；开放式创新是指创意可以来自公司内部或者外部。吴志军和赵立昌（2011）、吴延兵（2014）在此基础上把创新分为自主创新、合作创新和模仿创新，并指出自主创新的思想来源于自身，创新中自主实现各要素的组合；合作创新是指企业通过签订协议共同研发、共担风险和成本、共享创新结果；模仿创新是指依靠研发溢出效应进行的创新模式。

复杂经济学创始人阿瑟（2018b）认为，创新具有多种形式。它存在于新的解决方案转变为标准工作的过程中，其间包含着许多微小的进步和修正，它们积累在一起共同推动着实践前进；创新存在于发明创造引发的根本性新技术产生的过程中，也存在于这些新技术对原结构的改变进而获得发展的过程中；创新还存在于新技术从产生到发展，最后创造性地改变相关产业的过程中。

我国学者陈文化（1999）、罗明星和罗永峰（2006）等，归纳总结了国内外学者对企业创新的分类，详见表 6.1。虽然其中一些名词的表述方式有变化，但从创新内容、创新程度、创新的技术来源到创新对生产要素组合的影响的概括还是比较全面的，可以作为创新分类的有益参考。

表 6.1　企业创新的分类

序号	分类标准	创新类型	序号	分类标准	创新类型
1	创新内容	技术性创新 意识创新 市场营销创新 制度创新 组织管理创新	5	创新活动方式	独立型创新 合作型创新
2	技术形态	产品创新 工艺创新 设备创新 材料创新 服务创新	6	创新对生产要素组合的影响	资本节约型创新 劳动节约型创新 中性型技术创新
3	创新程度	基本技术创新 渐进技术创新 模仿技术创新	7	过程特征	必然创新 偶然创新
4	创新的技术来源	自主技术创新 引进技术创新 改进技术创新	8	整合特征	技术整合创新 结构整合创新 功能性整合创新

6.1.2　管理创新

虽然企业创新的外延在不断扩展，但基于已有研究工作对创新内容的梳理（Luk et al.，2008；Slater et al.，2014），以及前文的研究整理，对企业组织可持续发展影响最直接、最深远的创新主要是管理创新和技术创新。

管理创新是指企业在以市场为导向、以营利为目标的过程中，对人员结构、组织构架、资源配置、产品开发、销售方式、渠道管理、商业模式、战略目标等要素实行新的综合制定和实施（Birkinshaw et al.，2008），其目的是提高企业的执行效率，从而降低企业的运营成本（Ersun and Karabulut，2013）。管理大师德鲁克（1999）认为，管理创新是在经济社会中创造一种新的管理机构、管理方式或管理手段，从而在资源配置的改进中取得更大的经济价值与社会价值。而按照流程再造之父哈默和钱皮（2007）的观点，管理创新的核心是再造，即对企业的流程、组织结构和文化进行彻底的、急剧的重塑，从而强化价值增值的过程，最终实现企业绩效的大幅度提升。林如海和彭维湘（2009）在梳理了相关研究后提出，管理创新就是企业根据市场环境的变化，提出适应市场的经营目标，重新整合人才、资本、信息和科技要素，采用新的管理观念、管理模式、管理方法、管理手段和管理流程，组织和管理企业创新、生产和营销活动，以提高生产营运效率，尽可能地降低企业成本，以期更有效地达成企业目标的过程。

在明确了管理创新概念的基础上，较多研究开始关注管理创新的绩效问题。Naveh 等（2006）指出，管理创新可能会打破员工早已习惯的工作模式或重塑部门间的利益分配格局，从而带来消极效果。张振刚等（2018）以珠江三角洲地区的制造型中小企业为研究样本，通过实证分析，揭示管理创新对成长绩效具有倒 U 形关系，即过度实施管理创新可能过犹不及。

总之，管理创新着眼于商业模式、组织架构和决策协调机制的调整，以及组织、计划、控制、激励等管理环节中新思想、新方法的运用，其核心目的是成本的有效降低、信息的有效传递、效率的有效提升。同时，管理创新涉及个人与组织利益，其正面效益的发挥必须注重资源的合理配置和利益的协调分配。

6.1.3　技术创新

技术创新的提出和发展，是企业面对生产的社会化过程和日趋激烈的竞争环境的必然选择（Carayannis et al.，2015）。行业发展初期，企业通过规模化生产就可以通过降低生产成本获取足额的产品利润，因而没有开展技术创新的动力和必要性。但随着市场开放，产品趋同、竞争加剧，即使企业规模扩大也不能阻止产品边际利润降低，企业已经很难获得绩效提升。因此，通过技术创新提高产品差异化来获取市场进而提高企业绩效成为企业的必然选择（Teece，2010）。

Atuahene 和 Ko（2001）认为，技术创新与企业赖以生存和发展的产品、服务紧密相关。如何向消费者提供独特的价值感受？优异的产品质量、独特的设计外观、丰富的产品性能、周到的服务等，就是技术创新的内容。在开放的市场环境下，技术创新是企业获取市场利润最重要的保证（单春霞等，2017）。

关于如何在商业活动中界定技术创新，普遍的观点强调两个方面。一是强调“新颖性”。Solo（1951）首次提出“新思想来源”和“后阶段的实现发展”为技术创新成立的两个条件，这被理论界认为是技术创新理论的一个里程碑（Rothwell，1994）。曼斯菲尔德（1999）指出，在经济学意义上，只有首次被引进商业贸易活动的那些新产品、新工艺、新制度或新设计才可被称为创新。二是强调“经济性”。德鲁克（1999）认为，技术创新区别于管理创新，它是在自然界中为某种自然物找到新的应用，并赋予新的经济价值的过程。傅家骥（2000）认为，技术创新就是技术变为商品并在市场上销售从而获得经济效益的过程和行为。也就是说，技术创新主要包括两个方面，即技术的新颖和成功的实现。这表明技术创新不仅是发明与创造，更是技术与经济结合的产物。技术创新的价值最终需要依靠实现的经济价值来体现。

总体而言，管理创新和技术创新对企业提高绩效，提升可持续发展能力都是有价值的。管理创新可提高企业的管理效率、降低运营成本，最终促进企业绩效提升。技术创新则可通过提供差异化的产品和服务来拓展市场，提升消费者满意度，最终获得持续发展的动力。但我们也应该注意到，任何企业创新行为都涉及资源的大量投入和潜在的风险，因此，创新策略的选择和匹配成为企业创新管理的重要课题（何乔和温菁，2018）。

6.1.4 渐进式创新

对渐进式创新研究的文献很多，普遍的定义强调对现有技术持续性的改进。

March（1991）指出，渐进式创新是对行业内原来产品或技术的发展，并没有脱离原有技术范式。Garcia 等（2003）把渐进式创新界定为，根据现有市场和顾客的需求，对现有技术进行小幅度改进的一种较低层次的创新。希林（2015）认为，渐进式创新是一项与原有技术脱离程度不大，在其投入应用前已经被行业熟知的创新。Subramaniam 和 Youndt（2005）认为渐进式创新主要是依据知识与经验对现有产品功能进行优化、性能加以提升、成本加以降低的行为。Song 和 Benedetto（2008）认为渐进性创新的目的是满足大多数用户的产品和服务要求，是面向市场主流用户的改进行为。

郑兵云和李邃（2011）认为，渐进式创新是在现有技术和生产能力上，充分发挥技术潜能，改进现有技术的一种渐进的、小幅度的、连续的创新。程聪等（2014）认为，相对于突破式创新，渐进式创新面临更低的收益和更低的风险，对企业要求相对更低，是一种遵循“跟随—模仿—赶超”基本创新逻辑的追踪式创新行为。

综上可以看出，对渐进式创新的定义主要集中于三个方面：①创新基础是现有的知识和技术；②创新目的是满足市场主流需求；③创新幅度相对较小，涉及的成本和收益也相对较低。

6.1.5　突破式创新

突破式创新是相较于渐进式创新提出的概念，不同学者基于各自对创新的理解提出了不同的定义。

Anderson 和 Tushman（1990）认为，使得一个产业的投入和产出的比值有了大幅度提高的那些创新即突破式创新。Dess 和 Beard（1984）认为，突破式创新是建立在非传统的技术和科学原理之上的变革，往往会给现存企业带来巨大挑战，甚至可能带来产业重新洗牌。Henderson 和 Clark（1990）认为，突破性创新首先要有全新的产品概念；其次，在产品核心部件上应该有显著的改变。Bessant（2001）认为，满足以下三个条件之一即可称为突破性创新：一是完全不同以往的全新产品；二是现有产品性能指标提高至少 5 倍；三是产品成本降低至少 30%。Song 和 Benedetto（2008）把突破性创新定义为一种技术、产品、过程和商业模式的创新，该创新对当前的产品和服务进行了很大的改进，不仅能够满足现有顾客，甚至可以开辟潜在市场。

张洪石和卢显文（2005）认为，应该从近期和远期表现来界定突破式创新。从近期角度看，产品应具有不同于现有技术的功能属性，产品初期不符合主流市场需要；从远期角度看，突破式创新可有效提升客户价值，产品最终将左右市场。冯进路等（2004）指出，突破式创新是与渐进式创新相对的概念，会导致投入、产出或者流程出现根本性、显著性的改变。

综合以上观点可以看出，虽然学者对突破式创新有不同的定义，但有两个突出特点基本得到大家认可：第一，技术足够新颖，带来新的技术空间；第二，对产业影响大，可能使得行业格局发生巨大变化。

6.1.6　渐进式创新和突破式创新的选择

技术优势不但是行业主要的进入壁垒之一，也是部分企业获取高额市场利润的有力武器，因此，选择正确的技术创新方式已成为高新技术企业的重要决策内容（刘展和陈宏民，2009）。渐进式创新和突破式创新的正确选择不只是企业主观发展的必要，也是客观背景限制下企业管理者和研究人员关心的重要问题（Forés and Camisón，2016）。

首先，两种创新模式具有显著的不同点。Rice 等（2001）的研究发现，突破式创新比渐进式创新要承担更多的风险，具有更高的技术不确定性和市场不确定性，但突破式创新能使企业改变传统竞争规则，改变现有市场规模，而且一旦成功，将会为企业带来较高的收益和长期的利益。渐进式创新对企业技术、规模等要求较低，能使企业在短期内获得一定利润，却面临被挤出市场的风险（Zhou and Li，2012）。两种创新类型的比较分析可整理如表 6.2 所示。

表 6.2　两种创新类型的比较分析

创新类型	内涵	优点	缺点
突破式创新	对一项技术或工艺进行大幅度改造，能够较大幅度提升产品性能或创造全新产品，对现有市场、产业都将带来深刻变化	高收益；提高长期竞争力；增加未来收益	高风险；周期长；更高技术、市场不确定性；巨大的投入
渐进式创新	对现有技术渐进的、连续的创新，重点在于改进现有产品市场领域	低风险；周期短；短期获利；对企业技术、规模等要求较低	面临被挤出市场的风险；获利较少；只获得短期竞争优势

其次，创新模式的选择涉及企业内外部多种因素。内部因素方面，主要涵盖三个方面：一是企业规模、技术水平；二是企业家知识、背景；三是企业各项能力，包括组织管理能力、利用外部资源能力、供应商整合能力等。外部因素方面，也主要包括三个方面：一是政府政策，包括政府补贴、税收、专利审查等；二是市场环境因素，包括金融市场环境、要素市场环境、产品市场环境等；三是行业环境，包括行业技术水平、行业发展阶段和行业竞争等。表 6.3 列出了两种创新类型的主要影响因素和结论。

表 6.3　两种创新类型的主要影响因素和结论

变量	文献来源	结论
政府政策	盛光华和张志远（2015）；张春辉和陈继祥（2011）	当政府补贴水平较低时，企业倾向选择渐进式创新，且产品补贴方式对其演化速度更显著；无论哪种形式的补贴，补贴标准的提高均会导致企业选择突破式创新的可能性增大，创新投入补贴对创新模式选择的影响更为显著
市场环境	Geoffrey（2006）；梅德强和龙勇（2010）；张文红（2016）	市场战略定位准确是突破式创新的基本条件；市场不确定性与突破式创新呈负相关关系；政府关系和同行关系有积极的调节作用；供应商关系带来消极的调节作用
金融市场	Bencivenga 和 Smith（1991）	金融市场效率较低时，经济系统通常选择发展期较短的技术，金融市场效率提高时则相反；金融市场与科技创新相互促进
技术发展阶段 技术不确定性	李柏洲和苏屹（2011）；梅德强和龙勇（2010）	技术不确定性负向调节突破式创新；技术不确定性在机会能力及突破式创新关系之间起中介作用
企业家背景	冯海红等（2015）	企业家最终学历越高、理工科背景对创新决策和风险偏好有显著的正向影响
供应商整合能力	李随成等（2015）	供应商整合能力、丰富的资源均有利于突破式创新；技术动态性正向调节供应商整合能力与突破式创新的关系
外部资源和能力	张洪石和卢显文（2005）；Un（2010）	外部资源和能力因子与突破式创新的频率呈正相关关系；资源丰富程度与突破式创新选择呈正相关关系
企业性质	袁建国等（2015）	环境不确定性在非国有企业中更能激励突破式创新

6.2　复杂适应系统及多主体建模

6.2.1　复杂适应系统理论

基于对系统演化规律的思考，Holland（1998）在圣塔菲研究所首次乌拉姆系列讲座上提出了复杂适应系统理论。复杂适应系统理论是认识和研究各类复杂性问题的一个崭新思路，也是计算机技术支撑下对复杂系统开展仿真分析的指导方法（方美琪，2011）。相较于自上而下的建模方法，其基本思路强调自下而上，无须从整体视角确定系统的规则和方法，只需赋予单个主体相应的属性和行为，就能通过仿真运行表现系统的复杂性和涌现性（Inigo and Albareda，2016）。该理论自提出以来，为人们认识、理解、管理复杂系统提供了新的途径，已经被广泛应用于社会、经济、管理、生态与环境及其他社会科学和自然科学领域，并产生了一大批基于复杂适应系统理论的计算机仿真工具和仿真分析模型。

复杂适应系统理论的基本思想是“适应性造就复杂性”。也就是说，复杂系统中的成员是有生命的，且具有一定的适应性，一般称之为“主体”（agent）。主体通过与环境和其他主体进行交互，一方面可以使得自身具备一定的环境适应能力，另一方面也从宏观上让整个系统表现出智能、发展、鲁棒等复杂性特征。复杂适应系统理论认为，系统发展演化的基本动因就是主体间、主体与环境之间反复的、相互的作用。微观层次的交互最终涌现出宏观的复杂性表现，从而使得复杂性研究实现整体视角与局部视角的统一。

霍兰认为复杂适应系统理论具有通用的四个特性，即聚集、非线性、流和多样性，以及三个机制，即标识、内部模型、积木块（米勒，2012）。

（1）聚集。聚集有两方面含义：一是根据事物相似性聚合成类，如各类企业、各式汽车等，这是简化复杂系统的标准方法；二是指较小的、低层次的个体通过特定方式结合形成较大的、高层次的个体，这一过程往往是宏观形态发生变化的关键转折点。

（2）非线性。非线性是指主体自身属性的变化特点。主体与环境、主体与其他主体之间的交互关系不是简单的线性关系。非线性源自主体的主动性和适应性，是系统行为的必然而内在的要素，是复杂性产生的内在根源。

（3）流。主体之间、主体与环境之间存在物质流、能量流和信息流。流具有乘数效应和再循环两个方面的作用，流的运转是否畅通、高效将直接影响系统的演化过程。

（4）多样性。在复杂适应系统中任何主体都非独立存在，主体的存在依赖于整个环境，且在适应环境的过程中产生多样性。多样性的产生是必然的，也是有意义的。

（5）标识。标识机制在聚集体形成的过程中起着重要作用。个体并非随意进行聚集，不同主体会有不同的聚集方式和原则。标识的作用在于区分不同主体并为主体筛选合作、聚集的对象等提供合理依据。

（6）内部模型。主体在适应过程中逐渐建立内部模型，这是主体适应性的内部机制和精髓。内部模型可以用简单的刺激—反应规则来描述，假如有刺激 S 发生，则给出反应 R，这个给出反应的机制就是内部模型，即内部模型是主体接收到类似以往同种外部刺激后，根据经验做出反应的一套运行机制。

（7）积木块。主体已有的规则被称为积木块，不同规则之间的重新组合可以产生新的规则。

6.2.2 复杂适应系统视角的企业创新

企业组织是一个复杂适应系统。企业创新具有复杂适应性特征，满足复杂适应系统理论通用的四个特性和三个机制（侯汉坡等，2013）。创新的主体是人，人具有适应性和学习性，能够能动地改变自身的行为方式，使得整个系统进行演化；创新的过程需要有信息、资源的流动。同时，这些系统的行为特征并不是组成元素的个体行为特征的简单线性叠加，而更多表现为一种涌现的复杂性（Nan et al.，2014）。

（1）聚集。创新是新技术和新概念，是在社会系统中实现其价值的一系列活动的集合。创新从创意产生之初延续到在社会系统中实现其价值的整个过程。就单个企业来讲，由微观个人聚集为部门再到企业组织实现创新；从行业来讲，企业创新会引发行业技术变革，甚至改变行业生态布局。

（2）非线性。机械的线性叠加无法产生真正的创新，非线性关系是“新”产生的理论基础。对企业组织而言，各种能力、各种资源的综合作用才会使得企业实现创新，这不可能以简单的线性关系来解释。

（3）流。企业间、企业内部均存在资源和信息的交换，并且这些流之间具有乘数、再循环效应。例如，资金对创新具有推动作用，企业通过创新又实现资金的再循环。

（4）多样性。每一个企业主体都存在各个方面的不同。企业的每一次创新所面临的环境、资源、政策、战略、需求等各不相同。不同企业之间不同的创新行为带来的结果也不尽相同。企业的创新过程表现出丰富的多样性。

（5）标识。企业之间相互独立的商标、企业图标、品牌形象代言人都是标识，使得消费者很容易区分不同的企业组织。不同的创新类型、创新策略也具有各自的标识。

（6）内部模型。企业在以往的创新过程中会逐步积累各类型的处理规则及作用机制，当下次在创新过程中遇到相似情况时做出反应，这就是内部模型。例如，企业在实践过程中不断积累各方面的知识和做法，调整生产要素组合，最终实现各项创新。企业主体在接收到外部消费者需求变化、行业技术变化、政策环境变化等信息时，会做出反应调整自身的内部结构，并在下次面临外部环境变化时能够预知其结果并迅速做出反应。

（7）积木块。不同组合导致不同的复杂系统。政策环境、市场环境、行业环境、企业内部情况都是创新选择时可用的积木块。不同的积木块组合带来不同效应。

企业为获取持续竞争优势而创新，创新是企业基于内外部环境，在有限信息下做出的理性决策。决策者具有主动性、智能性、反应性、交互性等特点，决策的过程需要不断地感知外界及自身状态的变化，因而，创新究其本质是一个复杂适应性过程（Poutanen et al.，2016），企业创新的复杂适应性特征可归纳为表 6.4。

表 6.4　企业创新的复杂适应性特征

特征	解释
聚集	由简单到复杂。不仅是空间层面的靠近，更是一种非线性的结合，涌现出主体原来不具有的特质。从个人到部门再到企业，再到供应链，创新需要上下层次的相互支持和配合
非线性	复杂性的来源。支配主体聚集的相互关系，即主体与环境之间的关系是非线性的。创新是企业根据自身状况，在外部环境条件下做出的改变与突破，绝不仅仅是简单的线性关系
流	个体、环境之间存在物质流、能量流、信息流等。企业与环境相互作用，不断受自身活动和环境的影响，不断进化
多样性	差异化。主体是多样的。不同的个人、部门或企业，都面临不同的内外部环境、不同的风险机遇
标识	定位、识别、选择。引导主体辨别方向、选择目标。企业为谋求生存与发展不断进行变革、创新
内部模型	继承与发展。为应对环境的变化，主体必须从过去大量经验中存储、提炼、挑选可行的“内部模型”，指导下一次行动。决策机制不可能是一成不变，但过去的经验是创新的基础和前提
积木块	不同组合带来不同形式的复杂性系统。政策环境、市场环境、行业环境、企业内部情况都是创新选择时可用的积木块。不同的积木块组合带来不同效应

6.2.3　基于多主体建模的方法

企业创新系统是一个复杂适应系统，其要素间的非线性关系很难用数学方程表示，而运用多主体技术仿真研究，则可以通过主体之间的交互来表征这些非线性因素，从而突破传统研究中需要加入较多限制条件的局限。基于多主体建模是应用多主体系统的原理和方法，把社会经济系统看作一个由多主体交互协作组成的复杂适应系统，从而把对经济社会系统的建模分解为对行为主体的建模。

1. 基于多主体建模的方法的原理和特点

主体在不同学科中含义不同。在多主体系统模型中，主体是指一个软件实现的对象，存在于一个可执行的环境中，具有主动学习和适应环境的能力。主体一般包括以下特征：反应性，即感知外在环境，做出相应的行动反应；自治性，即自主控制自身行为；前摄性，即有目的的计划驱动；连续性，即时间上能持续地行动。

基于多主体建模的方法实现对复杂适应系统的研究，其最主要的特征是自下而上，通过对个体属性和行为的定义，来涌现系统的复杂性。涌现即低层次单元间的交互导致高层次新的现象发生，是多主体建模的理论基础。基于多主体建模的方法的主要思路是把社会经济系统看作一个复杂适应系统，因而基于多主体建模的方法也具有复杂适应系统理论的鲜明特点（Ponsiglione et al.，2018）。

（1）主体是主动的、“活”的实体。这一点强调主体为了生存或发展要根据不同条件和环境状况调节自身的结构和行为。不同于以往的建模方式，复杂适应系统理论更多关注主体与外界环境之间的交互，而非主体本身。这个特点使得基于多主体建模的方法能够运用于个体属性极不相同但相互关系相似的一些领域。例如，不同规模、性质、技术水平的企业组织内部属性不同，但其本质都是生产经营。

（2）有机地联系宏观和微观。主体之间的相互作用使得微观主体的变化成为整个宏观变化的基础。

（3）引入随机因素的作用。在很多仿真中都会引入随机数，然而，复杂适应系统理论认为随机数的作用不是短暂的，随机数会对部分系统状态指标、事物参数有所影响，更会影响系统组织结构和主体的行为方式。具有适应性的主体在仿真过程中会吸收经验教训并在以后的行为方式中加以固化。

2. 基于多主体建模的仿真工具介绍

随着复杂适应系统理论的传播和影响日益显著，计算机支持下基于多主体建模的仿真工具也取得了明显的进步。近些年主流的建模工具包括 StarLogo、Ascape、TNG Lab、Netlogo、Repast、Swarm（朱江和伍聪，2005）。鉴于前三种工具在适用性方面稍微局限一些，Robertson（2005）比较分析了其余三种建模平台（Netlogo、Repast、Swarm），如表 6.5 所示。

表 6.5 基于多主体建模的仿真工具比较

比较因素	Netlogo	Repast	Swarm
开发机构	美国西北大学	芝加哥大学	圣塔菲研究所
优点	模型编写、使用简单	使用者多、支持性好	具有先驱性
缺点	不能建立非常复杂的模型，如抽象模型	需要了解程序语言	Windows 下安装、运行非常困难
限制	创建的模型不易拓展	受制于 Java 等知识	安装困难、支持性低
学术界的支持度	高	高	相对较低
软件维护积极性	高	高	低
其他	三维可视化模型，模型可嵌入网页	地理信息系统的实施	安装复杂

不同的基于多主体建模的仿真工具均有各自的优缺点。例如，Netlogo 不利于用来建立非常复杂的模型，但其编写使用简单，初学者能快速掌握其使用方法。Swarm 于近年来已经开发出基于 Windows 的应用程序，但其使用仍存在编程语言更复杂等一些缺点。无论哪一种的仿真模型都是用来分析具体问题的工具，研究者在选择仿真工具时应从自身能力及研究目的出发，选择合适的仿真工具。

建模工作重要的是对系统理论的理解及对问题背景的分析。软件仅仅是一个工具，最终目的是实现多主体模型的建立。为此，考虑到 Netlogo 简单易学、适用面广、学术界的支持度高等特点，后面的建模分析将采用 Netlogo 平台。

Netlogo 是由美国西北大学研发出的一个开放的多主体仿真平台，包含非常丰富的模型库供使用者学习和改进模型。它允许建模者对几千个“独立”个体同时下达命令，特别适合研究随时间演化的复杂适应系统。作为一款基于多主体建模的软件，它具有使用相对简单、易学易用等特点。Netlogo 世界是由主体构成的二维世界，每个主体可以同时执行各自命令来实现其行为。Netlogo 包含四类主体，即海龟（移动主体）、瓦片（静态主体）、链接、观察者。海龟可在由瓦片组成的网格上移动，主体之间可以创建链接，形成聚集、网络和图。观察者没有具体位置，是为监控视图而设定的，可以想象其位于整个仿真世界上空，监测世界的运行。

6.3　基于复杂适应系统理论的企业组织可持续发展仿真模型

6.3.1　分析目的

在前面对企业组织可持续发展影响因素进行梳理，对其作用机理进行分析的基础上，企业组织可持续发展的建模与仿真分析的目的主要集中于两个方面：其一，验证企业组织可持续发展模型，包括进一步明确企业组织可持续发展的影响因素及其结构，明确影响因素间的作用机理。其二，提出企业组织可持续发展的假设，并通过仿真验证，最终形成指导企业组织可持续发展的对策建议。分析目的具体包括：①影响企业组织可持续发展的基础因素和直接因素在企业组织可持续发展过程中各自起到什么作用？发展策略偏重基础因素或直接因素会有什么效果？②不同创新模式的比较，尤其是渐进式创新和突破式创新的差异，以及不同创新策略对企业发展带来的影响评估，等等。

6.3.2 建模依据

首先，前面章节已就企业组织可持续发展的影响因素及企业创新因素进行了梳理，复杂的内外部环境决定了企业组织可持续发展模型应该选择有效的建模思想和工具。第 3 章从管理实践角度梳理了企业组织可持续发展的影响因素，明确了企业资金水平、企业管理环境水平和企业核心竞争力水平对企业组织可持续发展能力存在传递性的影响关系。第 4 章结合耗散结构理论，引入管理熵的概念，从财经指标体系角度分析了企业内外部环境的有序性，明确了企业内部经营能力、偿债能力和发展能力及地区经济社会环境、科技投入、金融环境等企业外部环境指标对企业组织可持续发展的重要价值。两个角度相结合，可以明确企业经营管理、资金水平和科技创新是影响企业组织可持续发展最基本、最核心的要素。为此，可以明确企业组织可持续发展建模的重点和基本思路，即：第一，以企业经营管理过程的描述为基本点，清晰描述企业经营管理的基本活动；第二，以企业资金水平的变动为关注点，准确跟踪企业在生产、创新和借贷过程中资金流的变化；第三，以企业创新行为的刻画为中心点，深刻反映创新行为从管理和技术层面对企业组织发展的影响作用。

其次，各种涉及企业组织可持续发展的因素具有非线性、动态的复杂作用关系，需要选择有效的建模思想和工具。第 5 章就企业组织可持续发展的动态机理做了系统动力学分析，可以发现，在企业发展的不同阶段，或在不同的内外部环境作用下，企业正负反馈回路的作用效果是不一样的，稳定的、一成不变的持续增长结构是不存在的。因此，我们需要选择在刻画非线性和动态时变等系统特性方面更清晰、更直接的建模手段，而复杂适应系统理论及在复杂适应系统理论基础上发展起来的基于多主体建模的方法在该方面具有天然的优势。

最后，企业组织可持续发展过程及企业创新行为完全符合复杂适应系统的特性描述，采用复杂适应系统和基于多主体建模的思想和工具是可行的。6.2 节重点就复杂适应系统及基于多主体建模的关系做了讨论，明确了企业组织可持续发展及创新行为具有的复杂适应性特征，满足复杂适应系统理论通用的四个特性和三个机制。并且，基于多主体建模的软件平台的成熟和应用，也为企业背景的建模与仿真分析奠定了技术基础。NetLogo 就是一个用来对自然和社会现象进行仿真的软件，比较适合对随时间演化发展的复杂适应系统进行建模。建模人员能够向成百上千的独立运行的主体发出指令，观察这些主体通过交互作用涌现出的宏观表现，从而使得探究微观层面上的个体行为与宏观层面的模式之间的联系成为可能。以基于多主体建模的思想和方法来探究企业创新与可持续发展之间的关系，具有理论和现实意义上的可行性和必要性。

6.3.3 模型设计

影响企业组织可持续发展的因素很多，在一个模型中不可能也没有必要将所有的影响因素全部纳入考虑范围。为此，我们需要提炼企业发展过程中的核心因素，并将非核心因素的影响通过模型参数和随机变量来反映。

建模依据明确了企业组织可持续发展建模的三个重点，强调以企业经营管理过程的描述为基本点，以企业资金水平的变动为关注点，以企业创新行为的刻画为中心点。下面以制造型企业为例，将该思想落实到模型具体设计上。

首先，采购、生产、销售是企业维持生存发展最基本的经营管理行为，是从资源到效益实现价值增值的核心过程，也是企业实现管理、创新等其他行为的载体。这个过程的主要特点是资源的消耗和利润的产生。为此，我们可以以资金流的变化为刻画角度，通过引入生产销售函数反映投入产出的资金增值过程。另外，如果各种原因造成资源补充不足以维持基本生产消耗，则资金流中断，企业死亡。

其次，创新。这里的创新泛指企业为了提升管理水平、竞争能力而在设计、生产、销售、内外部协同等各环节实施的创造性行为。创新因实施目的、涉及对象和采用策略的不同而面临不同的风险，具有不同程度的不确定性，涉及主观与客观、内部与外部等多种因素。但总体来看，制造型企业中的创新成果最终是附着于生产销售过程的价值提升过程，它对企业有不同的资源要求（如一定的创新启动资金），产出则最终以效率和技术水平提升等方式通过生产销售环节反映出来。为此，我们可以在突出创新的价值提升效应基础上，重点关注不同创新模式和创新策略的主要差异，将建模研究重点放在以下方面：创新条件，即不同创新模式的阈值；创新成本，即不同创新模式的成本差异；创新效益，即不同创新模式的效益提升水平；创新周期，即不同创新模式的时间延迟；创新成功率，即不同创新模式的成功概率。其中，创新周期和创新成功率是刻画的重点，因为它们可以很好地将影响创新效益的主客观因素和内外部因素进行梳理和归纳，是企业创新风险、创新能力和环境创新友好程度的综合体现。

最后，贷款还款。企业生产或创新的资源投入、价值和利润增加都通过资金流的变动来刻画，资金水平的变化也是刻画企业生存发展状态的主要指标。为突出创新行为刻画，模型主要考虑企业在达不到创新资金要求（小于创新资金阈值）时可向银行贷款，如贷款成功将增加企业资金余额，同时在贷款周期内产生还款成本。贷款环节涉及的企业贷款能力、环境资金压力和融资环境友好程度等因素通过贷款成功率刻画。

实际上，作为推动企业组织可持续发展的重要手段，任何形式的创新都离不开投入、风险和周期等问题。创新面临着较大的不确定性，因而具有较大的风险。创新的风险存在于创新的各个阶段，从前端开发，到创新实施和产品推广，每一个环节都有可能使得创新失败。一个企业的创新成功，不仅仅与企业各项能力有关，更与行业技术水平、行业技术积累等行业环境相关，而且与政府政策、要素市场、产品市场均有关联。而创新成功率可以看作技术、推广、政策、环境等多方面因素对创新风险的综合描述。创新周期关乎创新效率，随着经济的发展，技术变革越来越频繁，时间就是金钱的概念已被诸多行业认可。创新周期也是企业能力、行业技术水平等的综合反映。在创新投入方面，主要是人力投入和资金投入。资金投入方面又包括内部资金投入和外部资金投入两种，人力投入和内部资金投入是企业内部行为，而外部资金获取与金融市场环境相关，且我国企业获得外部融资主要还是通过银行贷款（秦军，2011）。事实上，对我国特有国情而言，银行贷款获取不仅仅关乎金融市场环境，也关乎政府政策环境，因而银行贷款成功率可以看作政府政策和金融市场友好程度的一种综合体现。

结合复杂适应系统理论和创新模式的异同，本书的研究旨在构建一个基于多主体的仿真模型，讨论企业内外部环境与创新模式之间的关系，重点讨论创新成功率、创新周期对创新模式、创新策略的影响。为更好地模拟开放市场环境，同时揭示结果内在规律，模型将建立一定数量的企业主体，每个主体被赋予资金余额水平、创新模式等基本属性，同时赋予生产销售、创新、贷款、还款等相应行为准则。不同创新模式的企业生存和发展状态主要通过两个指标刻画：①企业平均资金余额，该值由同类型创新模式企业的资金余额取平均值得到，直接反映存活的同类型企业的平均收益情况；②存活企业数量，该值为同类型创新模式企业的存活数量之和，可直接反映同类型企业的存活率。这两个指标处于相对宏观层面，从而可以在主体个体行为的随机性基础上揭示存在的客观规律，可作为一定条件下不同创新模式效果的直接反映。采用两个指标刻画效果更有理论和现实意义的考虑，一方面，可持续发展对企业而言意味着长期目标和短期利益的协调，两个指标可以提供更多的仿真分析信息，有利于对不同创新模式的全面认识；另一方面，当两个指标出现冲突时，隐含着一些值得重视的实践启示，如存活企业数量很多但其平均资金余额偏低，这说明该类企业（行业）的平均利润率低，风险小，竞争尚不充分；如平均资金余额很高但存活企业数量较少，这表明该类行业出现资源聚集效应，竞争充分，风险加大。

1. 主体属性设计

基于上述建模依据，结合基于多主体建模的设计思想，明确企业作为主体，不同类型的企业主体均包括如下主要属性。

资金水平（BLC）：企业在发展过程中持有资金余额的水平，是衡量企业发展水平和盈利水平的主要指标，也是判断企业是否存活的标志。

生产销售收入（I_{pd}）：企业通过生产制造环节获得的收益。

生产销售成本（C_{pd}）：企业在生产制造环节投入的成本。

技术水平（A_{tc}）：企业在生产制造环节的技术先进程度，是企业成本控制、管理协调、核心能力建设的成果反映。

创新周期（TC）：企业的创新行为从开始实施到获得成果的时间延迟。创新周期因创新模式不同而有区别。

创新资金阈值（TVC）：既反映一次创新行为应满足的资金条件，也反映一次创新行为的固定成本。创新资金阈值（即创新固定成本）因创新模式不同而有区别。

创新变动成本（VCC）：企业在实施创新行为过程中的单期成本。创新变动成本因创新模式不同而有区别。

创新成功率（RC）：企业在实施一次创新行为后最终获得成功的概率。创新成功率因个体能力、创新模式和环境不同而有区别。

银行贷款（$I_{\ln}$）：企业资金余额达不到创新要求时向银行申请的贷款额度。

贷款成功率（RL）：企业申请一次银行贷款成功的概率。贷款成功率受个体差异和环境差异影响。

2. 主体行为设计

企业主体行为是仿真建模的重点。依据前面提出的企业组织可持续发展建模的三个重点，本书主要考虑以下行为：①生产销售。这即企业维持生存和发展最基本的行为，其特点是投入与产出稳定。②创新。企业通过创新可有效提高企业技术水平，进而提高生产销售的产出。③银行贷款。有创新意愿但资金不足的企业可向银行申请借贷，贷款成功可提高企业资金余额。④银行还款。在还款期限内，无论企业经营状况如何，均需偿还贷款。⑤死亡。当企业资金余额小于每一步所需要的生产销售成本时，企业死亡。

1）生产销售环节

生产销售行为的刻画重点是一定技术条件下投入与产出之间的关系，为此采用柯布—道格拉斯生产函数为基础，突出成本投入，得到式（6-1）。

$$I_{\mathrm{pd}}(t)=A_{\mathrm{tc}}(t)C_{\mathrm{pd}}(t)^{\beta}E_{\mathrm{pd}} \tag{6-1}$$

其中，β 为弹性系数；E_{pd} 为随机干扰项。

式（6-1）表示，在当前技术水平 $A_{\mathrm{tc}}(t)$ 下，投入生产销售成本 $C_{\mathrm{pd}}(t)$，可以获得生产销售收入 $I_{\mathrm{pd}}(t)$。

2）创新环节

对生产制造型企业而言，创新行为表现为在一定资源投入下获得的技术水平 $A_{\mathrm{tc}}(t)$ 的提高，并最终带来营利能力的提高，如式（6-2）所示。

$$A_{\mathrm{tc}}(t+\mathrm{TC})=\begin{cases}A_{\mathrm{tc}}(t) & \text{if } P_c(t)=0\vee \mathrm{BLC}(t)<\mathrm{TVC}\\ M_{\mathrm{tc}}(t)A_{\mathrm{tc}}(t) & \text{if } P_c(t)=1\wedge \mathrm{BLC}(t)>\mathrm{TVC}\end{cases} \tag{6-2}$$

其中，$P\left[P_c(t)=1\right]=\mathrm{RC}$；$M_{\mathrm{tc}}$ 为技术变动系数。

创新首先要满足一定的资源条件，即达到创新资金阈值 TVC；同时必须有相应的创新成本投入$C_{tc}(t)$，包括确定创新时刻的固定成本 TVC 和创新行为进行中的创新变动成本 VCC；同时创新还有时间成本，即创新周期 TC；面临一定失败的风险，即创新成功率 RC。不同的创新模式，创新策略在这些属性的取值上有差异。式（6-2）反映，创新成功将带来技术水平的提升（通过技术变动系数），创新失败则技术水平不变。

3）银行贷款环节

为突出管理革新和技术创新行为对企业组织可持续发展的影响，银行贷款行为由创新行为驱动。当企业资金水平达不到创新要求（$\mathrm{BLC}(t) < \mathrm{TVC}$）则自动推动贷款行为，见式（6-3）。贷款行为的成功与否由贷款成功率 RL 的高低决定，如成功则在下一仿真时刻获取银行贷款$I_{ln}(t)$，否则为 0。

$$I_{ln}(t+1)=\begin{cases}0 & \text{if}\, P_{ln}(t)=0\\ I_{ln}(t) & \text{if}\, P_{ln}(t)=1\end{cases} \tag{6-3}$$

其中，$P\left[P_{ln}(t)=1\right]=\mathrm{RL}$。

4）银行还款环节

银行还款行为由贷款行为带动，只要有未还清贷款，则还款行为将持续。每个时刻的企业待还款额度由式（6-4）得到，确定后从企业资金余额扣除。

$$C_{ln}(t+1)=C_{ln}(t)+\frac{I_{ln}(t)\left[1+R_{ln}(t)\right]}{\mathrm{TL}} \tag{6-4}$$

其中，$R_{ln}(t)$为当前银行贷款利率；TL 为贷款周期。

这样，可以得到企业实体在每一个仿真时刻的资金余额水平，见式（6-5）。其中，生产销售收入、银行贷款为资金增项，生产销售成本、创新成本投入和银行还款$\left[C_{ln}(t)\right]$为资金减项。

$$\mathrm{BLC}(t+1)=\mathrm{BLC}(t)+I_{pd}(t)+I_{ln}(t)-C_{pd}(t)-C_{tc}(t)-C_{ln}(t) \tag{6-5}$$

5）死亡环节

当企业资金余额小于生产销售成本时（$\mathrm{BLC}(t) < C_{pd}(t)$），企业无法通过基本的生产销售行为维持发展，企业死亡。

3. 基本假设

现实生活中影响企业发展的因素很多，无法在一个模型中完整体现全部因素，且基于多主体建模的方法所构建的模型是对真实世界系统简化的结果，并不是真实世界系统的复制品，因此，从再现客观世界真实情况来讲，任何模型都不可能是完备的。模型有效性的关键是在既定的约束条件下有效接近真实世界，完成既定条件下的目标。结合已有研究成果和调研数据，本书做出如下假设。

（1）行业发展进入平稳阶段，规模报酬保持不变，技术水平的提高成为经济效益提升的核心要素。

（2）考虑到经营活动的连续性，不单独考虑生产环节时间延迟。

（3）在一次仿真中，初始企业数量是固定的，且企业死亡后不考虑新企业进入，因而企业存活数量可作为反映企业组织可持续发展情况的重要指标。

（4）不考虑不同银行间的竞争，同时银行具有充足资金。

（5）一个仿真步长代表现实环境中一个月。

4. 参数设置与模型验证

（1）为便于分析比较不同策略效果，也为了刻画仿真过程的随机性，本书设置采用同种策略仿真企业初始数量为 200 家，企业初始资金为随机数，均值为 100 万元，标准差为 20 万元，数据分布服从正态分布，即 BLC~N（100，20^2）。

（2）在规模报酬保持不变的假设下，弹性系数 β=1；初始技术水平保证在较小的盈利水平时 $A_{tc}=1.05$。

（3）考虑一个相对稳定的资金环境。银行贷款利率 R_{ln}=12%，贷款成功率 RL=70%。

（4）不同创新策略的差异通过技术变动系数 M_{tc}、创新资金阈值 TVC、创新变动成本 VCC、创新周期 TC 和创新成功率 RC 等参数的设置来实现。不同创新策略对应参数应满足基本的风险与收益匹配关系。例如，创新策略趋于激进，则 M_{tc}、TVC、VCC、TC 有变大的趋势，RC 减小。

为做模型验证，考虑一个典型的技术创新驱动企业，行业竞争激烈，企业发展特点是高投入，即 TVC、VCC 相对较大，TC 相对较长；高风险，即创新成功率 RC 相对较小；换取高收益，即一旦创新成功则技术提升效果明显，M_{tc} 相对较大。相关参数设置如表 6.6 所示。为反映企业发展的“可持续性”特征，一个仿真步长等同于 1 个月，仿真时间控制在 100 步，约等于企业 9~10 年的发展情况。为使模型更具效度，所有仿真结果数据均为 3 次仿真后取平均值求得。

表 6.6　典型技术创新驱动策略初始参数

参数	M_{tc}	TVC/万元	VCC/万元	TC/月	RC
初始设置	1.45	16	2	12	40%

典型技术创新驱动策略企业仿真结果如图 6.1 所示。从第 10 个月开始，企业存活数量出现下降，到第 30 个月时，下降趋势放缓，最后的存活企业稳定在 60 家左右，存活率 30%左右。对应企业平均资金水平稳步上升，100 个月时达到 680 万元左右的平均水平。该结果可以反映风险与收益相辅相成的关系。

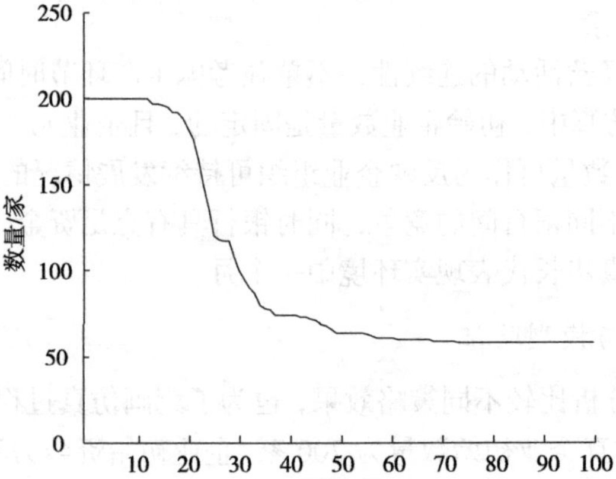

（a）存活企业数量

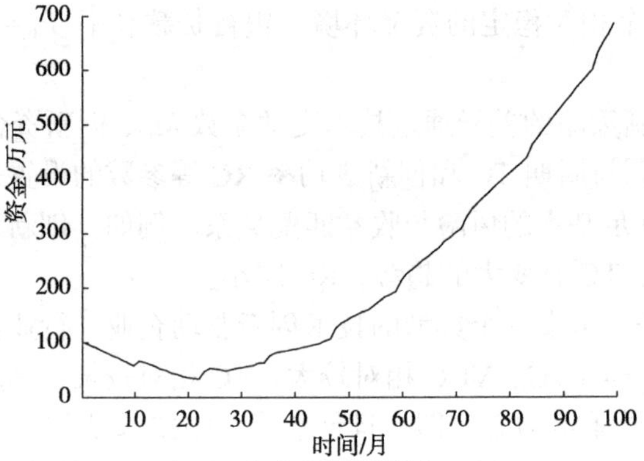

（b）企业平均资金

图 6.1　典型技术创新驱动策略企业仿真结果

选择现实环境中的华为技术有限公司（简称华为）做进一步验证，主要考虑华为是一家比较典型的创新驱动型企业。表 6.7 通过仿真模型产生的企业资金余额和华为 2008~2017 年十年来累积利润的发展速度来做比较。

表 6.7　仿真模型误差分析

年份	华为		仿真企业		离差平方
	累积利润/亿元	发展速度	资金余额/万元	发展速度	
2008	378.86		60		
2009	601.27	1.59	40	0.67	0.847 1
2010	908.03	1.51	83	2.08	0.319 0
2011	1 093.85	1.20	124	1.49	0.083 7

续表

年份	华为		仿真企业		离差平方
	累积利润/亿元	发展速度	资金余额/万元	发展速度	
2012	1 293.42	1.18	196	1.58	0.158 5
2013	1 584.70	1.23	286	1.46	0.054 7
2014	1 926.75	1.22	388	1.36	0.019 8
2015	2 384.61	1.23	478	1.23	0
2016	2 859.76	1.20	586	1.23	0.000 7
2017	3 423.60	1.20	680	1.16	0.001 3

从仿真企业和华为在发展速度上的误差分析可以看出，在前期误差较大，到后期误差几乎为 0。这主要是仿真前期的竞争环境并不稳定，波动较大。从第 4 年（2011 年）后误差整体已经下降到较小的水平，尤其是第 8 年（2015 年）后，误差几乎可以忽略。考虑到该仿真模型主要用于揭示企业组织可持续发展能力，因此更看重后期信息，该模型是可以接受的。

6.4　仿真分析：基础因素和直接因素对企业组织可持续发展的影响

第 3 章和第 4 章的讨论分别从主观和客观视角梳理了影响企业组织可持续发展的主要因素及其关系。总体上看，生产效率、成本控制、管理优化等方面是影响企业组织可持续发展的基础因素；关键品牌、技术创新等方面则是直接因素。下面利用仿真模型对基础因素和直接因素的影响效应进行分析，以期达到下面两方面的目标。

第一，分析企业在重点关注基础因素或直接因素的情况下，企业的不同发展状态。

第二，分析突发危机情况下企业重点关注基础因素或直接因素的不同应对能力。

为讨论方便，假定存在两类企业发展战略。一类称为跟随型战略，企业关注的重点是基础因素，强调控制成本、提升管理效率，在技术创新上保守，以尽量回避风险。显然，跟随型战略反映出企业以提升基础因素能力为重心的发展思路。

另一类称为创新型战略，企业关注的重点是直接因素，强调提升核心技术、打造核心产品和品牌。这意味着企业发展面临更高的投入、更大的风险。显然，创新型战略的发展重心是提升企业在直接因素方面的水平。

6.4.1　市场稳定发展情况下的战略对比分析

跟随型战略的思想决定了其低投入、稳健、保守的发展特征。为此，参照一般制造企业毛利率 10%左右的年盈利水平，以及 1.15%左右的投资收益率水平，设置跟随型战略企业技术水平提升比率为 1.07，管理更新周期为 6 个月，技术成功率为 80%。

创新型战略的核心是高投入、高风险、高收益。以著名的创新型企业苹果公司为参照案例，该公司在稳定发展时期的毛利率水平达到 40%左右，以及 65%左右的投资收益率水平。因此，设置一次成功的创新型战略企业技术水平提升比率为 1.2，技术更新周期为 6 个月，技术成功率为 60%。

从图 6.2 的仿真结果看，在稳定的市场环境下，跟随型战略能够有效保证企业的稳定发展。企业存活数量始终维持很高的水平，在 35 个月后有很小一部分企业死亡，100 个月时企业存活率仍然达到 95%左右。但同时也应注意到，跟随型战略企业在避免各类风险的同时，其企业平均资金水平的增加并不明显，100 个月时的企业平均资金水平大约为 160 万元。

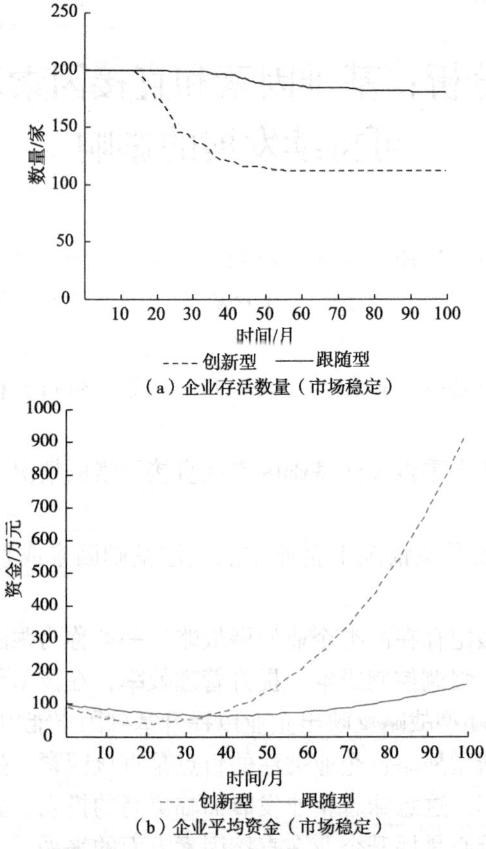

（a）企业存活数量（市场稳定）

（b）企业平均资金（市场稳定）

图 6.2　市场稳定情况下的战略对比

对比而言，创新型战略企业的存活率在第 12 个月后就开始出现明显的下降，在第 38 个月时，企业存活率达到稳定状态，此时已有约 45%的企业死亡。但存活企业通过创新产品或品牌获得丰厚回报，100 个月时的企业平均资金水平接近 1 000 万元。

上述仿真结果具有比较普遍的启发意义。鱼与熊掌不可兼得，对于市场稳定的行业，企业如果追求发展的稳定性，可采取跟随型战略，将发展重心落脚到成本、管理等基础性要素上，这可以保证企业较高的存活率，当然，此时不能奢求有巨额的回报；如果企业追求高额回报，则必须花重金投入核心产品、核心品牌等高附加值项目上，这确实将带来很大的风险，企业存活率低，但同时，一旦能坚持下来，企业就能获得丰厚的回报。

6.4.2　较小突发危机下的战略对比分析

若产品面临开放的市场环境，则企业发展过程中将面临较大的不确定性，因此，讨论市场环境波动情况下，不同战略的表现具有很强的现实意义。

先考虑较小突发危机带来的影响，即因某种不可预测、不可抗拒的内外部原因（如经济危机、劳动力缺失、质量危机等），企业营利能力下降 10%。危机发生时间定位于第 50 个月左右（考虑一定随机性）。

从图 6.3 的仿真结果上看，较小突发危机对跟随型战略企业带来了一定冲击。企业存活数量几乎在危机发生的同时出现持续下降，到第 100 个月时存活率降至约为 72%，同时企业平均资金水平也有一定下降，但程度较弱，约为 85 万元。对照看创新型战略企业，与市场稳定环境下的发展情况对比，存活率几乎没有变化，仍然达到 55%左右，但是企业平均资金水平曲线上升态势变缓，盈利水平降低，100 个月时的企业平均资金水平约 590 万元，对比市场稳定环境，降幅较大。

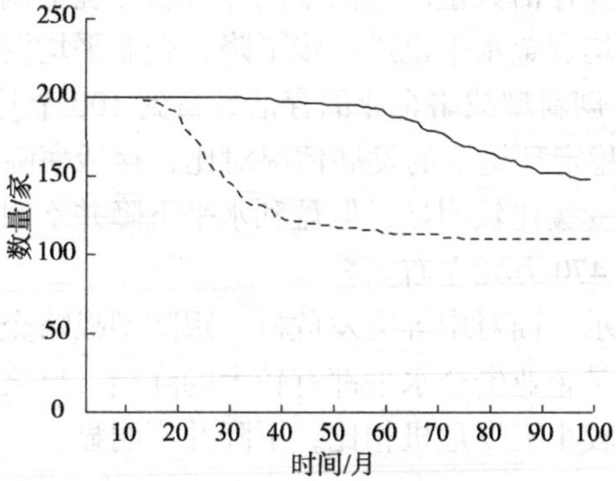

（a）企业存活数量（较小突发危机）

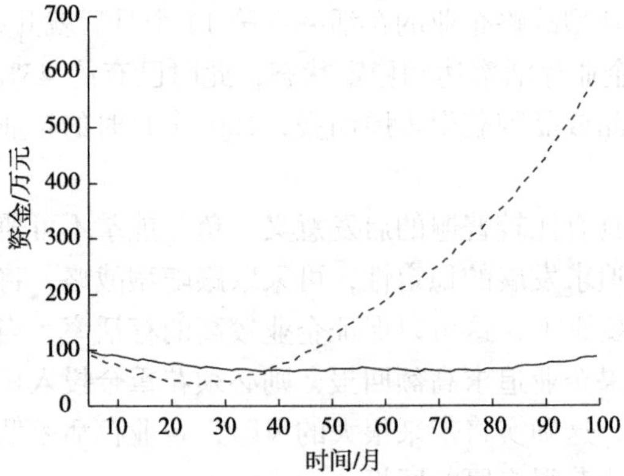

（b）企业平均资金（较小突发危机）

图 6.3 较小突发危机情况下的战略对比

上述仿真结果显示出跟随型战略企业和创新型战略企业在面对较小突发危机时出现的不同反应，跟随型战略企业的存活率受影响大，但企业资金水平下降幅度小；反过来，创新型战略企业的存活率几乎没有受到影响，但企业资金水平下降幅度大。

6.4.3 中等突发危机下的战略对比分析

接着考虑中等突发危机带来的影响，即因某种不可预测、不可抗拒的主客观原因，企业营利能力下降 25%。危机发生时间仍定位于仿真中期第 50 个月左右。

图 6.4 的仿真结果显示，中等突发危机对跟随型战略企业带来的冲击很明显。企业存活数量到 100 个月时进一步下降到约 65 家，存活率 33%，且有进一步下降的趋势，这样的企业存活数量已经低于同样市场环境下创新型战略企业的存活数量。同时，企业平均资金水平也进一步下降，企业平均资金水平到 100 个月时只有 40 万元的水平。创新型战略企业的存活数量到 100 个月时降低到 108 家，约 54%的水平，与市场稳定环境下的发展情况对比，存活率降幅很小；企业平均资金水平曲线上升态势变缓比较明显，但盈利水平下降并不明显，100 个月时的企业平均资金水平仍为 470 万元左右。

上述仿真结果显示，面对中等突发危机，跟随型战略企业明显受影响更大，不管是企业存活率还是企业资金水平都有较大的降幅；反之，创新型战略企业的存活率和资金水平与较小突发危机相比，下降并不明显。

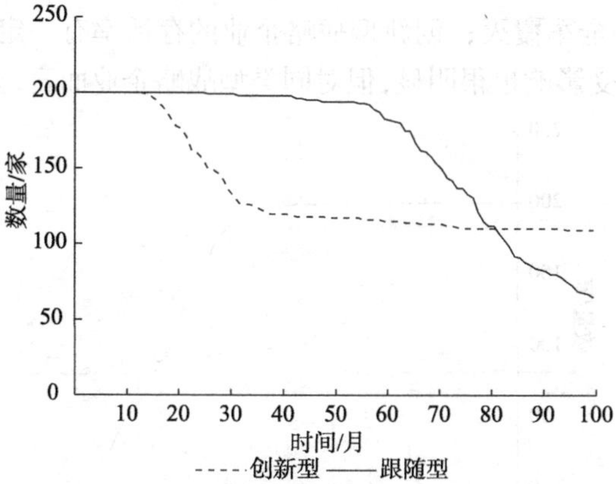

（a）企业存活数量（中等突发危机）

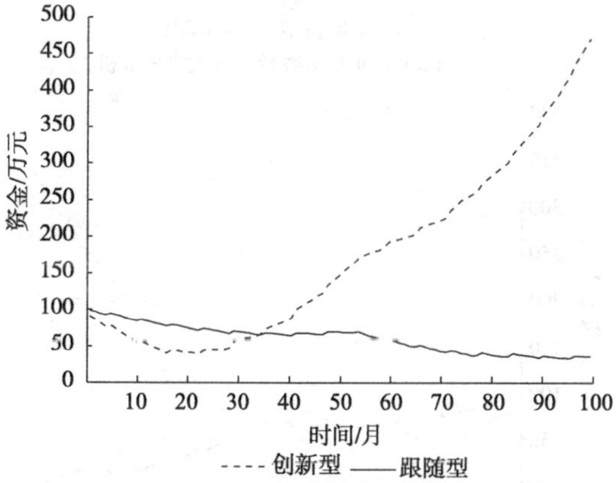

（b）企业资金水平（中等突发危机）

图 6.4　中等突发危机情况下的战略对比

6.4.4　较大突发危机下的战略对比分析

进一步考虑较大突发危机带来的影响，即因某种不可预测、不可抗拒的主观或客观原因，企业营利能力下降 40%。危机发生时间仍定位于仿真中期第 50 个月左右。

图 6.5 的仿真结果显示，较大突发危机对跟随型战略企业几乎带来毁灭性的冲击。企业存活数量在第 56 个月开始出现快速下降，到 100 个月时几乎降为 0，即跟随型战略企业几乎全军覆灭。从企业平均资金水平的变化趋势来看，也可得到同样结论。对比来看，创新型战略企业的存活数量到 100 个月时降到 80 家左右，约 40%的存活率水平，与中等突发危机市场环境下的发展情况对比，存活率降幅很小；企业平均资金水平曲线上升态势在第 53 个月时变缓趋势很明显，但 100 个月时的企业平均资金水平仍为 340 万元左右。

上述仿真结果显示，面对较大突发危机，跟随型战略企业完全无法应对，同类型战略企业几乎全军覆灭；创新型战略企业的存活率有一定降低，企业平均资金水平的上升态势受影响也很明显，但对同类型战略企业而言，企业整体应对得力。

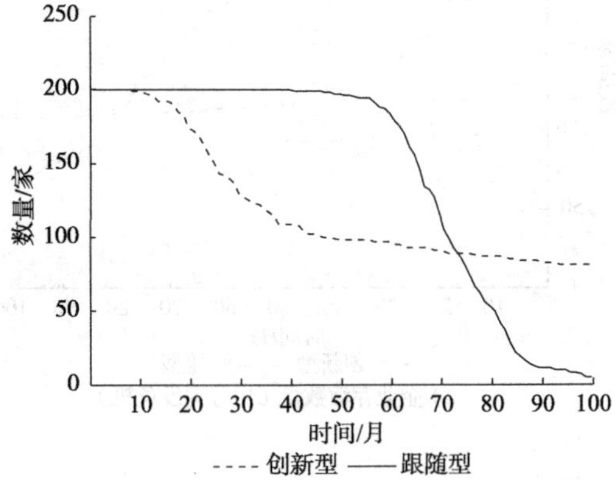

（a）企业存活数量（较大突发危机）

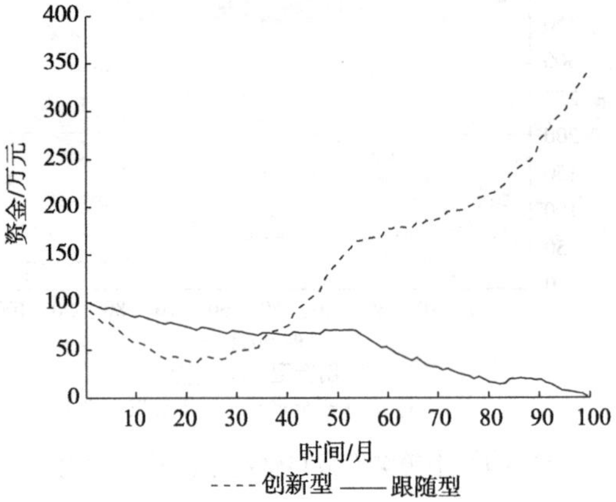

（b）企业平均资金（较大突发危机）

图 6.5 较大突发危机情况下的战略对比

6.4.5 仿真结论

第一，企业组织可持续发展水平应包含数量上的指标和质量上的指标。从整体上看，这些指标具有对立性，反映了企业组织可继续发展目标本身具有的多目标特性。这里，反映企业生存概率的指标“企业存活率”和反映企业盈利水平的指标“企业平均资金水平”在大多数情况下就是“鱼与熊掌不可兼得”的选择。

第二，在市场稳定情况下，跟随型战略偏向保守，厌恶风险，资金占用不大，平均收益率较低，但企业存活率高；而创新型战略相对积极，挑战一定风险，资金占用较大，平均收益率较高，但企业存活率相对低。

第三，在市场出现不可控危机时，两类企业都会受到影响。当危机较小时，跟随型战略企业和创新型战略企业的表现各有优劣，即跟随型战略企业的存活率受影响大，但企业平均资金水平下降小；创新型战略企业的存活率几乎没有受到影响，但企业平均资金水平下降明显。当危机较大时，跟随型战略企业开始出现明显无法应对的态势，直至企业悉数灭亡；相对而言，创新型战略企业的应对能力开始得到突出表现，企业存活率有所下降但幅度不大，企业平均资金水平在经过 20~30 个月的调整后又开始稳步提升。

第四，对于传统行业，或者是成熟的产品市场，面对稳定的市场环境预期，企业采取跟随型战略是有一定可取性的。因为这时的创新空间太小、成本太高、风险太大，对于企业个体来说，将企业主要资源投放于成本控制和管理效率提升，以求企业效益稳步提升，这确实具有现实意义。但对于新兴行业，或者是产品更新频繁的阶段，尤其是市场环境预期不确定性很强的情况下，创新型战略可能是必须考虑的选项。它确实带来了企业前期激烈竞争的低存活率，但似乎也必须熬过大约 25 个月的淘汰期，企业才具有强大的营利能力，以及应对高不确定性环境的能力。

6.5　仿真分析：突破式创新策略和渐进式创新策略指导下的企业组织可持续发展

技术创新已成为制造企业提高核心竞争力，实现可持续发展的关键所在（刘俊婉等，2015）。采取技术创新型发展战略的企业仍需要根据自己的实际情况采用不同的创新策略。其中，基于创新的目标追求和投入强度，将技术创新模式分为突破式创新和渐进式创新，这种划分方式得到学界的较高认同（Lassen et al.，2006）。在现实环境下，虽然一个企业可能在不同阶段或不同项目上采用不同的创新模式，但就特定阶段或项目而言，同时追求这两种模式是不可能办到的（Narch，2006）。为获取竞争优势，企业始终需要在有限条件下选择合理的创新模式，因此，突破式创新和渐进式创新两种创新模式实际上也代表了两种创新策略。

前面的文献已经梳理了两种创新策略各自的特点，从研究方法上看，学者主要运用演化博弈模型（易余胤等，2005）、模糊综合评价法（杨鑫，2014）、系统动力学（李柏洲和苏屹，2011）、实证（林海芬和苏敬勤，2010；Cui et al.，2012；林萍，2012）等方法研究企业创新策略选择问题。但是应该注意到，企业创新是企业结合外部环境和自身条件制定、实施和动态调整创新战略的过程，其选择的机制具有动态性和复杂性等特征，因此，对创新模式影响机理的研究不应只从企业外在表现刻画，也应尝试从企业内部交互过程进行描述。

基于此，这里将采用本章提出的基于复杂适应系统理论的企业组织可持续发展仿真模型开展仿真分析，鉴于突破式创新和渐进式创新两种策略主要的差异在投入、风险和周期等方面，该仿真模型将通过创新成本、创新成功率、创新周期等参数设置的差异来体现不同策略的特点。

6.5.1 仿真参数设置

首先，为了便于讨论两种策略在不同条件下的表现，将创新周期 TC 具体表述为突破式创新周期 TB 和渐进式创新周期 TG；将创新成功率 RC 具体表述为突破式创新成功率 RB 和渐进式创新成功率 RG。

参考盛光华和张志远（2015）、张春辉和陈继祥（2011）等在研究补贴方式对两类创新的影响方面得到的结论，合适的突破式创新成本与渐进式创新成本比例应该在 2~4 倍，设置创新资金阈值 TVC 分别为 20 万元和 10 万元，创新变动成本 VCC 分别为 2 万元、1 万元。创新周期 TG 和 TB 是仿真分析关注的重要参数，结合假设条件，初始值分别设置为 6 个月和 12 个月，并在仿真分析中根据需要进行调整。参照一般制造企业毛利率 10%左右的年盈利水平，以及 1.15%左右的投资收益率水平，设置渐进式创新企业技术水平提升比率为 1.10，创新周期为 6 个月，创新成功率为 80%。参照苹果公司等创新驱动企业毛利率 40%左右的水平，设置一般突破式创新企业技术水平提升比率为 1.50，创新周期为 12 个月，创新成功率为 40%。考虑到银行是各类资金提供者的抽象代表，贷款成功率 RL 可适当高些，初始值为 70%。两种创新策略的初始参数如表 6.8 所示。关键仿真参数在分析中会根据分析需要在合理范围内调整（高波和余素霞，2019）。

表 6.8 两种创新策略的初始参数

参数	M_{tc}	TVC/万元	VCC/万元	创新周期/月	创新成功率
渐进式创新策略	1.10	10	1	TG = 6	RG = 80%
突破式创新策略	1.50	20	2	TB = 12	RB = 40%

6.5.2 创新成功率对两类创新策略的影响

创新成功率是创新风险最直接的刻画，也是创新策略选择最值得分析的重要因素。为探讨创新成功率对两类创新策略的影响，进而为创新策略选择提供参考，这里考察固定 RG、变动 RB，以及固定 RB、变动 RG 这两种情况下，两类创新企业存活数量和平均资金水平的变化情况。

1. 创新成功率对两类创新企业存活数量的影响

（1）固定 RG 为 80%，变动 RB 的仿真结果如图 6.6 所示。

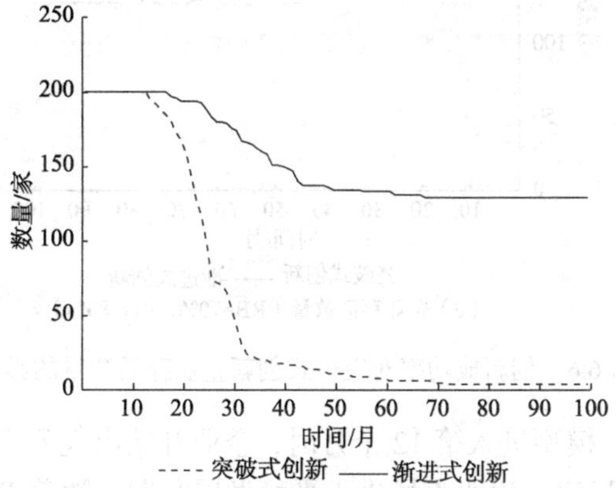

（a）企业存活数量（RB=10%，RG=80%）

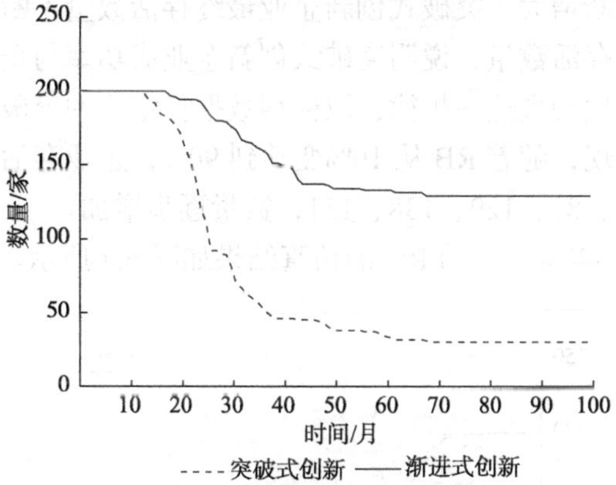

（b）企业存活数量（RB=30%，RG=80%）

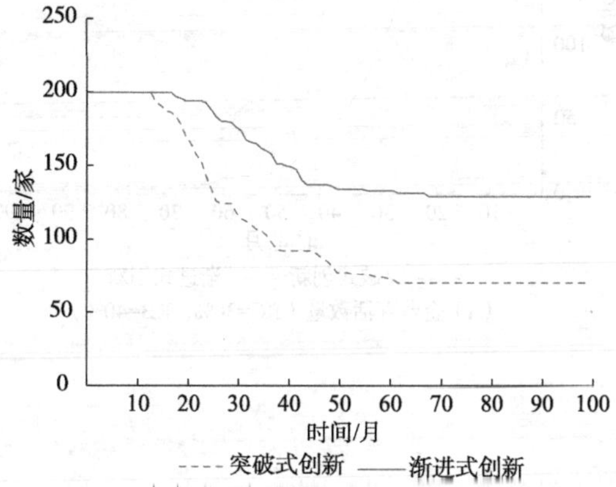

（c）企业存活数量（RB=50%，RG=80%）

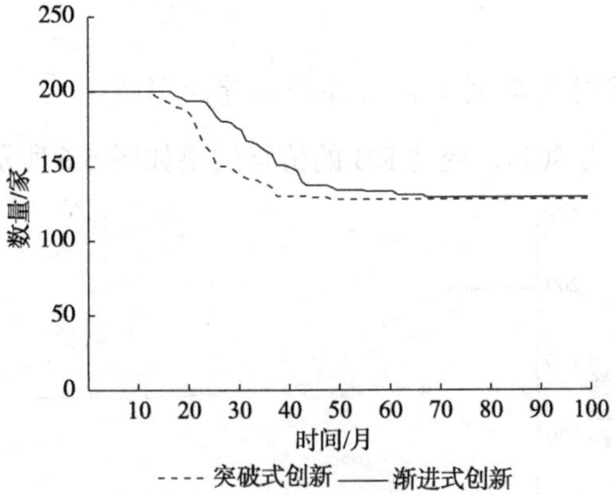

（d）企业存活数量（RB=70%，RG=80%）

图 6.6　创新成功率对突破式创新企业存活数量的影响

由图 6.6 可知，模型进入第 12 个月时，企业开始出现死亡，到 50~60 个月时企业存活数量开始稳定，说明市场进入平稳发展时期。随着 RB 不断增大，即突破式创新成功率不断增大，突破式创新企业最终存活数量不断加大，最后甚至超过渐进式创新企业存活数量，说明突破式创新企业成功率与企业存活数量呈正相关关系。为更直观地展现这一规律，取模型数据稳定后的突破式创新企业存活数量进行比较分析发现，随着 RB 从 10%变动到 90%，企业存活数量的均值依次为 4、9、32、53、68、89、129、138、151，数量逐步增加。

（2）固定 RB=40%，变动 RG 的仿真结果如图 6.7 所示。

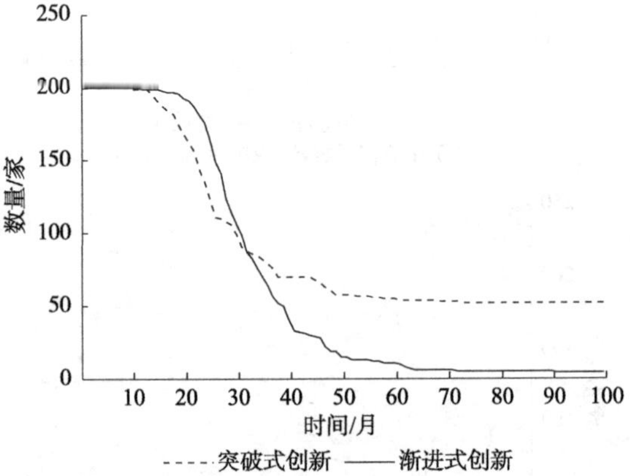

（a）企业存活数量（RG=30%，RB=40%）

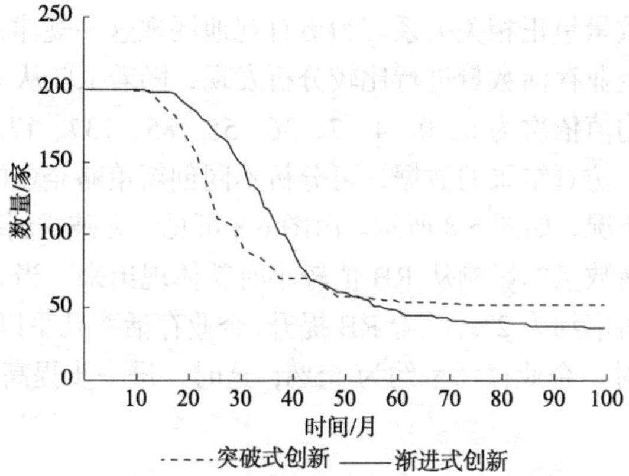

（b）企业存活数量（RG=50%，RB=40%）

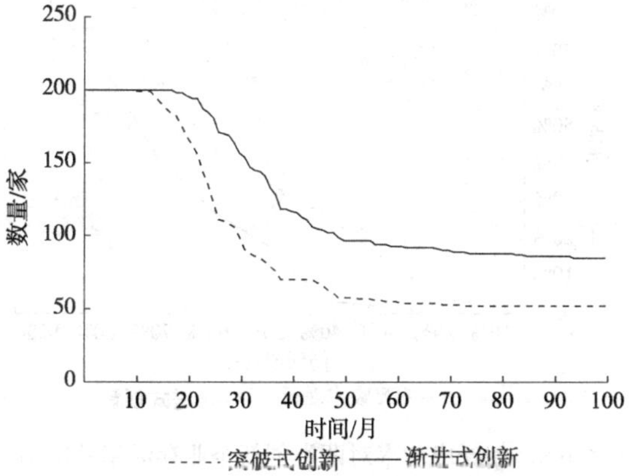

（c）企业存活数量（RG=70%，RB=40%）

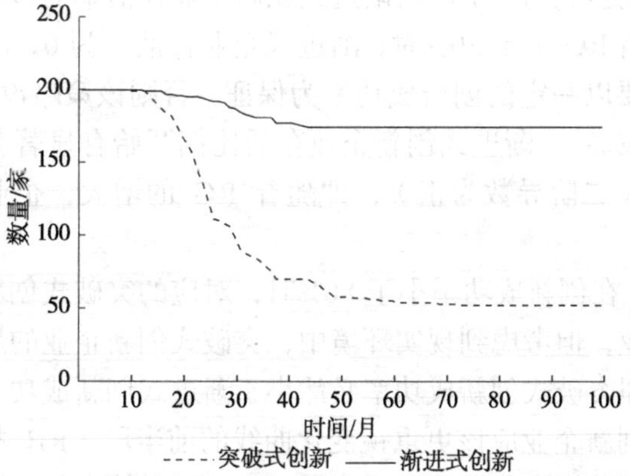

（d）企业存活数量（RG=90%，RB=40%）

图 6.7　创新成功率对渐进式创新企业存活数量的影响

由图 6.7 可知，随着渐进式创新成功率 RG 不断增大，渐进式创新企业最终存活数量不断加大，最后高于突破式创新企业存活数量，说明渐进式创新企业成功率与企业存活数量呈正相关关系。为更直观地展现这一规律，取模型数据稳定后的渐进式创新企业存活数量进行比较分析发现，随着 RG 从 10%变动到 90%，企业存活数量的均值依次为 0、0、4、7、36、55、85、137、172，数量逐步增加。

根据以上两个仿真结果的数据，可分析不同创新策略企业的存活率随相应创新成功率的变化情况，如图 6.8 所示。由图 6.8 可见，突破式创新成功率 RB 对突破式创新企业存活数量的影响从 RB 值较小时就体现出来。当 RB 为 10%时，突破式创新企业存活率约为 2%，随着 RB 提升，企业存活率几乎以线性等比例增长，到 RB 等于 70%时，企业存活率约为 65%，这时，进一步提高 RB，企业存活率增长开始放缓。

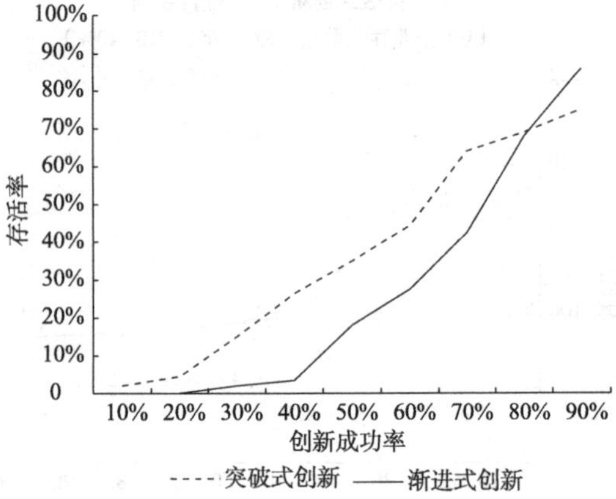

图 6.8　创新成功率对两类创新企业存活率的影响

分析渐进式创新成功率 RG 对渐进式创新企业存活率的影响，总体上可见影响效果显著。但当 RG 小于 30%时，渐进式企业存活率为 0，说明对渐进式创新企业而言，必须要以一定的创新成功率为保证，否则该策略没有任何讨论意义。当 RG 提升到 40%后，渐进式创新企业存活比例开始有显著上升，且上升过程有下凹函数特征（二阶导数为正），即随着 RG 的增大，企业存活率增加速度也越来越快。

图 6.8 显示，在创新成功率小于 80%时，对应的突破式创新企业存活比例高于渐进式创新企业，但考虑到现实环境中，突破式创新企业的风险度基本高于渐进式创新企业，即突破式创新成功率必然小于渐进式创新成功率，因此，在同样环境下，突破式创新企业应该更重视变化曲线的前半段（RB 相对较小），渐进式创新企业应该更重视变化曲线的后半段（RG 相对较大）。因此，结合变化曲线的凹凸性，可得结论如下：渐进式创新企业的创新成功率对企业存活率的影响相比突破式创新企业更显著，即对渐进式创新企业来说，提升创新成功率可有效提升企业存活率。

2. 创新成功率对两类创新企业平均资金水平的影响

仿真模型设计时提出，企业组织可持续发展水平不仅体现为企业在发展过程中的存活率，也体现为发展过程中资金水平的变化。为此，进一步分析创新成功率对企业资金水平的影响。下面分别讨论固定 RG、变化 RB，以及固定 RB、变化 RG 时对突破式创新企业及渐进式创新企业平均资金水平的影响。

（1）令 RG 为 80%，RB 依次取 10%、20%、30%、40%、50%、60%、70%、80%。其中，部分仿真结果如图 6.9 所示。

比较图 6.9（a）~（d）可以看出，首先，RB 与企业平均资金水平正相关，即随着 RB 的提升，仿真后期突破式创新企业的最终平均资金水平不断提高。其次，当 RB 为 10%时，突破式创新企业平均资金水平小于渐进式创新企业平均资金水平，但从 RB=20%开始，即当 $RB \geqslant \frac{1}{4}RG$ 时，突破式创新企业平均资金水平逐渐大于渐进式创新企业平均资金水平。

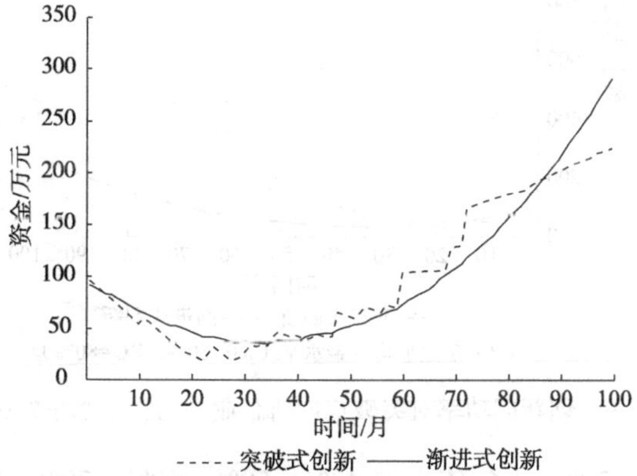

（a）企业平均资金水平（RB=10%，RG=80%）

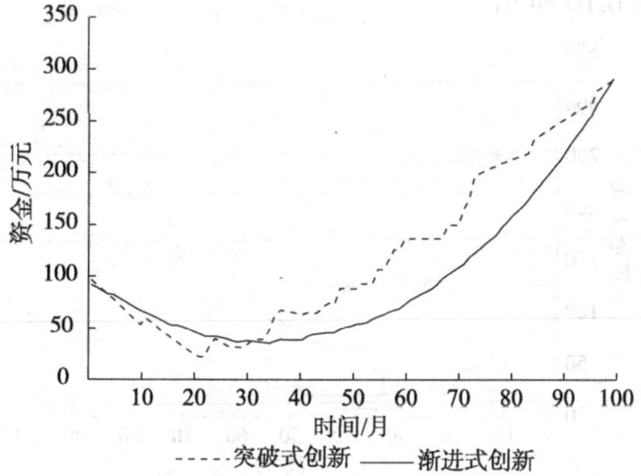

（b）企业平均资金水平（RB=20%，RG=80%）

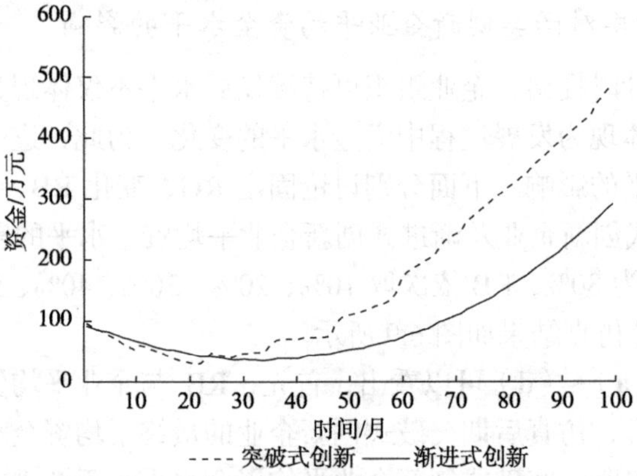

（c）企业平均资金水平（RB=30%，RG=80%）

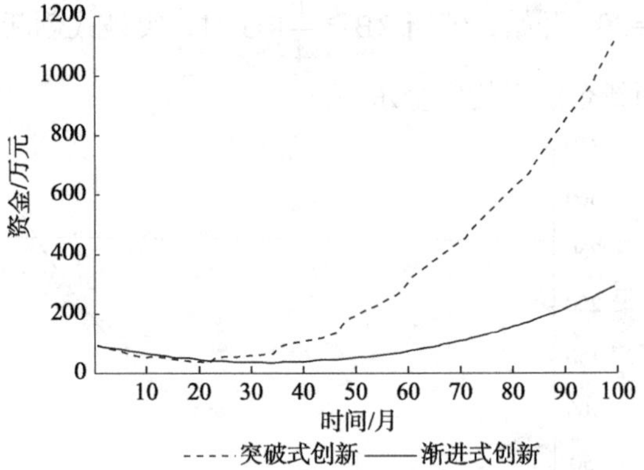

（d）企业平均资金水平（RB=50%，RG=80%）

图 6.9　创新成功率对突破式创新企业平均资金水平的影响

（2）令 RB 为 20%，RG 依次取 40%、50%、60%、70%、80%、90%。其中，部分仿真结果如图 6.10 所示。

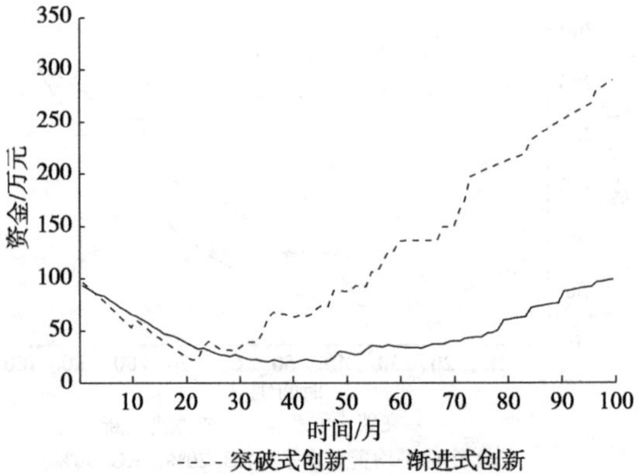

（a）企业平均资金水平（RG=40%，RB=20%）

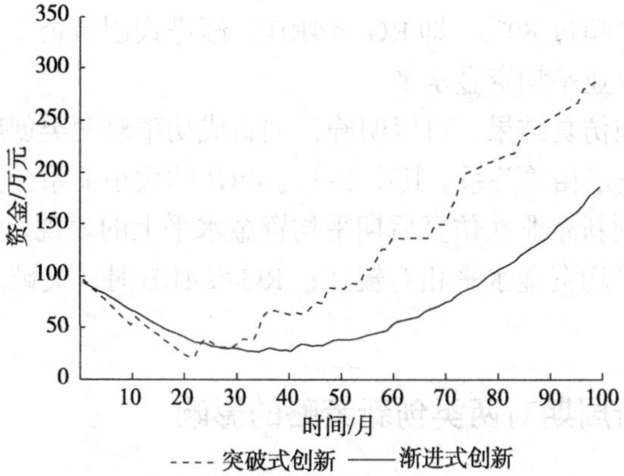

（b）企业平均资金水平（RG=60%，RB=20%）

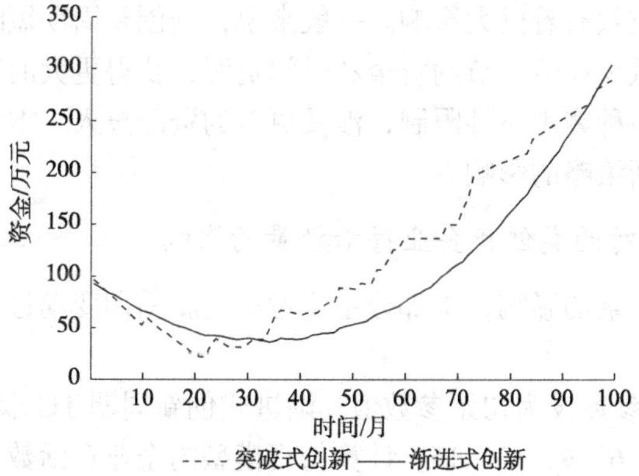

（c）企业平均资金水平（RG=80%，RB=20%）

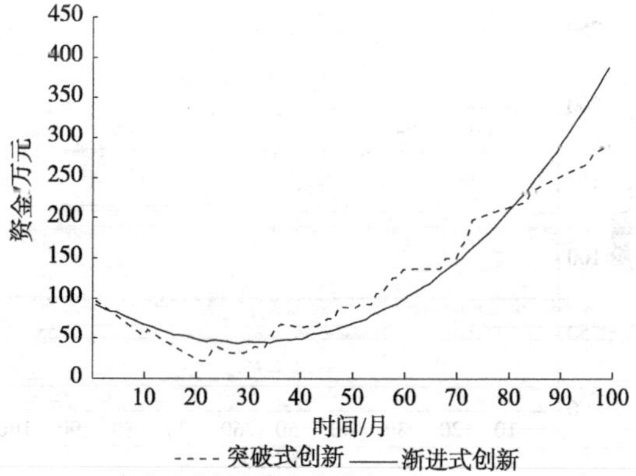

（d）企业平均资金水平（RG=90%，RB=20%）

图 6.10　创新成功率对渐进式创新企业平均资金水平的影响

比较图 6.10（a）~（d）可知，首先，RG 与企业平均资金水平呈正相关关系，即随着 RG 的提升，仿真后期渐进式创新企业的平均资金水平不断提高。其次，当 RG 小于 80%时，渐进式创新企业平均资金水平低于突破式创新企业平均资金水平，但一旦 RG 超过 80%，即 RG ≥ 4RB，渐进式创新企业平均资金水平开始大于突破式创新企业平均资金水平。

结合以上两项仿真结果，可以明确，创新成功率对两类创新企业平均资金水平均有影响，且呈正相关关系。其中 RG 与 4RB 的大小关系会直接影响突破式创新企业和渐进式创新企业在仿真后期平均资金水平上的表现，即 RG ≥ 4RB 时，渐进式创新企业平均资金水平相对较高；RG ≤ 4RB 时，突破式创新企业平均资金水平相对较高。

6.5.3 创新周期对两类创新策略的影响

根据前文的论述，创新周期是创新客观环境和企业资源投入、技术实力的综合体现，对创新成效有着巨大影响。一般来说，当创新周期短时，企业可以有效提高创新效率，减少风险，节约资金和时间资源，获得更大的利润。但同时，创新周期的缩短受各种客观条件限制，涉及更多的资源投入。本小节将探究这一影响因素对两类创新策略的影响。

1. 创新周期对两类创新企业存活数量的影响

为探究这一因素的影响，本部分主要考察创新周期变动过程对企业存活数量的影响。

（1）将其他参数设为初始参数值，渐进式创新周期 TG 取值 6，突破式创新周期 TB 依次取值 6、9、12、15，计算仿真模型内企业存活数量，最终得到对应结果 73、70、53、42，如图 6.11 所示。

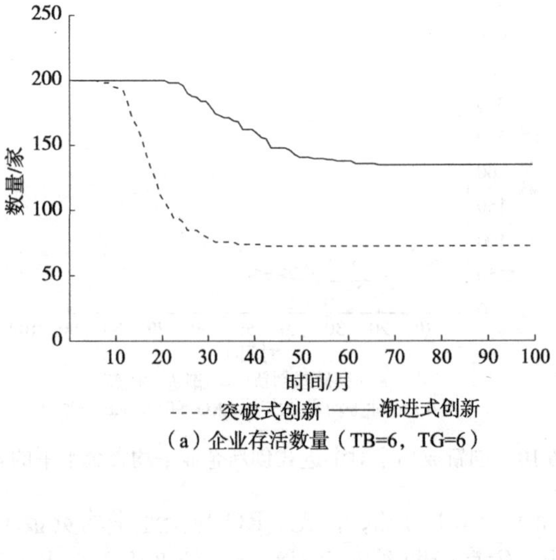

（a）企业存活数量（TB=6，TG=6）

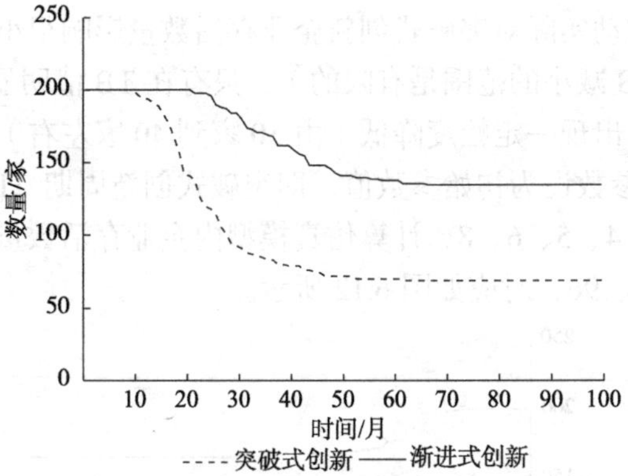

（b）企业存活数量（TB=9，TG=6）

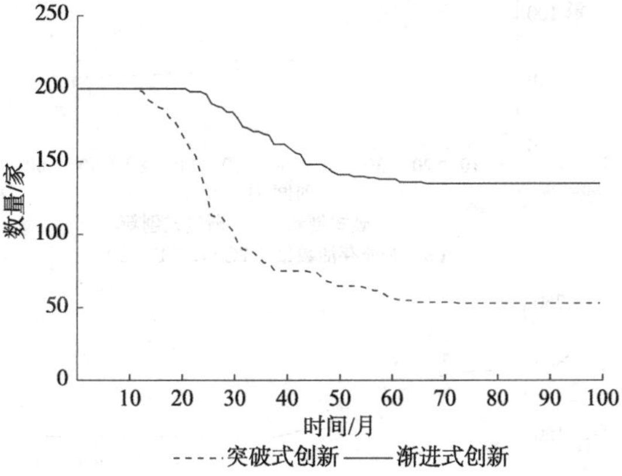

（c）企业存活数量（TB=12，TG=6）

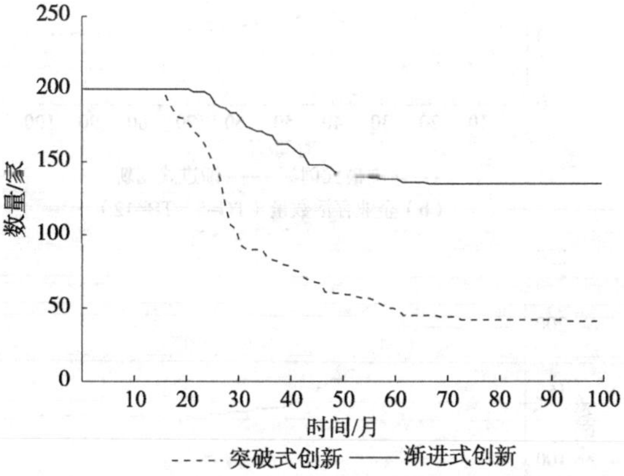

（d）企业存活数量（TB=15，TG=6）

图 6.11　创新周期对突破式创新企业存活数量的影响

比较图 6.11（a）~（d）可以发现，首先，突破式创新周期 TB 与企业存活率呈负相关关系，即 TB 的减小有助于提升企业存活率。但也可以发现，TB 在初始值周围小范围的波动实际对突破式创新企业存活数量影响很小（考虑到突破式创新的实际情况，TB 减小的范围是有限的），只有在 TB 值明显增加（TB>15）以后，企业存活数量出现一定幅度降低（由 50 家到 40 家左右）。

（2）将其他参数设为初始参数值，即突破式创新周期 TB 取值 12，渐进式创新周期 TG 取值 4、5、6、8，计算仿真模型内企业存活数量，最终得对应结果为 166、150、136、96，对应如图 6.12 所示。

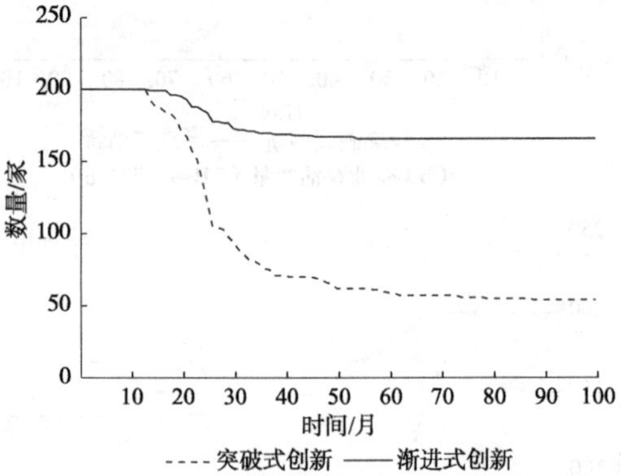

（a）企业存活数量（TG=4，TB=12）

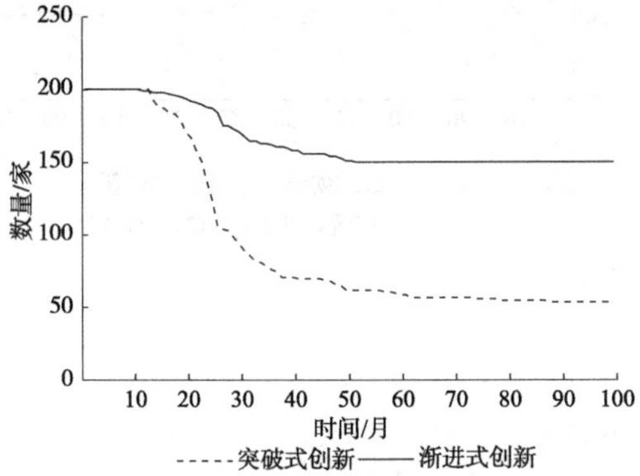

（b）企业存活数量（TG=5，TB=12）

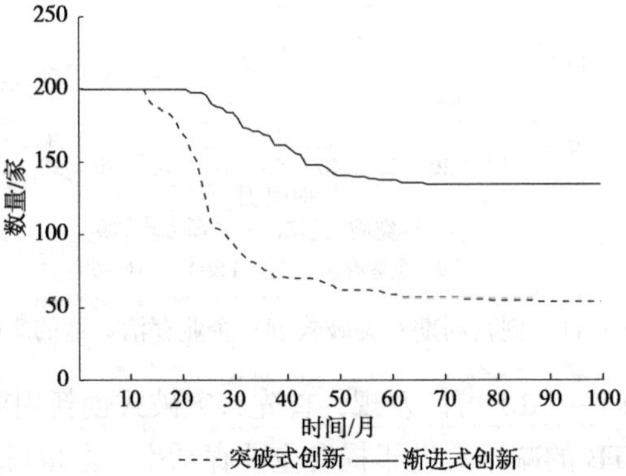

（c）企业存活数量（TG=6，TB=12）

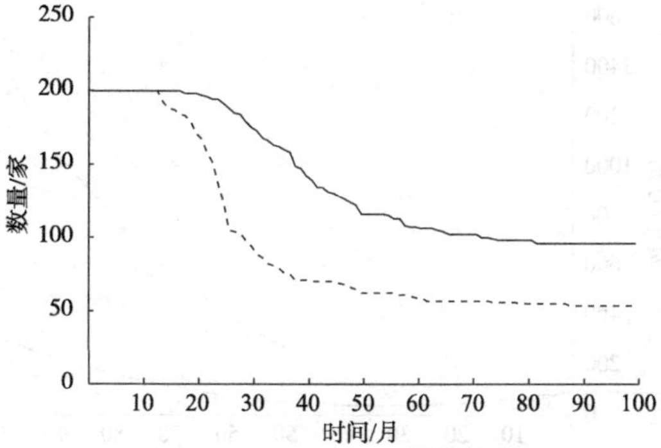

（d）企业存活数量（TG=8，TB=12）

图 6.12　创新周期对渐进式创新企业存活数量的影响

比较图 6.12（a）～（d）可以发现，首先，渐进式创新周期 TG 与企业存活率明显呈负相关关系，即 TG 的减小有助于提升企业存活率。同时可发现，相对 TG 的变化对突破式创新企业存活率影响不大的情况，TG 的变化对渐进式创新企业存活率影响很大。TG 从 4 个月升到 8 个月，对应企业存活数量从 165 家降到 95 家左右，下降幅度超过 40%。

综合以上两项仿真结果，可以明确，创新周期（包含突破式创新周期 TB 和渐进式创新周期 TG）与企业存活率呈负相关关系。但渐进式创新企业存活率受创新周期的影响更明显，即相对突破式创新企业而言，渐进式创新企业用于缩短创新周期的努力在提升企业存活率方面效果更显著。

2. 创新周期对两类创新企业平均资金水平的影响

（1）将其他参数设为初始参数值，即渐进式创新周期 TG 取值 6，突破式创新周期 TB 取值 6、9、12、15，计算仿真模型内企业平均资金水平变化，得到图 6.13。

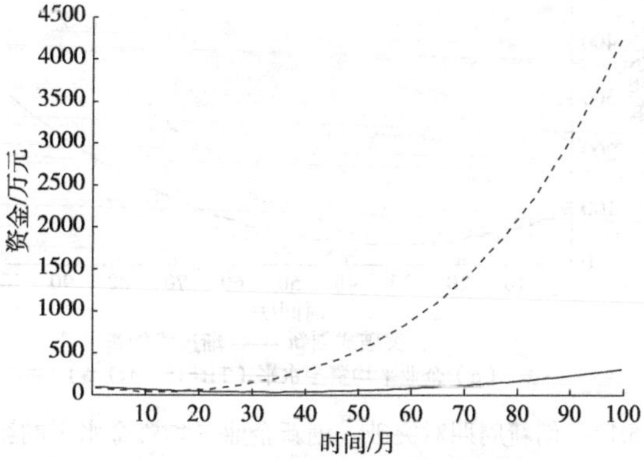

（a）企业平均资金水平（TB=6，TG=6）

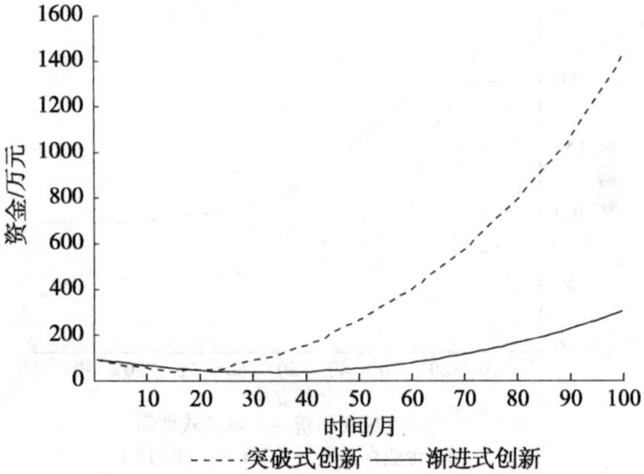

（b）企业平均资金水平（TB=9，TG=6）

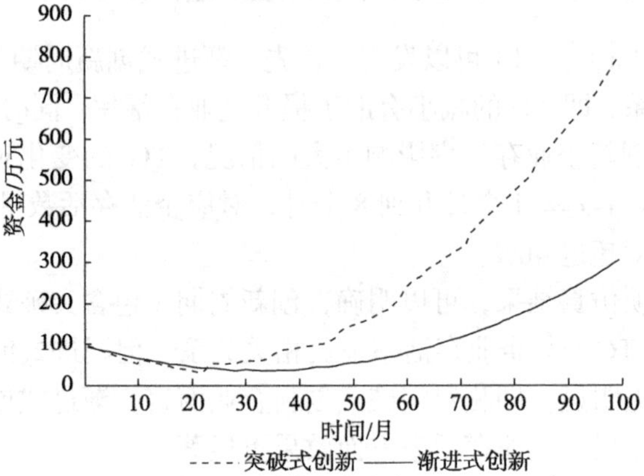

（c）企业平均资金水平（TB=12，TG=6）

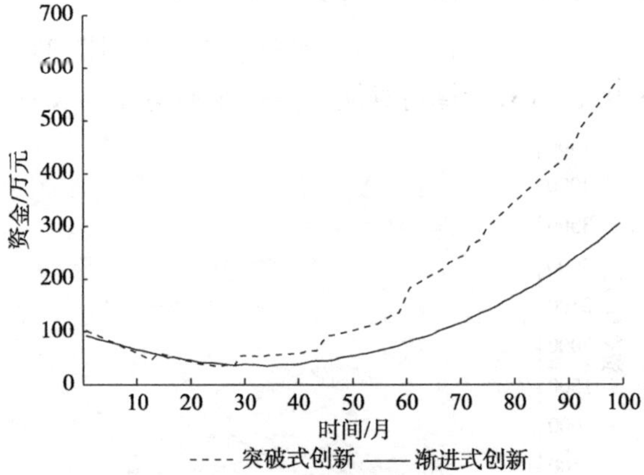

（d）企业平均资金水平（TB=15，TG=6）

图 6.13 创新周期对突破式创新企业平均资金水平的影响

比较图 6.13（a）~（d）可以发现，随着突破式创新周期的不断提高，突破式创新企业平均资金水平不断减小，仿真后期企业平均资金水平从 4 000 多万元降到 500 多万元，说明突破式创新周期与突破式创新企业平均资金水平呈负相关关系。

（2）将其他参数设为初始参数值，即突破式创新周期 TB 取值 12，渐进式创新周期 TG 依次取值 4、5、6、8，计算仿真模型内企业平均资金水平变化，得到图 6.14。

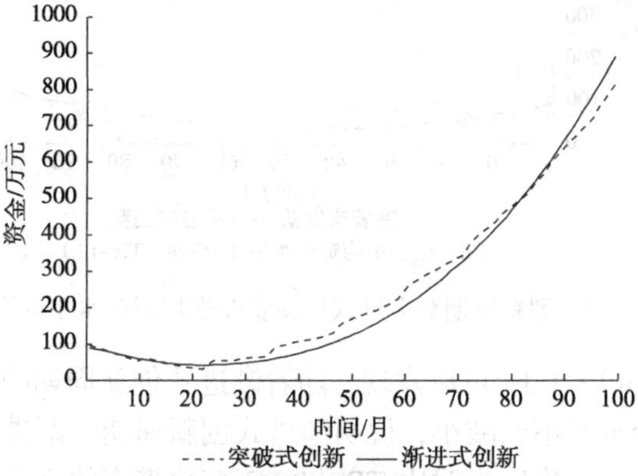

（a）企业平均资金水平（TG=4，TB=12）

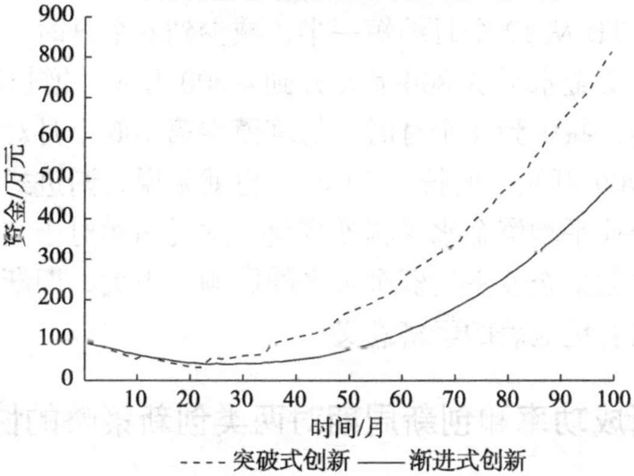

（b）企业平均资金（TG=5，TB=12）

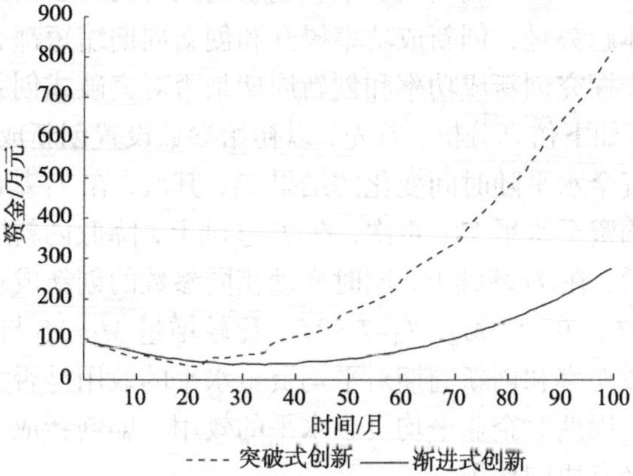

（c）企业平均资金水平（TG=6，TB=12）

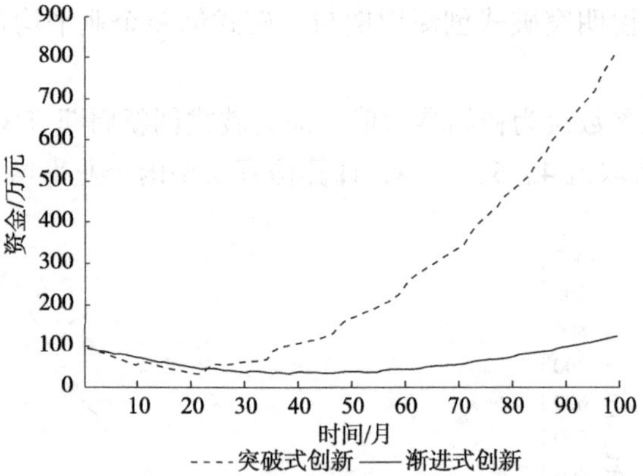

（d）企业平均资金水平（TG=8，TB=12）

图 6.14　创新周期对渐进式创新企业平均资金水平的影响

比较图 6.14（a）~（d）可以发现，随着渐进式创新周期的不断提高，渐进式创新企业平均资金水平不断减小，说明渐进式创新周期与渐进式创新企业平均资金水平呈负相关关系。进一步对比 TB 和 TG 变化带来的企业平均资金水平变化情况，可以看出，TB 从 12 个月缩短一半，减少到 6 个月时，仿真模型第 100 个月对应的企业平均资金水平从 800 万元升到 4 200 万元，增长率 425%；对应 TG 从 8 个月缩短一半，减少到 4 个月时，仿真模型第 100 个月对应的企业资金水平从 110 万元升到 900 万元，增长率 718%。也就是说，渐进式创新周期的变化会导致渐进式创新企业平均资金水平剧烈变化，这说明相对于突破式创新，渐进式创新周期对渐进式创新企业平均资金水平的影响会更大，即渐进式创新企业关注创新周期的长短具有更显著的经济意义。

6.5.4　创新成功率和创新周期对两类创新策略的协同影响

从上述讨论结果可知，创新成功率和创新周期对两类创新策略企业的资金水平均有影响。总体趋势是，创新成功率提升和创新周期缩短都有利于企业资金水平提升。为进一步探究创新成功率和创新周期是否对突破式创新和渐进式创新起到协同作用，进行如下仿真分析：首先，以初始参数设置创新成功率和创新周期，得到的企业平均资金水平随时间变化的结果 T_1；其次，在 T_1 基础上，提高创新成功率得到企业平均资金水平 T_2；再次，在 T_1 基础上，降低创新周期得到企业平均资金水平 T_3；最后，在 T_1 基础上，同时变动相同参数的创新成功率和创新周期得到 T_4。记 $T_2-T_1=M_1$，$T_3-T_1=M_2$，$T_4-T_1=M_3$，比较增量 M_1+M_2 与 M_3 的大小就能得知同时变化创新成功率和创新周期对平均资金水平的效用是否大于分别单独变化创新成功率和创新周期对企业平均资金水平的效用，即创新成功率和创新周期是否对平均资金水平有协同作用。

1. 突破式创新企业平均资金水平增量的变化

令 RB=40，TB=12 得到 T_1；令 RB=60，TB=12 得到 T_2；令 RB=40，TB=6 得到 T_3；令 RB=60，TB=6 得到 T_4，分别求得增量 M_1+M_2、M_3 作图 6.15。

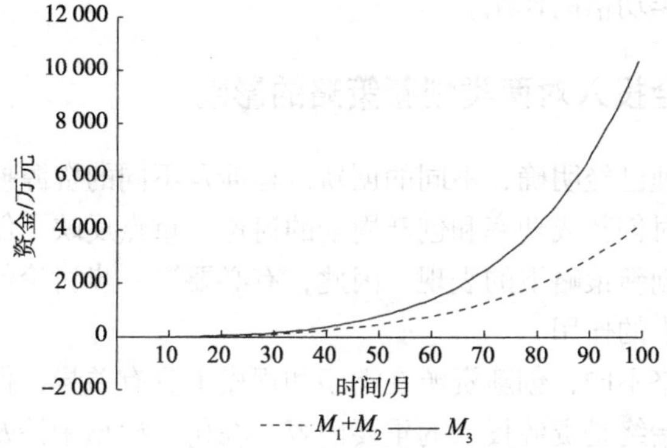

图 6.15 RB-TB 对突破式创新企业平均资金水平增量的协同作用

2. 渐进式创新企业平均资金水平增量的变化

令 RG=80，TG=6 得到 T_1；令 RG=90，TG=6 得到 T_2；令 RG=80，TG=4 得到 T_3；令 RG=90，TG=4 得到 T_4，分别求得增量 M_1+M_2、M_3 作图 6.16。

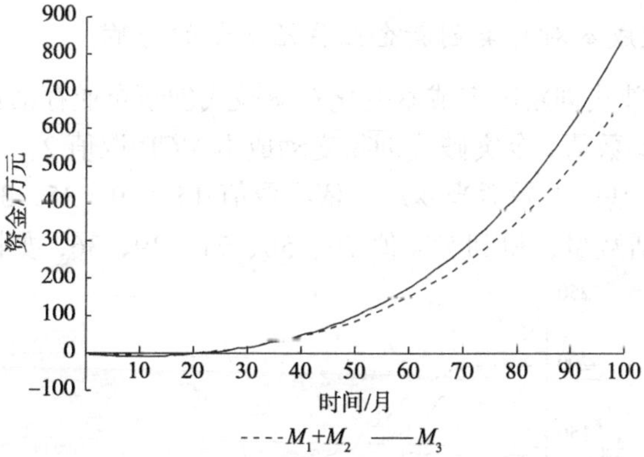

图 6.16 RG-TG 对渐进式创新企业平均资金水平增量的协同作用

由图 6.15 和图 6.16 对比可知，不管对于突破式创新还是渐进式创新，M_3 均大于 M_1 与 M_2 的和，说明同时增大创新成功率和减小创新周期对企业平均资金水平的影响大于单独增大创新成功率和单独减小创新周期对企业平均资金水平的影响之和，即说明创新成功率和创新周期对创新企业平均资金水平的影响存在协同作用，企业在创新过程中应同时关注这两个因素，不应顾此失彼，以达到协同增效的作用。

进一步比较图 6.15 和图 6.16 可知，图 6.15 中 M_3 与 M_1、M_2 之和的差距相较

图 6.16 更明显，即创新成功率和创新周期对突破式创新企业平均资金水平的协同作用会大于渐进式创新企业，且随着时间的变化，这一影响更加显著。因此，突破式创新企业更应利用好该协同作用，这对提升企业资金水平，进而提升企业竞争力水平具有事半功倍的作用。

6.5.5　资金投入对两类创新策略的影响

前述文献梳理已经明确，不同的创新过程涉及不同的资源投入、创新风险和创新时间。上述对创新成功率和创新周期的讨论，重点反映了创新风险和创新周期等因素在不同创新策略下的表现。因此，有必要进一步讨论创新资源投入在企业创新发展过程中的作用。

根据创新策略不同，创新资源在类型和规模上具有差异，但以资金量的大小体现的创新成本始终是资源投入的重要内容。在仿真模型中涉及创新成本描述的主要内容包括创新固定成本、创新变动成本和银行贷款。鉴于仿真模型考虑银行贷款只用于创新成本分担，而分析前面的仿真数据可以发现，企业主要在发展初期受较小的资金水平限制，贷款意义明显，而企业一旦进入稳定发展期，较高的资金水平已使得专用于创新成本分担的银行贷款意义不再明显。因此，下面重点从创新固定成本和创新变动成本的变化讨论不同创新策略的具体表现。

1. 创新固定成本对两类创新企业存活数量的影响

（1）分析突破式创新固定成本变化对突破式创新企业存活数量的影响。将其他参数设为初始参数值，令突破式创新变动成本 VCB 取值 2，突破式创新固定成本 TVB 在初始值基础上做适当变动，依次取值 15、20、25、30，计算对应的突破式创新企业存活数量，得到对应值 70、56、71、39、36，如图 6.17 所示。

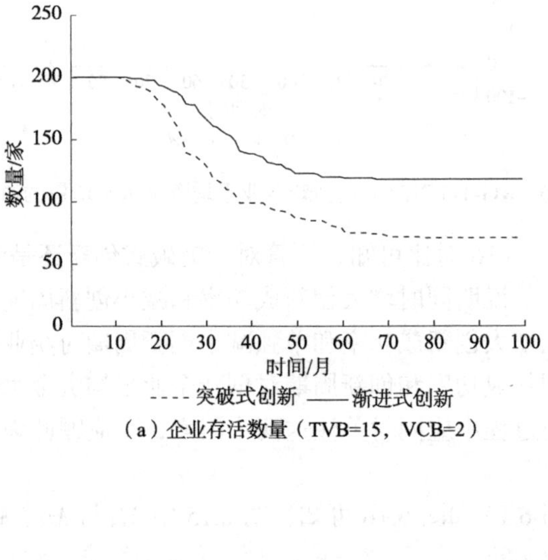

（a）企业存活数量（TVB=15，VCB=2）

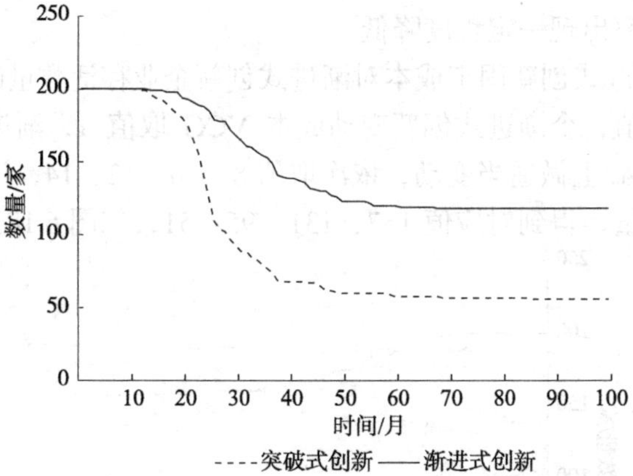

（b）企业存活数量（TVB=20，VCB=2）

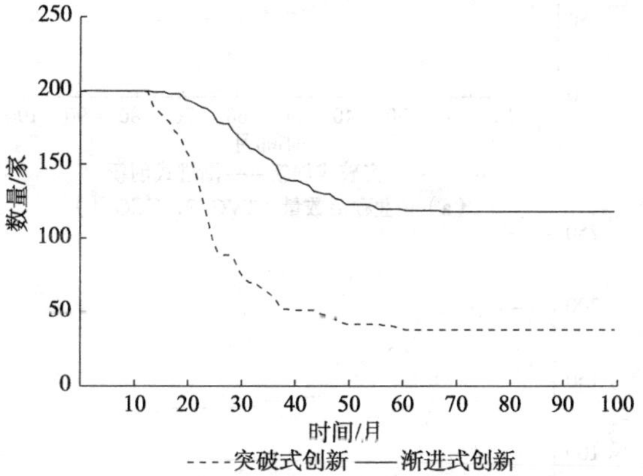

（c）企业存活数量（TVB=25，VCB=2）

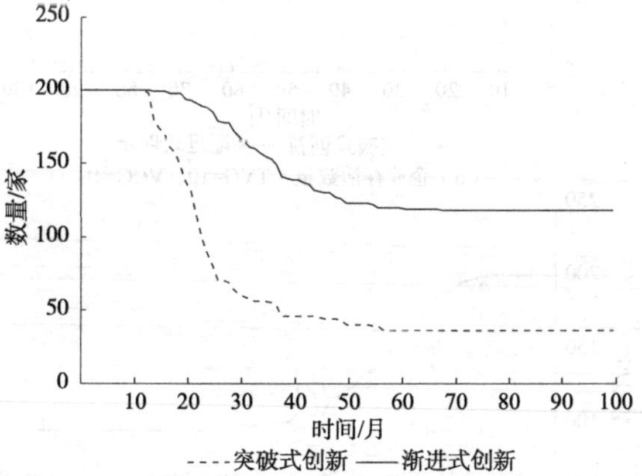

（d）企业存活数量（TVB=30，VCB=2）

图 6.17　突破式创新固定成本对突破式创新企业存活数量的影响

比较图 6.17 中各仿真结果可以发现，突破式创新固定成本的增加将会使突破式创新企业存活率出现一定程度降低。

（2）分析渐进式创新固定成本对渐进式创新企业存活数量的影响。将其他参数设为初始参数值，令渐进式创新变动成本 VCG 取值 1，渐进式创新固定成本 TVG 在初始值基础上做适当变动，依次取值 8、10、12、14，计算对应的渐进式创新企业存活数量，得到对应值 157、131、95、51，如图 6.18 所示。

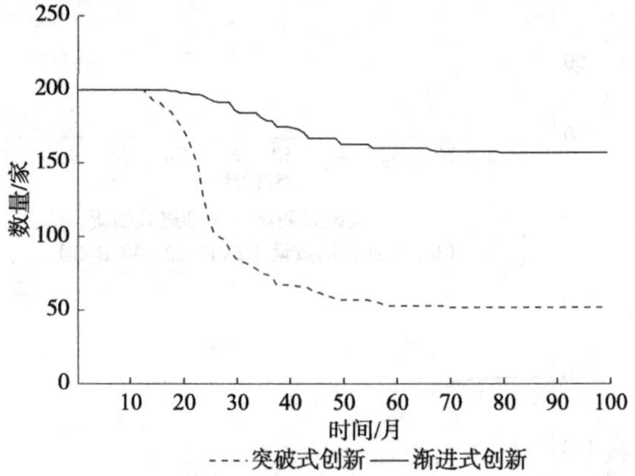

（a）企业存活数量（TVG=8，VCG=1）

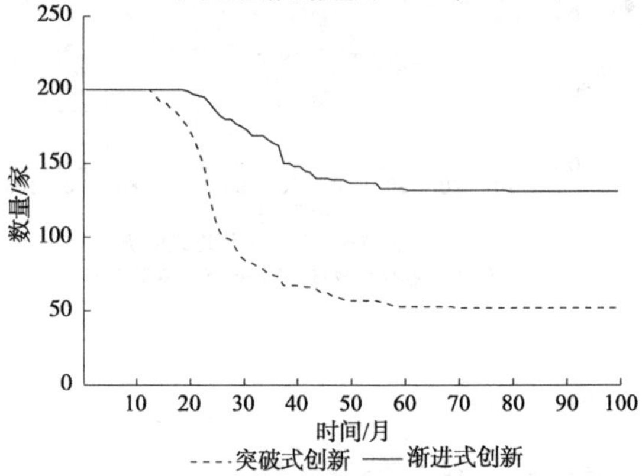

（b）企业存活数量（TVG=10，VCG=1）

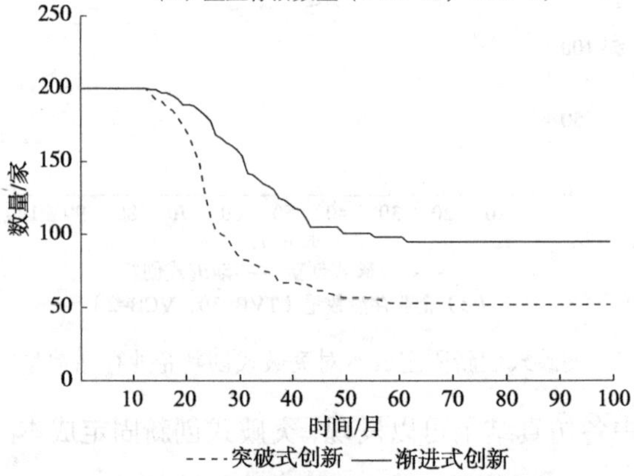

（c）企业存活数量（TVG=12，VCG=1）

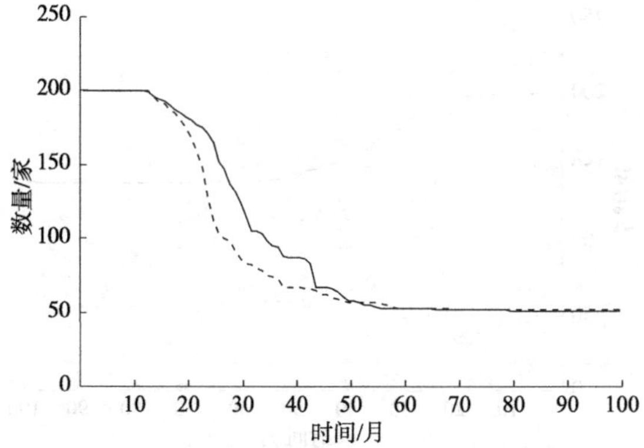

（d）企业存活数量（TVG=14，VCG=1）

图 6.18　渐进式创新固定成本对渐进式创新企业存活数量的影响

图 6.18 的仿真结果很明显地显示，渐进式创新固定成本的增加将会使渐进式创新企业存活率出现明显的降低，且这种情况相对突破式创新企业而言更明显。

2. 创新变动成本对两类创新企业存活数量的影响

（1）分析突破式创新变动成本对突破式创新企业存活数量的影响。将其他参数设为初始参数值，令突破式创新固定成本 TVB 取值 20，突破式创新变动成本 VCB 在初始值基础上做适当变动，依次取值 1、2、3、4，计算对应的突破式创新企业存活数量，得到对应值 83、56、28、12，如图 6.19 所示。

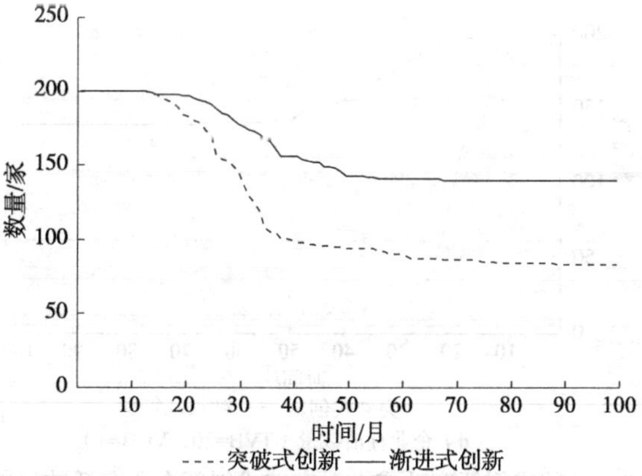

（a）企业存活数量（TVB=20，VCB=1）

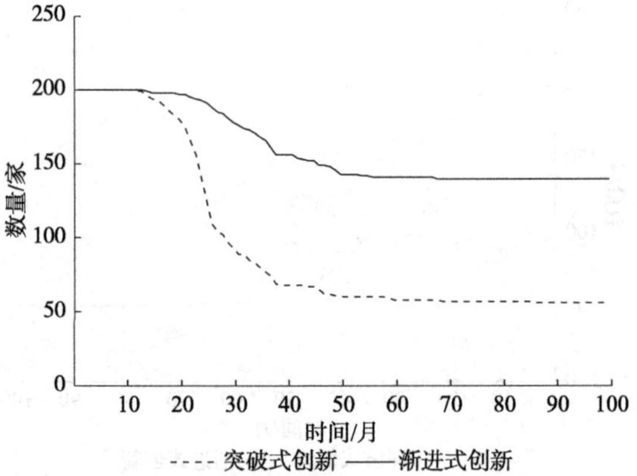

（b）企业存活数量（TVB=20，VCB=2）

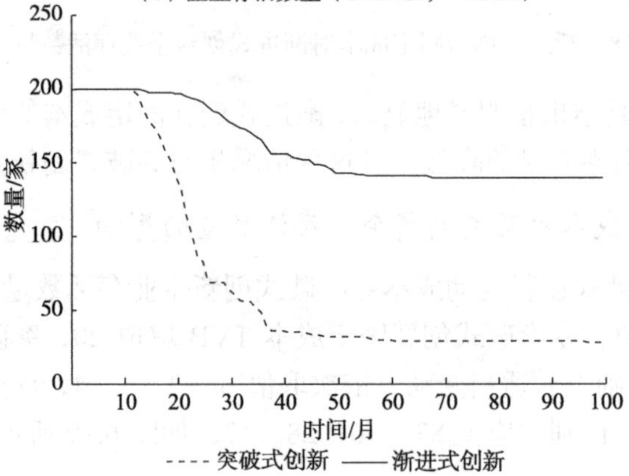

（c）企业存活数量（TVB=20，VCB=3）

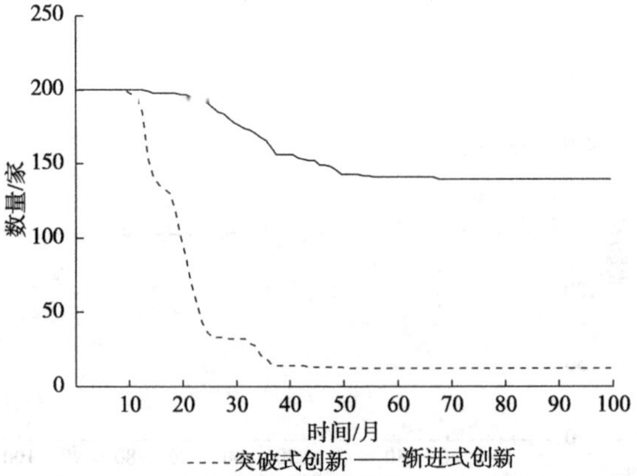

（d）企业存活数量（TVB=20，VCB=4）

图 6.19　突破式创新变动成本对突破式创新企业存活数量的影响

图 6.19 的仿真结果显示，随着突破式创新变动成本的增加，突破式创新企业存活率出现明显的降低。

（2）分析渐进式创新变动成本对渐进式创新企业存活数量的影响。将其他参数设为初始参数值，令渐进式创新固定成本 TVG 取值 10，渐进式创新变动成本 VCG 在初始值基础上做适当变动，依次取值 0.5、1、2、3，计算对应的渐进式创新企业存活数量，得到对应值 164、157、41、5，如图 6.20 所示。

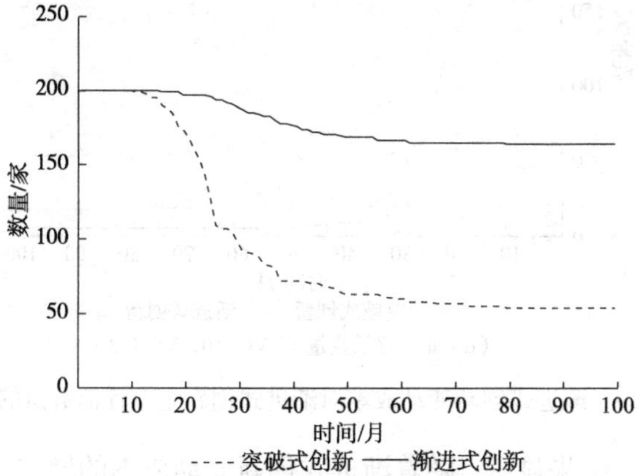

（a）企业存活数量（TVG=10，VCG=0.5）

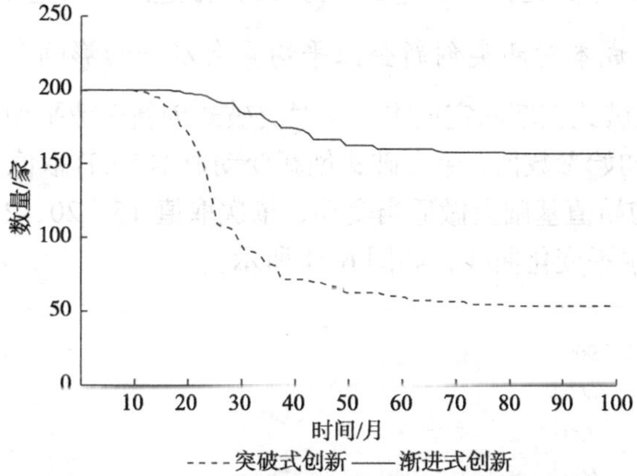

（b）企业存活数量（TVG=10，VCG=1）

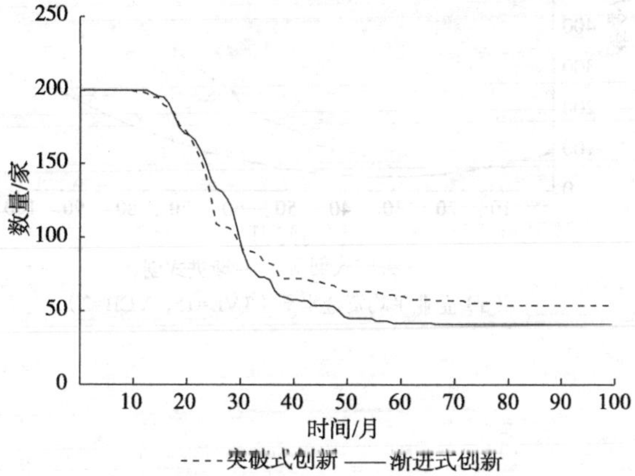

（c）企业存活数量（TVG=10，VCG=2）

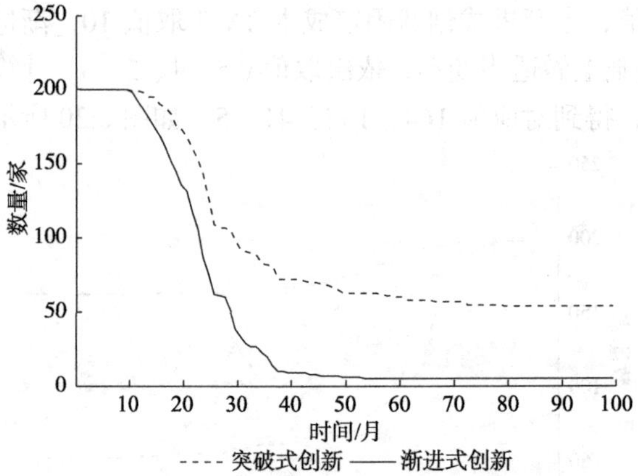

（d）企业存活数量（TVG=10，VCG=3）

图 6.20　渐进式创新变动成本对渐进式创新企业存活数量的影响

图 6.20 的仿真结果显示，随着渐进式创新变动成本的增加，渐进式创新企业存活率出现明显的降低。当 VCG 达到 3 万元时，渐进式创新企业存活数量接近 0。

3. 创新固定成本对两类创新企业平均资金水平的影响

（1）分析突破式创新固定成本变化对突破式创新企业平均资金水平的影响。将其他参数设为初始参数值，令突破式创新变动成本 VCB 取值 2，突破式创新固定成本 TVB 在初始值基础上做适当变动，依次取值 15、20、25、30，得到对应的企业平均资金水平变化曲线，如图 6.21 所示。

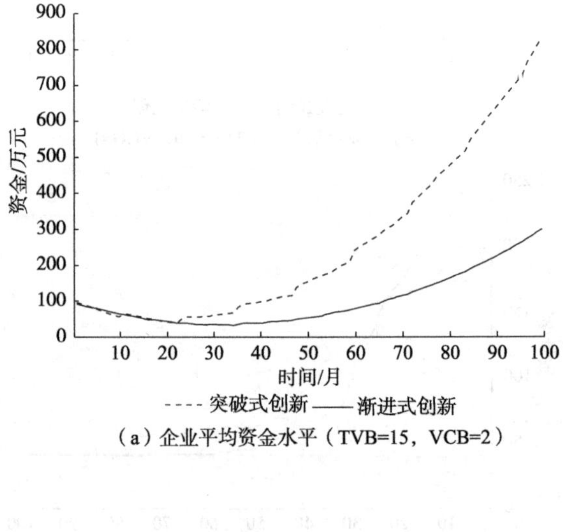

（a）企业平均资金水平（TVB=15，VCB=2）

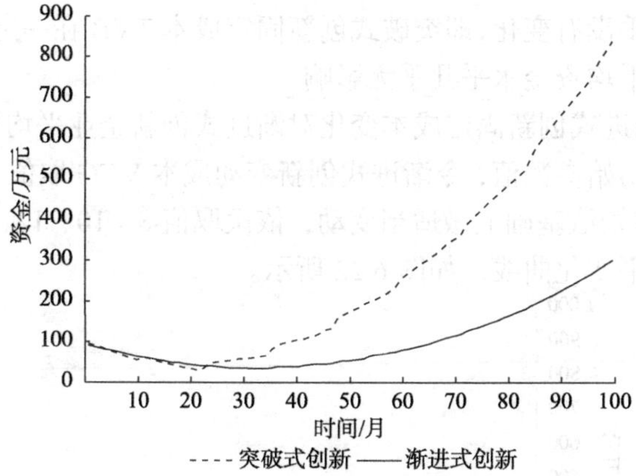

（b）企业平均资金水平（TVB=20，VCB=2）

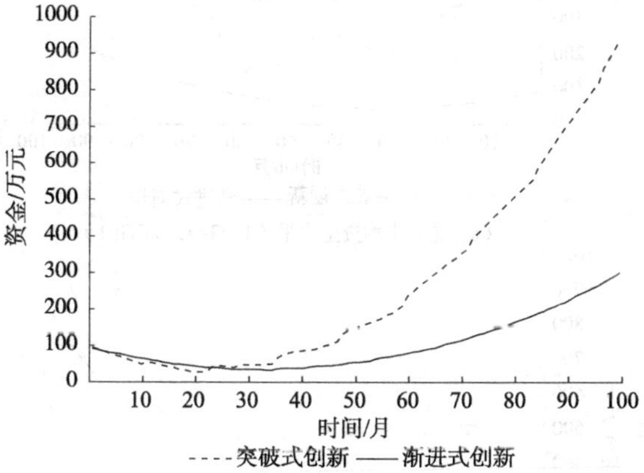

（c）企业平均资金水平（TVB=25，VCB=2）

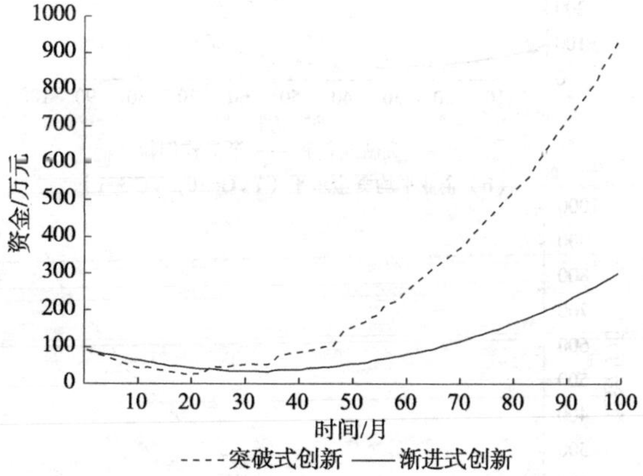

（d）企业平均资金水平（TVB=30，VCB=2）

图 6.21　突破式创新固定成本对突破式创新企业平均资金水平的影响

从图 6.21 的仿真结果看，突破式创新企业平均资金水平在突破式创新固定成本变动过程中几乎没有变化，即突破式创新固定成本 TVB 在一定范围内的变动对突破式创新企业平均资金水平几乎无影响。

（2）分析渐进式创新固定成本变化对渐进式创新企业平均资金水平的影响。将其他参数设为初始参数值，令渐进式创新变动成本 VCG 取值 1，渐进式创新固定成本 TVG 在初始值基础上做适当变动，依次取值 8、10、12、14，得到对应的企业平均资金水平变化曲线，如图 6.22 所示。

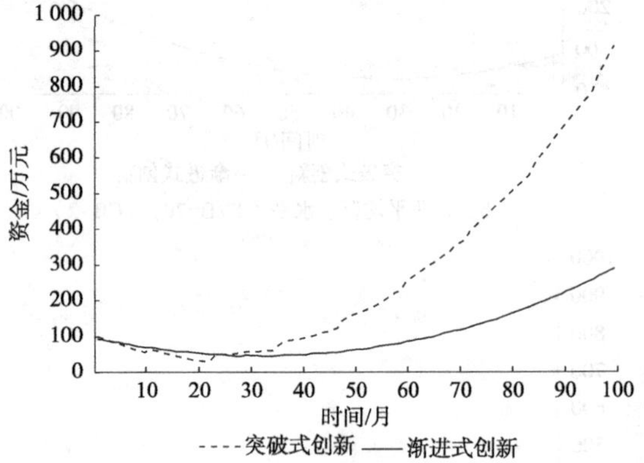

（a）企业平均资金水平（TVG=8，VCG=1）

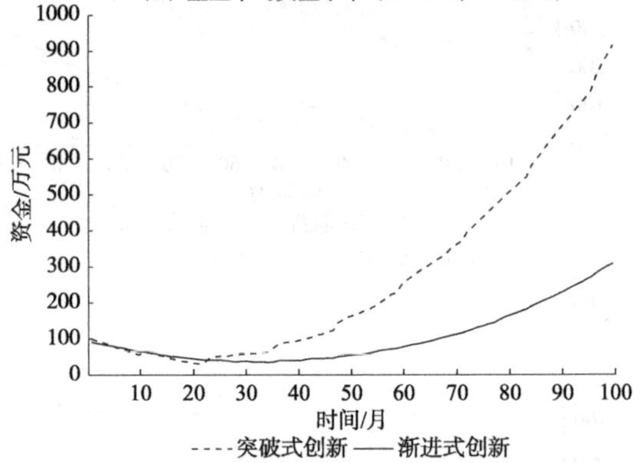

（b）企业平均资金水平（TVG=10，VCG=1）

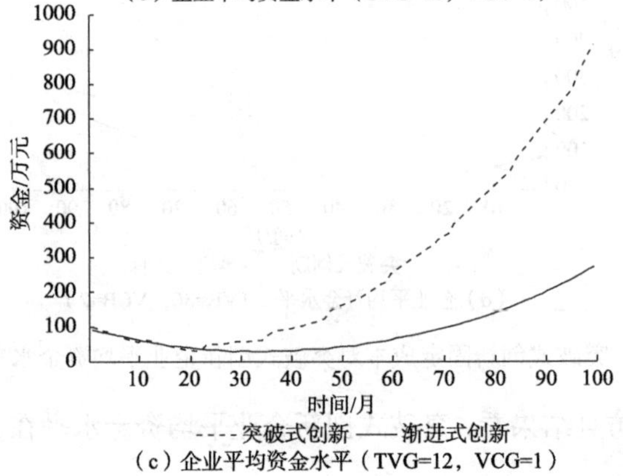

（c）企业平均资金水平（TVG=12，VCG=1）

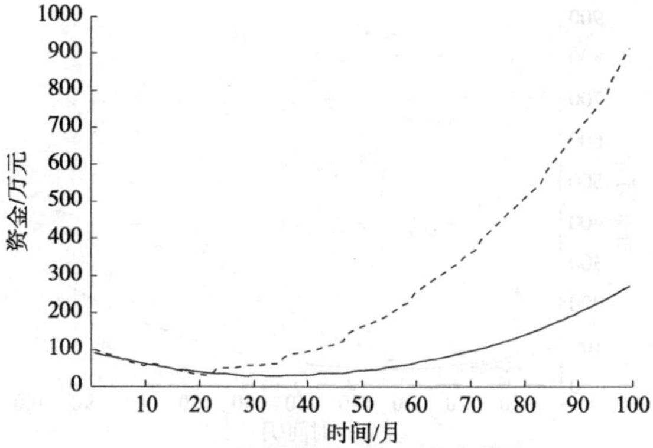

----突破式创新 ——渐进式创新

（d）企业平均资金水平（TVG=14，VCG=1）

图 6.22　渐进式创新固定成本对渐进式创新企业平均资金水平的影响

从图 6.22 的仿真结果看，渐进式创新企业平均资金水平在渐进式创新固定成本变动过程中几乎没有变化，即渐进式创新固定成本 TVB 在一定范围内的变动对渐进式创新企业平均资金水平几乎无影响。

4. 创新变动成本对两类创新企业平均资金水平的影响

（1）分析突破式创新变动成本变化对突破式创新企业平均资金水平的影响。将其他参数设为初始参数值，令突破式创新固定成本取值 20，突破式创新变动成本 VCB 在初始值基础上做适当变动，依次取值 1、2、3、4，得到对应的企业平均资金水平变化曲线，如图 6.23 所示。

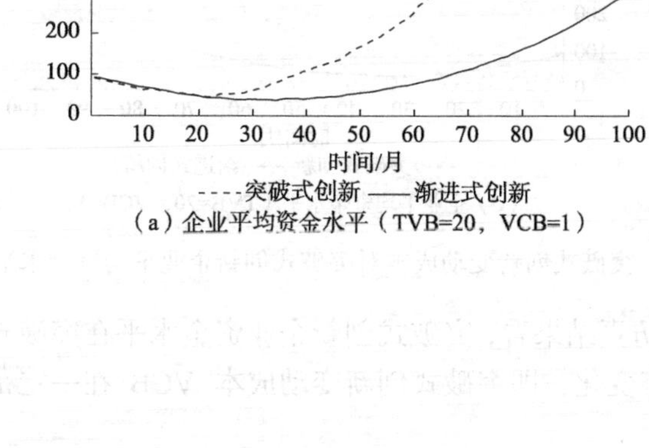

----突破式创新 ——渐进式创新

（a）企业平均资金水平（TVB=20，VCB=1）

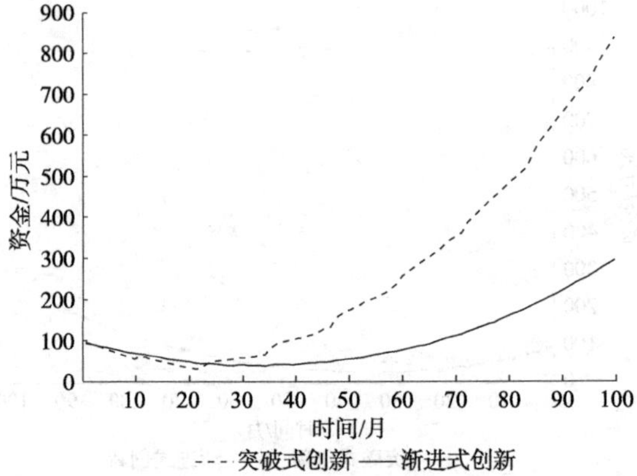

（b）企业平均资金水平（TVB=20，VCB=2）

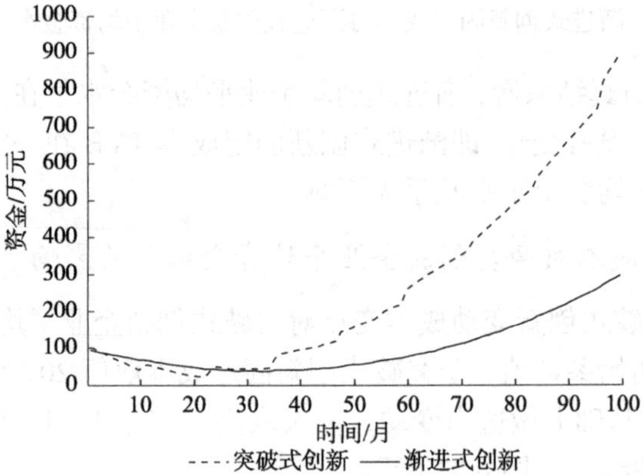

（c）企业平均资金水平（TVB=20，VCB=3）

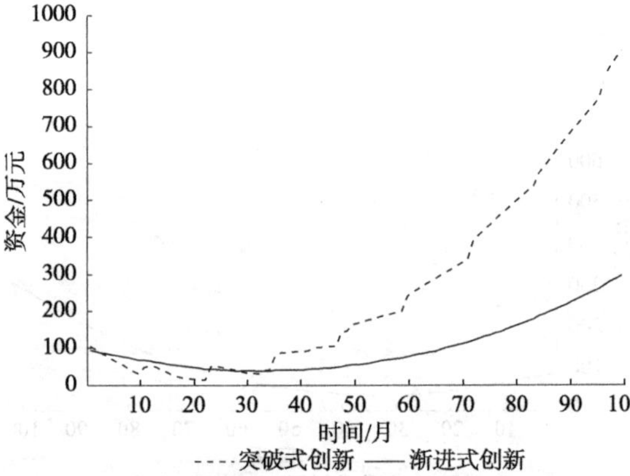

（d）企业平均资金水平（TVB=20，VCB=4）

图 6.23　突破式创新变动成本对突破式创新企业平均资金水平的影响

从图 6.23 的仿真结果看，突破式创新企业资金水平在突破式创新变动成本变动过程中几乎没有变化，即突破式创新变动成本 VCB 在一定范围内的变动对突破式创新企业平均资金水平几乎无影响。

（2）分析渐进式创新变动成本变化对渐进式创新企业平均资金水平的影响。将其他参数设为初始参数值，令渐进式创新固定成本 TVG 取值 1，渐进式创新变动成本 VCG 在初始值基础上做适当变动，依次取值 0.5、1、2、3，得到对应的企业平均资金水平变化曲线，如图 6.24 所示。

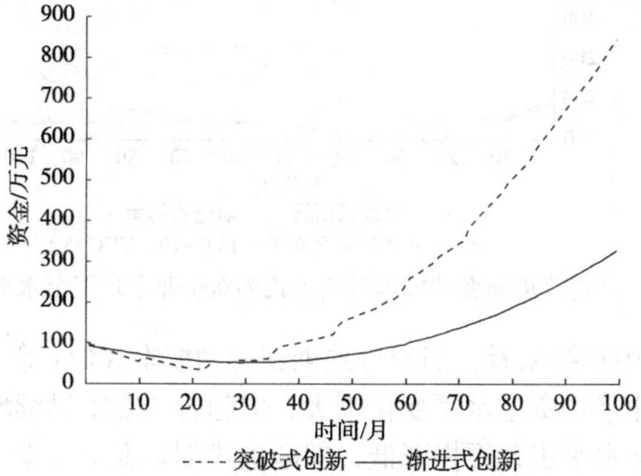

（a）企业平均资金水平（TVG=10，VCG=0.5）

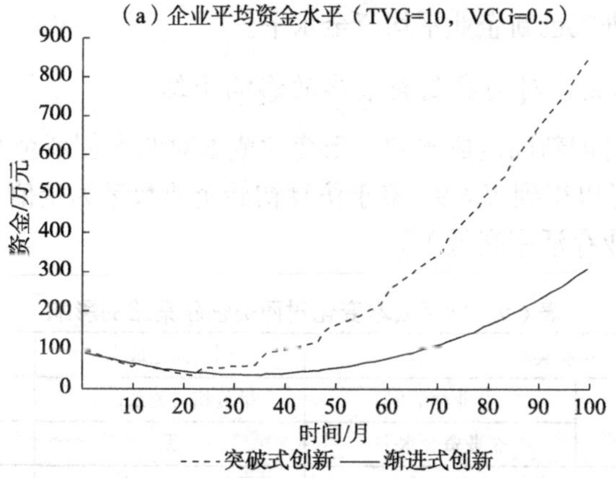

（b）企业平均资金水平（TVG=10，VCG=1）

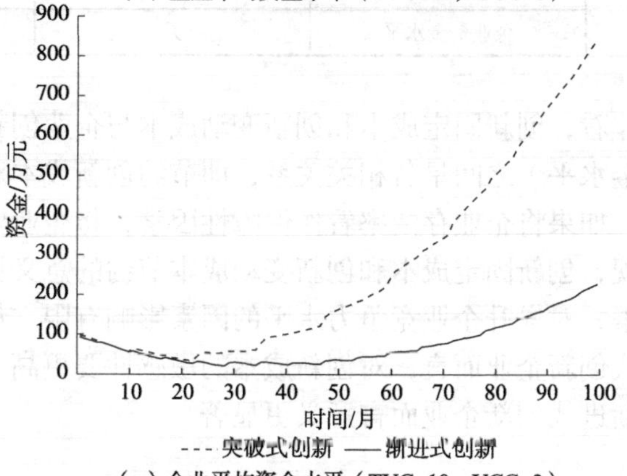

（c）企业平均资金水平（TVG=10，VCG=2）

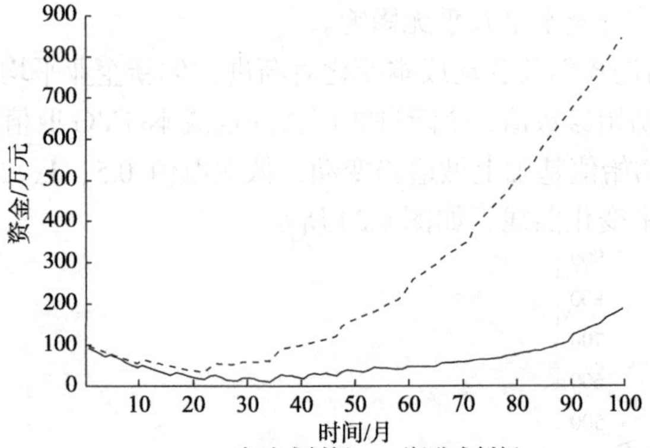

----突破式创新 ——渐进式创新

（d）企业平均资金水平（TVG=10，VCG=3）

图 6.24 渐进式创新变动成本对渐进式创新企业平均资金水平的影响

从图 6.24 的仿真结果看，当渐进式创新变动成本 VCG 等于 0.5 或 1 时，对应渐进式创新企业平均资金水平变化不大，但随着 VCG 继续增大，对应渐进式创新企业平均资金水平出现缓慢降低，即渐进式创新变动成本 VCG 在增大过程中会缓慢降低渐进式创新企业平均资金水平。

5. 创新成本变化对两类创新策略的影响小结

总结前面针对创新固定成本和创新变动成本对两类创新企业存活率和平均资金水平的影响，可以得到表 6.9（鉴于仿真初始企业数量为定值，因此企业存活数量大小反映了企业存活率高低）。

表 6.9 创新成本变化对两类创新策略的影响

创新策略类型		创新固定成本	创新变动成本
突破式创新	企业存活率	呈负相关关系，弱	呈负相关关系，强
	企业资金水平	无	无
渐进式创新	企业存活率	呈负相关关系，强	呈负相关关系，强
	企业资金水平	无	呈负相关关系，弱

首先，从整体看，创新固定成本和创新变动成本与企业创新绩效（综合考虑企业存活率和资金水平）之间呈负相关关系，即节约创新成本对提高创新绩效是有价值的。其次，如果将企业存活率看作保障性因素，将企业资金水平看作竞争性因素，则会发现，创新固定成本和创新变动成本节约的意义更大程度上是提升企业的保障性因素，对提升企业竞争力水平的因素影响有限。最后，渐进式创新企业相对于突破式创新企业而言，对创新成本的敏感性要更高一些，也就是说，节约创新成本对渐进式创新企业而言意义更显著。

6.5.6　仿真结论

作为两种重要的创新策略，突破式创新策略和渐进式创新策略在资源投入、创新风险和创新周期等多方面具有相应的差别。仿真分析紧紧抓住两种创新策略的核心特征，重点从创新成本、创新成功率和创新周期三个方面建立模型，开展对比分析。企业在创新策略指导下的可持续发展效果（即创新绩效）通过企业存活率和企业平均资金水平综合刻画。

仿真主要结果如表 6.9 和表 6.10 所示。

表 6.10　创新成功率和创新周期对两类创新策略的影响

创新策略类型		创新成功率	创新周期
突破式创新	企业存活率	呈正相关关系，较强	呈负相关关系，弱
	企业资金水平	呈正相关关系，强	呈负相关关系，较强
渐进式创新	企业存活率	呈正相关关系，强	呈负相关关系，强
	企业资金水平	呈正相关关系，强	呈负相关关系，强

第一，可明确主要因素与企业创新绩效之间存在关联关系。其中，创新成本与创新绩效呈负相关关系；创新成功率与创新绩效呈正相关关系；创新周期与创新绩效呈负相关关系。

第二，比较而言，创新成本的意义，更大程度上是提升企业的保障性因素，对提升企业竞争力水平的因素影响有限。尤其是渐进式创新企业，对创新成本的敏感性要更高一些。

第三，创新成功率是提升创新绩效最值得关注的因素。它与两类企业的存活率、资金水平都呈正相关关系。在提升企业存活率方面，渐进式创新策略对创新成功率会更敏感一些；在提升企业资金水平方面，两种策略都较敏感，且其中存在一定的数量关系，即当 $RG \geqslant 4RB$ 时，渐进式企业资金水平偏高；当 $4RB \geqslant RG$ 时，突破式创新企业资金水平偏高。

第四，创新周期比较全面地影响企业创新绩效。在提升企业存活率方面，渐进式创新策略对创新周期更敏感；在提升企业资金水平方面，两种策略都较敏感，但渐进式创新策略影响更显著一些。

第五，创新成功率和创新周期对两类创新企业的资金水平有正向的协同影响作用，即有效地提高创新成功率并且降低创新周期，比采用单一策略提高创新成功率或降低创新周期，对企业资金水平的提升影响更显著，且这一协同作用对突破式创新企业更明显。

6.6 本章小结

管理者视角和财经指标体系视角的研究都指出，科技创新是推动企业组织可持续发展的重要因素。企业组织的系统动力学分析进一步揭示，稳定的、一成不变的持续增长结构是不存在的，保持企业组织可持续发展的关键是创新。因此，本章确定将企业组织可持续发展策略的重点落脚到创新。

第一，对创新的概念和内涵做出讨论。从内容上明确了主要的创新种类，即管理创新和技术创新；从模式上区分了主要的创新策略，即渐进式创新和突破式创新，并就创新策略选择的相关文献做了归纳梳理。

第二，明确复杂系统理论和基于多主体建模的思想在企业组织可持续发展策略仿真中的价值。企业就是复杂适应系统，企业创新具有复杂适应性特征，满足复杂适应系统理论通用的四个特性和三个机制。采用基于多主体建模的技术进行仿真技术研究，可以通过主体之间的交互来表征复杂适应系统的非线性因素，突破传统研究中的限制条件，把对经济社会系统的建模分解为对行为主体的建模。

第三，以企业组织可持续发展影响因素的研究结论为基础，明确企业组织可持续发展建模的重点和基本思路——以企业经营管理过程的描述为基本点，以企业资金水平的变动为关注点，以企业创新行为的刻画为中心点，详细阐述企业组织可持续发展仿真模型的建模过程。

第四，结合仿真模型，重点讨论影响企业组织可持续发展的基础因素和直接因素在企业组织可持续发展过程中的作用，对比分析发展战略偏重基础因素（跟随型战略）或直接因素（创新型战略）在企业正常运行和不同危机状态下的表现，并形成具体建议。详细结论参见 6.4.5 小节。

第五，结合仿真模型，重点分析两种不同的创新策略，即渐进式创新策略和突破式创新策略。分析其各自的特点并重点从创新成本、创新成功率和创新周期三个方面对比分析创新策略运行的差异，为企业发展策略选择提供建议。详细结论参见 6.5.6 小节。

第7章 企业组织可持续发展的对策建议

前面各章从多个角度论证了企业组织可持续发展的影响因素既来自企业内部，也来自企业外部。这些因素相互作用，在有益的情况下会促进企业发展，反之则会对企业发展造成阻碍。复杂适应系统理论的基本观点就是“适应性造就复杂性”（adaption builds complexity），这里我们提出提升企业组织可持续发展能力的基本观点——组织的动态适应性造就了企业组织可持续发展能力，即企业组织可持续发展的关键在于促进企业组织与外部环境之间的适应性。“动态适应性”的提法是在肯定外部环境对企业发展重要影响的前提下，强调组织在发展过程中的主观能动性。为此，本章以提升企业组织的动态适应性水平，提高企业组织可持续发展能力为目标，从战略适应性机制、环境感知机制、内外协调协同机制、适应性的企业文化、创新策略建议和政策建议六个方面给出相关对策建议。

7.1 建立动态的企业战略适应性机制

典型的战略选择机制强调将企业所处外部环境的机会、威胁与企业组织内部的优势、劣势相结合，以明确企业战略发展的方向和重点。这在理论上说是合理有效的。但如果考虑企业内外部环境日趋明显的错综关联、动态时变等特性，我们就必须意识到：基于历史规律和现状分析归纳出来的机会、威胁、优势和劣势等判断用来指导企业在未来较长一段时间的发展战略，必然面临答案与问题的匹配度问题，最终影响到战略的有效性。

面向企业组织可持续发展的系统动力学研究指出，不存在一劳永逸的、能够始终保证企业组织持续稳定增长的系统结构，正反馈回路和负反馈回路总是相伴出现。即使在某段时间，在某个局部范围内，促进企业增长的正反馈回路在企业发展过程中起主导作用——弱势的负反馈回路会在正反馈回路日益加强的过程中也得到发展，最终成为影响企业发展持续性的重要力量。

正是在这种背景下，有学者提出“没有设计的战略”（strategy without design）（Holt，2009），其核心是强调企业组织环境的动态性和复杂性。我们提出，为了应对环境的动态复杂性，真正有效的手段是建立企业战略的适应性机制，即强化企业战略的制定和修正是一个动态的适应性过程的理念；强调企业战略应该随着组织环境的变化和企业自身的发展，做动态的重新识别、重新转换。在如何建立动态的企业战略适应性机制方面，更要注意以下问题。

7.1.1 明确企业战略核心

本书的研究明确了企业组织可持续发展的主要因素集中于经营管理、资金水平和科技创新三个方面。企业组织可持续发展战略的核心应始终围绕这三个方面。在企业内部，应努力打造三种核心能力，即经营管理能力、财务金融能力和科技创新能力；在企业外部，应敏锐感知市场环境、融资环境、科技环境和政策环境。

第一，应明确经营管理的基础性地位。企业的本质是它能够通过自身的经营管理行为为市场提供有益的产品或服务。相关研究结论再次强化了经营管理能力对企业稳定发展的基础性作用，同时提醒我们，越是面对复杂的环境，面对变化的市场，企业越应具备战略定力，提升经营效率，提高管理能力，优化业务流程——企业经营管理活动的水平和能力始终是保证企业稳定发展的基石。

第二，应明确资金水平的根本性价值。企业资金流的稳定可持续直接决定了企业发展的稳定可持续，企业资金水平对企业生存发展具有根本性价值。企业战略应将资金水平的监测和控制放在重要位置，通过成本管理、债务控制和投融资手段，充分发挥企业财务金融管理能力，保证资金流的持续、稳定和高效。

第三，应明确科技创新的中心地位。开拓产品和服务市场需要创新，突破组织管理复杂性仍然需要创新。创新是引领发展的第一动力，企业战略应明确创新的中心地位，注重将企业资源、自身条件与市场环境、融资环境、科技环境和政策环境相结合，选择合适、有效的创新策略。

7.1.2 注意企业资源、能力与战略的匹配

不同的企业组织具有不同的资源和能力，但从一个开放的环境视角来看，企业组织的资源和能力的有限性是绝对的。因此，企业战略的适应性必须要在企业资源、能力与战略的匹配性上得到体现。从匹配的内容上看，应该包含方向匹配、速度匹配和环境匹配三个方面。

从方向匹配的角度看，企业发展方向的确定应该充分考虑企业内部资源的实时状态。如果资源能力存在明显弱势，则跟随型战略或渐进式创新策略值得重点

考虑。这种战略一方面将努力方向放在成本节约、管理环境改善、产品功能优化等环节，另一方面则在产品发展方向、品牌打造等核心竞争力要素上紧跟行业标杆，从而保证在资源有限和能力不足的情况下提高资源边际效益，降低发展风险。如果企业已有足够的资源和能力储备，则必须将创新型战略或突破式创新策略提上日程。与预期回报相比，较高的资源消耗和可能的风险都是企业必须承担的代价。

从速度匹配的角度看，企业发展速度并非越快越好，企业必须在短期绩效和长期发展方面取得平衡。前述研究指出，传统行业中的中小企业在资源和能力方面具有显著的弱势，抵御风险的能力较弱，如果过度追求企业绩效的高增长速度，可能带来的是资源与能力支撑不足，为企业的未来埋下失败的伏笔。而企业发展一味求稳也蕴含危机，仿真模型分析指出，在开放的竞争环境之中，企业死亡比较集中的时期是行业发展初期，企业如果不能在初期的竞争中领先，迅速占领市场，积累资源，提升能力，则企业的稳定发展注定是小概率事件。

环境匹配主要强调，在不同的环境背景下，企业发展方向和速度需要进一步做适应性调整。例如，传统行业或者是成熟的产品市场，面对稳定的市场环境预期，企业采取跟随型战略是有一定可取性的。因为这时的创新空间太小、成本太高、风险太大，对于企业个体来说，将企业主要资源投放于成本控制和管理效率提升，以求企业效益稳步提升，这确实具有现实意义。但对于新兴行业，或者是产品更新频繁的阶段，尤其是市场环境预期不确定性很强的情况下，即使是初创企业，只要客户需求、资本市场、政策环境有充足的支撑，创新型战略，甚至是突破式创新策略仍然是企业必须考虑的选项。归纳起来，企业的行业归属、供应链关系，以及企业所属城市的劳动力市场、资金市场、技术市场对企业战略选择的动态影响尤其值得重视。

7.1.3　注意战略的动态性和滞后性

动态开放的市场环境和技术环境，带来的是对传统企业发展模式的巨大冲击，机会稍纵即逝，而优势与劣势的转换却在悄无声息间发生。正如企业组织可持续发展的系统动力学分析揭示的，不存在一劳永逸的保证企业组织持续稳定增长的最优模式，优势和劣势是相对的，变化却是永恒的。企业战略适应性机制必须建立在对企业自身资源和能力的持续动态评估，对市场和技术等外部环境的敏锐感知基础上。

同时，企业战略适应性机制还应该注意战略效果的滞后特性。企业组织可持续发展的系统动力学分析指出，企业系统表现的复杂性很大程度上来源于后果相对于行为的滞后性。滞后使得企业对发展战略和管理行为的评价出现误判的概率增加，使得供应链出现牛鞭效应，最终可能导致决策失误。

应对滞后性，需要企业和供应链在环境感知和决策实施方面强化及时、准确和效率的观念。这不光涉及业务流程和组织结构的调整，也涉及先进技术和支撑平台的建设。更重要的是，我们应该意识到，管理环境中滞后性的存在是绝对的，管理和技术手段只能对减缓滞后性起到一定作用。因此，企业战略适应性机制切忌完全由当前状态信息作为反馈机制的判断标准，引入时间概念的动态分析评价机制是企业战略适应性机制能够展现价值的基本保证。

7.2 建立敏锐的企业环境感知机制

经济全球化背景给企业带来的不仅是一个开放的市场环境，更是一个开放的竞争协作环境。不同企业组织之间，以及企业组织与环境之间，存在着日益紧密而复杂的关联关系。前面的研究结果表明，企业所处的地理位置、行业归属、供应链关系、劳动力市场、资金市场、材料市场、技术市场、税费水平及生态环境等外部环境因素对企业组织可持续发展能力均构成影响。在这样的环境中，企业组织可持续发展问题已经不单单是企业个体的问题，而是与环境紧密相关的。

从系统的层次性观点来看，企业系统处在一个更高层次的供应链系统、行业系统乃至经济系统的环境之中，企业组织的发展问题如果不能跳出组织本身而站到一个更高的层次来研究，则企业组织可持续发展问题必将面临难以预测的困难。因此，环境对企业组织可持续发展的影响必须得到充分重视。

日益开放的市场、高速发展的技术和不明朗的政治环境带来的是愈加不确定的环境。讨论激烈的“跨界竞争”“降维打击”等概念实际上反映的正是环境的复杂性和不确定性。处于不确定性日趋明显的环境，如果没有敏锐的企业环境感知机制，企业组织可持续发展就可能是空中楼阁。而建立企业环境感知机制，关注重点应集中在以下三个方面。

7.2.1 注重客户感知价值

企业赖以生存和发展的基本要素是为客户创造价值，提升客户感知价值是推动企业发展的原始动力。长期以来，企业发展关注的重点都是成本，因为从成本节约到利润提升存在着显著的短延迟正反馈，于是规模化降成本成为很多企业提升利润的共同选择。但长期这样发展的后果就是供需之间出现新的矛盾。

企业组织可持续发展能力评价的结果反映出，企业组织的管理熵值普遍较大，企业管理有序化程度较低。在反映管理有序化的营利能力、发展能力、营运能力和偿债能力等指标中，偿债能力和营运能力是影响管理有序化程度的主要原因，其背后更深层次的原因则是供需失衡。新时代人民群众的需要已经从“物质文化的需要”发展到“美好生活的需要”，从曾经“落后的社会生产”发展到“不平衡不充分的发展”。因此，企业组织可持续发展的困境，核心不是来自市场容量，也不是购买力的不足，而应该是对客户需求的满足度不够，对客户感知价值的提升度不足。作为供给侧结构性改革的主体，企业改革的出发点应该是从注重客户感知价值入手，始终关注客户需求的变化趋势、变化方向，以客户感知价值最大化作为业务流程改进的核心目标，以客户需求的有效引领不断开拓市场的新蓝海。

7.2.2 关注技术发展方向

科学技术发展对生产力的推动作用在今天表现得越来越充分。信息化技术、大数据技术、人工智能技术、生物工程技术等新兴科学技术的兴起不仅仅对企业自身行业带来震动，也带来了跨行业的冲击。尤其是技术之间的融合创新，在带来新材料、新工艺的同时，也带来了新产品，甚至是新行业。企业对本行业及相关行业技术发展方向的把握能力，将直接影响企业的市场感知能力，最终决定企业组织可持续发展的大局。

关注技术发展方向，企业应先关注本行业内部，尤其是行业标杆企业。企业应由专门人员收集标杆企业产品、服务发展的资料和信息，分析其发展方向和态势。对于处在行业跟随位置的企业，或是研发能力较弱的企业来说，跟随型战略是资源投入较少、研发风险较小、开发周期较短的创新型发展战略，在资源有限的情况下它几乎是企业唯一的选择，虽然不能保证企业为此获得长期的竞争优势，但在市场相对稳定的背景下可有效保证企业较高的存活率和长期的稳定发展。

关注技术发展方向更长远的目标还要放在相关行业和技术储备方面。一个原因是技术发展带来的跨界竞争已经日趋频繁，如快递业对速食行业的冲击。另一个原因是很多行业本身就具有技术密集的特点，技术的突飞猛进可将企业原本的优势瞬间消失殆尽。例如，数码相机对柯达胶片的冲击，智能手机对诺基亚手机的冲击都是毁灭性的。因此，真正关注长远发展的企业，必须做好行业前瞻性分析和充分的技术储备，虽然这种工作涉及大量的资源占用、较大的研发风险和较长的研发周期，但由此获取的收益将奠定企业组织可持续发展的重要资源基础，这是其他发展战略无法抗衡的。

关注技术发展方向还应注意一些普适性技术的应用。以通信技术、大数据技术和人工智能技术为代表的信息化技术具有鲜明的普适性，以信息化带动工业化的改造升级正如火如荼地在各个行业开展。“互联网+”模式是近年来在各行业兴起的新模式，其将生产车间通过互联网与消费者直接联系，实现产品定制化、个性化生产，满足不同消费者的需求，不仅能够节约企业的生产运营成本，而且能够提高企业的生产效率，能够提升产品的市场竞争力。

7.2.3 关注政策和政治环境

政策和政治环境对人类社会生活各个方面具有普遍的影响和指引性作用。作为人类社会的重要组成部分，企业组织深深植根于一定的社会、政策和政治环境之中，提高政策和政治环境敏感性是企业环境适应能力的重要体现。

初创企业受自身的资源和能力限制，对环境的依赖度较高，其环境适应性的重要价值可能直接决定企业的生死存亡。首先，初创企业应关注融资政策。实证分析和仿真分析都揭示出，资金水平相对较低是初创企业面临的最紧迫问题。因此，对初创企业而言，生存是比可持续发展更现实、更具体的门槛。企业除了尽快提高自身营利能力之外，更重要的是要合理有效地利用融资政策和政府政策资源，包括各种税收减免政策、启动扶持资金、技术革新项目、孵化平台和行业自助协会等。其次，企业应关注环保生态政策。政府作为公共产品的提供方，日益重视生态环境的重要价值，对企业提供产品和服务过程中的生态环保特性越来越重视。对企业而言，主动适应政策要求可以获得资金、项目方面更积极的支持；忽视或对抗政策则会让企业的发展举步维艰。

中国发展进入新时代以来，国际政治、贸易环境风云变幻，对企业的稳定持续发展带来深刻的影响。企业，尤其是处于全球供应链环境的企业，必须保持国际政治、贸易环境的高度敏感性，在产品原材料、产品市场和产品技术方面提高储备冗余度和前瞻性。

7.3 建立敏捷高效的企业内外协调协同机制

首先，企业组织可持续发展能力评价的结果揭示出，企业组织的管理熵值普遍较大，企业管理有序化程度较低。其次，企业组织可持续发展影响因素的实证分析也指出，随着企业从初创阶段走向稳定，大部分企业发展面临的主要问题将从资金、资源等生产要素性问题转向企业组织决策机制的有效性，以及企业与供应链合作伙伴的协同关系等管理环境问题上。最后，企业组织可持续发展的系统动力学分析指出，对企业发展形成抑制作用的负反馈回路中，管理复杂性增加是导致企业发展出现增长乏力的重要原因。因此，建立敏捷高效的企业内外协调协同机制，对推动企业尽快跨过发展平原期，明确管理环境改善方向，以及促进企业核心竞争力要素创新，具有十分重要的基础性作用。

7.3.1 推动现代企业制度落地

企业组织可持续发展影响因素的实证分析揭示，大中型企业，尤其是国有大中型企业在发展过程中的主要问题比较集中地体现在组织部门之间的协调效率差、体制僵化、决策死板等问题上。很难想象，处在这样一种无序的管理环境中，企业如何实现战略的动态适应、环境的敏锐感知及技术的高效创新和推广。因此，企业内外协调协同机制的建设，应该先从推动实施现代企业制度开始。

现代企业制度是指适应现代社会化大生产和市场经济体制要求的一种企业制度，也是具有中国特色的一种企业制度。党的十四届三中全会把现代企业制度的基本特征概括为“产权清晰、权责明确、政企分开、管理科学”十六个字。推动现代企业制度落地，有利于实现政企职责分开，有利于规范企业经营者的行为，有利于在做事和用人等方面打破体制约束，最终释放企业的生机和活力。

7.3.2 建设敏捷的决策机制和组织结构

郎咸平曾在 ZARA 的竞争优势分析中指出，如果将产品从设计、生产、运输到销售的过程所花费的时间定义为前导时间（leading time），那么对比分析会发现，生产制造行业竞争的核心优势就在于有效地缩短前导时间。

从系统科学角度来看，应对环境的动态时变特性，必须提高企业组织自身在感知和决策方面的敏捷性。企业组织可持续发展的动力学分析揭示，导致系统行为复杂不可预期的重要因素是系统的非线性行为，其中，时间延迟是典型因素。客观条件导致的时间延迟无法彻底消除，企业组织决策效率的提升却对提升企业预测和控制能力具有明显的帮助。在动态特性日益显著的环境中，“敏捷”的价值不仅仅体现在企业的盈利或亏损，甚至决定了企业的生存或毁灭。

企业组织可持续发展的实证分析揭示，初创企业或小型企业很少有决策机制敏捷与否的困惑，因为，“小”即意味着与环境的紧密结合——市场感知直接，决策程序简单。因此，敏捷的决策机制要先打破传统的、集中式的、基于专业分工的职能型组织结构，使得组织的感知和决策功能统一，并且深入市场环境之中。

7.3.3 建设供应链协同平台

在开放的环境中，企业受资源能力的限制，以及追求自身核心竞争优势的目的，必然导致企业与企业之间在供应链上的协同合作成为企业经营管理的重要内容。2017 年，国务院发展研究中心魏际刚研究员指出，供应链将供应商、生产商、分销商、零售商紧密联结在一起，并对其进行协调、优化和管理，使产品、信息的流通渠道最优，21 世纪企业间、产业间、国家间的竞争很大程度上是供应链的竞争。因此，企业组织可持续发展能力受制于供应链的协同水平。

企业组织可持续发展影响因素分析从实证角度揭示了企业内外部管理有序化的重要价值。供应链运作过程的协同高效及成本和风险的有效控制始终是企业管理有序化的重要目标。为此，企业间组织结构与流程的协同问题、企业间信息传递问题、企业间利益协调问题、企业间资源分担问题都需要在供应链优化过程中加以研究协调（高波等，2011）。

供应链协同平台离不开信息通信技术的支撑，二维码、电子标签和互联网平台的应用对提高供应链协同平台运行效率具有直接的支撑作用。而协同电子商务和产业电子商务时代的到来，则可为供应链协同提供更广泛的技术、文化和平台支撑。

7.4 创造适应性的企业文化

生物体绵延传承的关键是优秀的基因，对企业组织而言，提升企业组织可持续发展能力的持续性保证是在前面各类适应性机制建设的过程中营造出适应性的企业文化。适应性的企业文化一方面可以将先进的适应环境规律的有效机制、策略和措施内化为企业各层级的具体行为规则，使沟通协调的效率大幅提升；另一方面还可以赋予企业组织足够的灵活性和鲁棒性，提高组织应对复杂问题的能力，保证组织不囿于眼前的绩效，始终保持广阔的视野（高波和余素霞，2017）。

7.4.1 适应性的企业文化应树立尊重环境的氛围

“不识庐山真面目，只缘身在此山中”，从系统角度认识企业组织，应该首先树立的就是开放性和层次性意识。企业组织可持续发展的问题绝不仅仅是企业自身的问题，还与其所处环境紧密相关。因此，创造适应性企业文化必须树立尊重环境的氛围。

开放的经济环境使得世界扁平化，带来的是日益激烈的市场竞争，日益剧烈的产品更新，最终表现为环境的动态变化。因此，尊重环境就是要尊重客户需求的变化，尊重政治、经济、社会、技术环境提出的新要求，并努力调整业务模式、组织结构以适应这种变化。而要保证业务模式和组织结构的“随需应变”，一方面企业必须坚持长期的资源和能力建设，通过资源池为管理创新和技术创新提供源源不断的支撑；另一方面必须建设强大而灵活的人力资源体系，要让人人树立变革意识、目标意识、协同意识，人人能在工作中得到正确的评价和充分的激励。

7.4.2 适应性的企业文化应坚守企业核心价值

适应性的企业文化不仅应该有对“变”的适应，还应该有对“不变”的坚守。企业组织可持续发展影响因素研究证明了企业经营管理能力和水平在企业发展过程中具有基础性作用。企业在适应性的企业文化建设过程中应建立并坚守企业的核心价值——企业应始终将满足市场需求和提升客户感知价值作为努力的目标，这是推动企业经济活动生机与活力的根本动力。企业应始终将经营管理的效率提升作为工作的重点，这是推动企业在走向成熟的过程中摆脱“大企业病”的重要手段。企业还应该始终坚持对技术领先性、品牌美誉度的追求，这是企业核心竞争力水平的直接体现，是企业应对环境波动和市场风险的重要保证。

7.5　企业创新策略建议

企业提升可持续发展能力的关键在于促进企业组织与外部环境之间的适应性水平，这实际上否定了企业依靠单一稳定的发展战略、管理模式、组织结构、产品与服务获取长期持续的发展优势。因此，企业适应性水平提升的关键，是从管理环境到产品特性的全面创新，创新绩效的本质就是企业组织可持续发展水平。创新涉及企业战略、市场、技术、文化、流程和组织结构等多方面，在前面相应部分已做讨论。这里重点从企业创新主要关联因素出发，给出企业创新策略的选择建议。

7.5.1　客观认识创新策略的主要关联因素

研究指出，不同的创新策略的主要关联因素集中于创新成本、创新成功率、创新周期、企业存活率和企业资金水平。在现实环境中不存在各个方面表现均明显优异的唯一的创新策略，因此应客观认识这些关联因素。总体来看，前三者代表了创新投入和创新风险，后两者代表了创新绩效。一般情况下，渐进式创新在投入和风险上相对较小，企业存活率相对较高；突破式创新则投入大、风险大、存活率低，但胜在创新收益高。如果由此简单下结论——渐进式创新风险更小，更适合企业稳定发展，就有相当大的局限性。仿真分析揭示，企业发展如果一味求稳，不能在竞争中承担风险去获取足够的资源积累，那么环境的波动对企业发展带来的破坏可能是毁灭性的。也就是说，一味地进行风险规避可能蕴含更大的风险。因此，必须客观认识创新策略的主要关联因素，必须动态发展地观察企业和环境，必须注意长期目标与短期效益的结合，必须强化建设企业组织的战略适应性机制和适应性的企业文化。

7.5.2　努力提高创新成功率

企业创新策略的仿真分析揭示，创新成功率是提升创新绩效最值得关注的因素。它与不同创新类型企业的存活率、资金水平都呈正相关关系。对渐进式创新来说，创新成功率的提升会显著提升企业存活率和资金水平；对突破式创新来说，创新成功率的提升虽然对企业存活率提升效果相对不明显，但对资金水平的提升仍然十分显著，而资金水平是企业核心竞争力的重要构成部分。因此，企业应营造创新的文化氛围，构建良好的协调机制和激励机制，保证资源在创新过程中的持续供给，努力消除创新过程中不必要的风险因素，提高创新成功率。尤其对于突破式创新企业来说，在可控成本范围内，选择引进关键人才、购买专利、协同创新等方式提高创新成功率是非常值得考虑的手段。

7.5.3 降低创新成本

鉴于创新成本与创新绩效之间存在的负相关关系，降低创新成本对各类创新策略都有积极意义。但是，我们也应该注意到，研究发现，创新成本的意义更大程度上是提升企业的保障性因素，对提升企业资金水平等反映企业竞争力水平的因素影响相对有限。因此，对渐进式创新企业而言，在资金节约方面的努力是值得重视的；但对突破式创新企业而言，企业的主要关注点还是应该集中于提高创新成功率，为此承担一定程度的成本上涨也是值得的。

7.5.4 缩短创新周期

创新周期的缩短会比较全面地影响企业创新绩效。对渐进式创新企业而言，如果能有效缩短创新周期，则企业在发展存活率和资金水平方面都会获得显著的回报；对突破式创新企业而言，则主要体现在创新回报的提升。因此，在资金流稳定的基础上，购买专利、引进研发人员、开展合作创新都是缩短创新周期的可行方案。但是，我们也应该注意到，缩短创新周期虽然对渐进式创新企业的创新绩效影响更明显，但该类企业的创新周期本身就相对较短，在此基础上进一步缩短创新周期又会带来投入和风险的增加，因此，这时候需要企业综合权衡。

7.5.5 注意利用因素间的协同作用

企业创新主要关联因素之间存在着相互作用，企业应该主动研究和利用这种相互作用，以期在创新实践中获得事半功倍的效果。例如，创新成功率和创新周期对不同创新策略企业的资金水平均有正向的协同影响作用，因此，如果能适当地注意资源的分配，在提高创新成功率的同时，努力缩短创新周期，则在不增加资源投入的情况下，可以期望获得更显著的创新绩效回报。这对企业组织可持续发展的价值和意义是巨大的。

7.6　政府政策建议

本书的研究得到的主要结论之一就是，环境是影响企业组织可持续发展的重要因素。作为政策法规的主要制定者、公共产品的主要提供者、资源配置和宏观调控的主要决策者，政府在经济环境中扮演着非常重要的作用，对企业组织可持续发展具有重要影响。

7.6.1　建立效率与公平并重的市场环境

市场是由利益诉求差异显著的企业个体，竞争合作纷繁交织的企业关系，以及投资人、消费者、政府等不同角色共同组成的复杂环境，该环境正随着时间推移而日益开放且动态变化。从系统的角度来看，这就是一个开放的复杂巨系统，完全靠分解还原或结构化的解决思路是无法应对的。依靠政府或者某些个体的力量，希望能完全控制或左右经济环境的运行规律和发展方向，也是不现实的。因此，政府的重要作用就是要利用好市场机制，同时保证市场环境的效率和公平。

企业组织可持续发展仿真策略研究揭示市场具有其内在规律性，机遇与风险并存。政府首先应尊重市场，充分利用价值规律、价格杠杆、竞争机制等市场化手段，有效实现资源配置和供需协调。饥渴的市场会引来投资和竞争，饱和的市场会带来淘汰和创新，环境中企业个体的优胜劣汰，保证的是整个经济体的健康、生机、活力和发展，不科学地一味干预可能蕴含更大的危机。

同时，认可市场的作用并不是完全否定政府的作用和价值。为了促进经济的健康发展，政府应该为企业提供良好的竞争环境，保证市场的公平、健康、有序。放任的市场可能滋生垄断、腐败，政府可以有效应用法律法规加以处罚和矫正；信息的不对称可能造成竞争的低效和风险累积，政府可以通过信息公开和政策条款加以提示和引导。除此之外，政府还可以主导公共资源投入、基础设施建设、金融系统完善、知识产权保护和生态环境治理，为企业组织可持续发展奠定良好的外部环境。

7.6.2　完善具有针对性和适配性的政策制定机制

研究发现，不同的企业性质、所属行业、发展阶段和规模等因素会在不同程度上影响企业组织可持续发展的绩效。政府政策作为影响环境因素的重要手段，也应该注意与不同类型企业之间的适配和协调，将资源配置和宏观调控的价值真正发挥出来。

（1）国有企业或进入发展成熟期的企业需要更加重视企业组织内外部的协调效率问题，这实际上是企业管理环境问题的反映。政府可以从两个方面开展工作，引导企业提升管理环境水平。

一方面，对国有企业必须加大力度，推动现代企业制度改革。只有“产权清晰、权责明确、政企分开、管理科学”的现代企业制度特征真正体现出来，企业内部权责不分、产权不明、效率低下的问题才能真正得到解决，企业的生机和活力才能真正发挥出来。而这个过程不只涉及企业利益，也涉及政府利益，政府应该站在国家经济社会健康稳定发展的全局高度，主动作为。

另一方面，引导建设供应链高效协同平台，提升产业集群整体竞争实力。社会化大生产最基本的特征就是分工和协作，因此，供应链作为企业生产活动联系最紧密的企业间关系，其协同水平的高低直接影响着企业、产业甚至是国家间的竞争力水平的高低。供应链企业虽然存在一致的目标追求，但毕竟涉及不同的利益诉求，因此，政府应该在其中扮演引导和协调作用。政府可以充分发挥区域人才、资源、技术、资金优势，通过针对性的政策引领，吸引互补性资源进入，创建产业协同平台或产业园区，打造出优势特色产业集群。

（2）初创企业或民营企业对政府资源和资金需求度显著偏高，进一步分析可以发现，这不仅涉及企业自身发展阶段的问题，也涉及公共资源公平性问题。因此，一方面，针对初创企业，在符合产业结构调整和供给侧优化大方向的基础上，应在税收、贷款和成本控制方面给出对应的支持政策；另一方面，支持民营经济发展，政府更应该在税收、融资、采购、行业许可等方面对民营企业加强关注，消除不必要的政策壁垒和不必要的政策保护，促进多种经济成分取长补短、互相激励、共同发展。

（3）行业之间资源需求、发展前景差异明显，政府应通过适配性政策，推动资源合理调配，传统行业与新兴行业协同发展。研究发现，机械电子工业、建筑与房地产等行业面临较大的材料成本压力，信息服务行业则面临更大的人才压力。政府的政策引领就要注意行业区别，如建筑与房地产行业是否属于过剩产能，是否应该转移？机械电子工业的材料压力是否应该通过技术创新来应对？信息服务行业的人才压力是否应该在教育、培训、资金方面加以倾斜？

7.6.3 引导企业建立环境适应性机制

企业个体局限于自身的生产活动和经营目标，往往很难跳出企业或行业的范围认识到经济大环境的变化趋势，从而使企业组织可持续发展面临挑战。相对于企业个体，政府对国家政策、经济环境有着更敏感也更全面的感知能力，政府应该引导企业建立动态的企业战略适应性机制。

首先，政府应主导建立行业和企业两个层次的发展评价和预警机制。第 4 章提出了企业组织可持续发展能力的评价体系，政府相关部门可整合相关研究，开展行业层次和企业层次的发展能力评价和预警。通过将行业相关信息与环境信息做分析处理，可明确行业发展的现状和前景，对过剩产能、落后产业，该淘汰的淘汰，该转移的转移；对新兴行业、朝阳产业，税收、融资和扶持政策可以分阶段有针对性地推出。将企业信息和环境信息放入评价体系，则可使企业在纵向上明确自身在发展中的总体趋势，在横向上认清自己在行业中的相对位置，从而动态调整自己的发展战略，不至于出现重大的战略失误。

其次，通过立项目、树典型等方式，引领企业建立环境感知机制和战略适应机制。前面的内容已经强调了企业建立战略适应性机制的重要意义，政府可采用设立企业改革项目，宣传企业革新先进模范等方式，将这些新观点、新思想传递给企业，让它们主动去思考如何建立企业的战略适应性机制——如何敏锐地获取客户感知价值？如何持续不断地满足客户需求？如何紧跟技术发展方向？如何有效地将政策法规转为企业资源而不是企业阻碍？

战略适应性机制的建立，将有效保证企业正确、清晰、动态地认识自己，主动选择适宜的发展战略，主动匹配产业结构调整和供给侧结构性改革方向，获取可持续发展的重要保证。

7.6.4　引导建立企业协同创新平台，完善创新支撑体系

从前述工作可以看出，创新成功率、创新周期、创新成本等因素对企业创新绩效影响显著，从而对企业组织可持续发展前景影响深远。提高创新成功率、缩短创新周期、降低创新成本，除了企业自身的努力之外，政府也可以发挥重要的作用。

最直接的方式就是出台鼓励创新的优惠政策，如推动创新项目资助、实行税收优惠、打通融资便捷渠道等手段，都可以直接在创新资源方面提供有效帮助。但更全面和更深远的措施应该是考虑建立创新平台和创新联盟。前面研究已经证明，创新尤其是突破式创新涉及大量资源占用，且创新成功率很难大幅度提高。作为企业个体，这些因素都将转化为企业的创新风险和创新成本，导致企业创新失败率居高不下。而建立创新平台或创新联盟，可以实现创新资源叠加和共享，政策扶持和支撑体系都可以针对性地设置，最终的效果是在降低创新成本的同时真正缩短创新周期、提高创新成功率。历史经验和现实研究表明，创新资源的巨大消耗和创新收益对国民经济的巨大推动，已经使得创新不仅仅是企业的事业，更是国家战略。政府在创建创新平台方面具有无可取代的重要地位。一方面，政府可以更全面地掌握经济、技术发展趋势，可以更科学地引领先进生产力发展方

向，也可以更合理地扮演企业之间的协调者和仲裁者角色；另一方面，作为公共产品的提供者和市场秩序的维护者，政府有多种手段在投融资环境、人才培养、知识产权保护等方面发挥基础性作用，有效配置人、财、物等各类资源，优化完善创新支撑体系。

7.7 本章小结

企业组织可持续发展受企业内外部因素的共同作用。因此，企业组织可持续发展的关键在于如何有效促进企业组织与外部环境的适应性水平提升。对企业而言，需要建立动态的战略适应性机制，建立敏锐的企业环境感知机制，建立敏捷高效的企业内外部协调协同机制，创造适应性的企业文化，同时制定有效的创新策略。对政府而言，则可将工作放在建立效率与公平并重的市场环境，完善具有针对性和适配性的政策制定机制等方面。同时，有效引导企业建立环境适应性机制和协同创新平台，完善创新支撑体系。

参 考 文 献

阿瑟 W B. 2018a. 复杂经济学——经济思想的新框架. 贾拥民译. 杭州：浙江人民出版社.

阿瑟 W B. 2018b. 技术的本质. 曹东溟，王健译. 杭州：浙江人民出版社.

白晓明，赵曙明. 2014. 信息网络化背景的企业管理与可持续发展——第八届（2014·南京）企业跨国经营国际研讨会综述. 改革，（6）：130-137.

贝塔朗菲 L V. 1987. 一般系统论：基础、发展和应用. 林康义，魏宏森等译. 北京：清华大学出版社.

蔡昉，王美艳. 2006. “未老先富”对经济增长可持续性的挑战. 宏观经济研究，（6）：6-10，51.

蔡树堂. 2012. 动态能力对企业可持续成长作用机理的实证研究. 经济管理，34（8）：154-162.

曹迪. 2017. “以人为本”是现代企业的可持续发展之道. 人民论坛，（1）：82-83.

曹兴，张云. 2013. 战略性新兴产业自主技术创新能力形成的动力体系. 系统工程，(7)：78-85.

陈春花. 2019. 2019 年，长期主义引领企业. 商学院，（1）：16-17.

陈宏明，胥思. 2012. 生物医药上市公司财务竞争力研究. 统计与决策，（1）：162-163.

陈卫东，顾培亮. 2001. 管理系统中的复杂性特征及其控制探讨. 中国软科学，（12）：108-111，87.

陈文化. 1999. 腾飞之路——技术创新论. 长沙：湖南大学出版社.

陈晓红，王陟昀. 2008. 中小企业外部环境评价方法比较研究. 科学学与科学技术管理，（9）：159-165.

陈耀，汤学俊. 2006. 企业可持续成长能力及其生成机理.管理世界，（12）：111-114，141.

陈禹，钟佳桂. 2006. 系统科学与方法概论. 北京：中国人民大学出版社.

陈悦峰，董原生，邓立群. 2011. 基于 Agent 仿真平台的比较研究.系统仿真学报，23（S1）：110-116.

程聪，曹烈冰，张颖等. 2014. 中小企业渐进式创新影响因素结构分析——资源基础还是能力制胜? 科学学研究，（9）：1415-1422.

崔国辉. 2008. 机械工业企业产品优化组合方法研究. 吉林大学博士学位论文.

德鲁克 P F，等. 1999. 知识管理. 北京：中国人民大学出版社，哈佛商学院出版社.

董媛媛. 2009. 基于系统动力学的企业原始创新能力系统研究. 中国科技论坛，（10）：61-65.
范霍恩 J C. 2000. 财务管理与政策. 11 版. 刘志远译. 沈阳：东北财经大学出版社.
方美琪. 2011. 复杂系统建模与仿真. 北京：中国人民大学出版社.
冯海红，曲婉，孙启新. 2015. 企业家先验知识、治理模式与创新策略选择. 科研管理，（10）：66-76.
冯进路，刘新民，龚毅等. 2004. 不同类型企业家创新方式选择研究. 外国经济与管理，（12）：6-9.
付强，范冬萍. 2014. 复杂性科学哲学与组织理论的创新. 系统科学学报，22（2）：11-15，54.
傅红岩. 1998. 吉布莱特定律与西方企业成长理论评述. 经济学动态，（8）：69-72.
傅家骥. 2000. 国有企业应从“要我创新”变为“我要创新”. 中国高新技术企业，（1）：22-24.
高波，董晓龙. 2015. 制造型企业市场可持续竞争力的仿真分析. 管理现代化，35（3）：82-83，119.
高波，费奇. 2005. 从现实世界到 MAS 世界：基于 MAS 理论的复杂系统建模思想探讨. 科学学研究. 23（2）：179-183.
高波，秦学成. 2015. 管理熵视角的企业可持续发展能力评价研究. 管理现代化，35（6）：91-93.
高波，秦学成. 2017. 中小企业可持续发展能力的评价体系与方法. 统计与决策，（8）：178-181.
高波，石书生，韦诗韵. 2011. 需求和价格时间敏感下供应链应对突发事件. 控制与决策，26（9）：1363-1366，1372.
高波，余素霞. 2017. 多主体建模下四类创新文化特征对创新的影响. 科技进步与对策，34（19）：82-86.
高波，余素霞. 2019. CAS 视角下创新成功率与创新周期对两类创新模式的影响. 科技进步与对策，36（6）：1-10.
龚艳萍，陈艳丽. 2010. 企业创新网络的复杂适应系统特征分析. 研究与发展管理，（1）：68-74.
关健，侯赞，王傅强. 2009. 基于结构方程模型的我国中小企业外部生存环境评价体系研究. 科技进步与对策，26（18）：107-113.
郭朝先，王宏霞. 2015. 中国制造业发展与“中国制造 2025”规划. 经济研究参考，（31）：3-13.
国家工商总局企业注册局、信息中心. 2013-06. 全国内资企业生存时间分析报告.
郭润萍，蔡莉. 2017. 双元知识整合、创业能力与高技术新企业绩效. 科学学研究，35（2）：264-271，281.
哈默 M，钱皮 J. 2007. 企业再造. 王珊珊，等译. 上海：上海译文出版社出版.
韩春伟. 2009. 基于企业可持续发展的业绩评价研究. 山东大学博士学位论文.
韩俊华. 2012. 企业可持续增长模型的构建与分析. 统计与决策，（13）：77-79.
韩顺平，王永贵. 2006. 市场营销能力及其绩效影响研究. 管理科学，（6）：153-154.
何乔，温菁. 2018. 管理创新与技术创新匹配性对企业绩效的影响. 华东经济管理，32（7）：126-132.

贺小刚，李新春. 2005. 企业家能力与企业成长：基于中国经验的实证研究. 经济研究，（10）：101-110.
何元庆，徐忠伟. 2006. 经济学、管理学视角下的企业可持续成长. 生产力研究，（3）：198-200.
侯汉坡，刘春成，孙梦水. 2013. 城市系统理论：基于复杂适应系统的认识. 管理世界，（5）：182-183.
侯剑. 2010. 基于系统动力学的港口经济可持续发展. 系统工程理论与实践，30（1）：56-61.
胡斌，章德宾，张金隆. 2006. 企业生命周期的系统动力学建模与仿真. 中国管理科学，（3）：142-148.
胡大伟. 2007. 基于系统动力学和神经网络模型的区域可持续发展的仿真研究. 南京农业大学博士学位论文.
胡望斌，张玉利. 2011. 新企业创业导向转化为绩效的新企业能力：理论模型与中国实证研究. 南开管理评论，14（1）：83-95.
胡宗良. 2007. 企业创新的本质是价值创造. 经济纵横，（1）：68-70.
黄健柏，白冰，曹裕. 2010. 企业和行业特征对湖南企业生存年限影响的实证研究. 系统工程理论与实践，（5）：812-826.
黄群慧，贺俊. 2015. 中国制造业的核心能力、功能定位与发展战略——兼评《中国制造2025》. 中国工业经济，（6）：5-17.
黄苏萍. 2012. 企业社会责任对企业形象影响的实证研究. 经济与管理研究，（7）：121-128.
霍兰 J H. 2011. 隐秩序：适应性造就复杂性. 周晓牧，韩晖译. 上海：上海科技教育出版社.
蒋尧明，章丽萍. 2012. 中小企业高层管理者特征与企业可持续增长. 经济评论，（5）：69-77.
靳曙畅. 2019. 债务异质性、产权性质与企业可持续发展. 山西财经大学学报，41（6）：67-84.
金吾伦，郭元林. 2004. 复杂性管理与复杂性科学. 复杂系统与复杂性科学，1（2）：25-31.
金觊，袁益政. 2018. 家族企业资产专用性对企业绩效影响研究. 管理评论，30（10）：221-237.
科雷 J L. 2003. 公司战略. 吴晓波译. 北京：中国财政经济出版社.
赖新峰，陈志祥. 2012. 营销策略对生产与库存决策影响的系统动力学仿真研究. 中国管理科学，3（11）：491-498.
李柏洲，苏屹. 2011. 大型企业原始创新模式选择研究. 中国软科学，（12）：120-127.
李丛文. 2015. 金融创新、技术创新与经济增长——新常态分析视角. 现代财经，（2）：13-24.
李惠璠. 2012. 企业形象对顾客态度忠诚与行为忠诚的影响模型. 管理评论，（6）：88-97.
李嘉图 D. 1976. 政治经济学及赋税原理. 郭大力，王亚南译. 北京：商务印书馆.
李建钢，李秉祥. 2014. 创新型企业成长动力机制的系统动力学解释. 科技管理研究，34（19）：137-140.
李健，曹文文，乔嫣，等. 2018. 经营期望落差、风险承担水平与创新可持续性——民营企业与非民营企业的比较研究. 中国软科学，（2）：140-148.
李君. 2018. 互联网时代的工业企业可持续竞争能力实证分析. 计算机集成制造系统，24（5）：

1228-1239.
李懋，秦化清. 2016. 我国大中型城市房地产需求比较及政策启示. 求索，（7）：115-119.
李随成，黄聿舟，王玮. 2015. 探索式与利用式产品创新的治理机制匹配研究. 软科学，（4）：5-8.
李随成，武梦超. 2016. 供应商整合能力对渐进式创新与突破式创新的影响——基于环境动态性的调节作用. 科技进步与对策，（3）：96-102.
李业. 2000. 企业生命周期的修正模型及思考. 南方经济，（2）：47-50.
梁强，李新春，周莉. 2016. 新创企业内部资源与外部关系的战略平衡——中国情境下的经验研究. 管理科学学报，19（4）：71-87.
林春培，张振刚. 2017. 基于吸收能力的组织学习过程对渐进性创新与突破性创新的影响研究. 科研管理，（4）：38-45.
林海芬，苏敬勤. 2010. 管理创新研究方法探析：探索性与解释性案例研究法的结合. 科学学与科学技术管理，（6）：59-65.
林萍. 2012. 企业资源、动态能力对创新作用的实证研究. 科研管理，（10）：72-79.
林如海，彭维湘. 2009. 企业创新理论及其对企业创新能力评价意义的研究. 科学学与科学技术管理，30（11）：118-121.
林莎，雷井生. 2010. DEA 模型在中小上市企业信用风险的实证研究. 科研管理，5（3）：158-164.
刘帮成，姜太平. 2000. 影响企业可持续发展的因素分析. 软科学，（3）：52-54.
刘景江. 2009. 信息技术环境下组织创新的系统行为及其复杂性. 科学学研究，27（4）：598-603.
刘俊婉，赵良伟，冯秀珍. 2015. 面向可持续发展的科技成果转化研究. 科技进步与对策，（7）：12-17.
刘倩. 2011. 基于主成分聚类分析的中小企业成长性研究. 统计与决策，（16）：186-188.
刘天琦，刘京星，刘友金. 2015. 中国经济“新常态”之非常态背景及应对策略. 湖湘论坛，（5）：99-103，112.
刘伟，童洪志，丁卡尼. 2017. BOP 战略背景下影响农机扩散的政府补贴因素分析——基于多 Agent 建模的仿真研究. 管理评论，29（7）：200-212.
刘展，陈宏民. 2009. 我国企业优化技术创新模式策略研究. 管理工程学报，（3）：35-39.
鲁若愚，朱卫杰. 2013. 多主体参与的创新社区绩效仿真研究. 科技进步与对策，30（21）：6-10.
罗明星，罗永峰. 2006. 科学技术创新的分类. 科学学研究，（S1）：17-20.
吕鸿江，刘洪. 2011. 转型经济背景下的组织复杂性动因研究：环境不确定性和战略导向的作用. 管理工程学报，25（1）：1-9.
马小援. 2010. 论企业环境与企业可持续发展. 管理世界，（4）：1-4.
马歇尔 A.1981. 经济学原理（上卷）. 朱志泰译. 北京：商务印书馆.
曼斯菲尔德 E. 1999. 王志伟译. 管理经济学. 3 版. 北京：经济科学出版社.
毛凯军，田敏，许庆瑞. 2004. 基于复杂系统理论的企业集群进化动力研究. 科研管理，（4）：

110-115.
梅德强，龙勇. 2010. 不确定性环境下创业能力与创新类型关系研究. 科学学研究，（9）：1413-1421.
米勒 J H. 2012. 复杂适应系统：社会生活计算模型导论. 陈云滔译. 上海：上海人民出版社.
苗东升. 2016. 系统科学精要. 4 版. 北京：中国人民大学出版社.
纳尔逊 R R，温特 S G. 1997. 经济变迁的演化理论. 胡世凯译. 北京：商务印书馆.
牛文元. 2012. 可持续发展理论的内涵认知——纪念联合国里约环发大会 20 周年. 中国人口资源与环境，（5）：9-14.
潘安成. 2008. 基于知识创新的企业成长内在机理模型研究. 中国管理科学，（4）：170-174.
裴梦丹，张宝建，孙国强等. 2016. 基于系统动力学模型的企业孵化过程研究. 中国科技论坛，（8）：64-70.
平新乔. 2019. 中国经济高速发展与产业转型升级压力. 人民论坛，（13）：18-21.
齐善鸿，李亚楠. 2017. “家文化”对家族企业可持续成长破坏力研究. 管理学报，14（8）：1143-1152.
钱德勒 Jr A D. 1987. 看得见的手：美国企业的管理革命. 重武译. 北京：商务印书馆.
乔德健，张国梁. 2013. 适应性：企业创新的本质. 科技进步与对策，30（9）：19-22.
秦军. 2011. 科技型中小企业自主创新的金融支持体系研究. 科研管理，（1）：79-88.
秦立建，胡波，苏春江. 2019. 对社会保险费征管的公共政策外部性理论审视 基于中小企业发展视角. 税务研究，（1）：17-20.
任佩瑜，王苗，任竞斐. 2013. 从自然系统到管理系统——熵理论发展的阶段和管理熵规律. 管理世界，（12）：182-183.
任佩瑜，张莉，宋勇. 2001. 基于复杂性科学的管理熵、管理耗散结构理论及其在企业组织与决策中的作用. 管理世界，（6）：142-147.
任胜钢，赵天宇. 2018. 创业导向、网络跨度与网络聚合对新创企业成长绩效的影响机制研究. 管理工程学报，32（4）：232-238.
单春霞，仲伟周，张林鑫. 2017. 中小板上市公司技术创新对企业绩效影响的实证研究. 经济问题，（10）：66-73.
商华，陈任飞. 2018. 动态可持续能力与企业可持续绩效的关系研究. 科研管理，39（10）：79-89.
邵艳华，李坚石，田丰等. 2009. 基于 Agent 的企业演化模型仿真研究. 计算机工程与设计，（10）：2489-2492.
盛光华，张志远. 2015. 补贴方式对创新模式选择影响的演化博弈研究. 管理科学学报，（9）：34-45.
圣吉 P M. 2009. 第五项修炼：学习型组织的艺术与实践. 张成林译. 北京：中信出版社.
世界环境与发展委员会. 1987. 我们共同的未来. 王之佳，柯金良译. 长春：吉林人民出版社.
舒燕，邓任泽. 2014. 基于因子聚类分析的中药产业上市公司竞争力实证研究. 世界科学技术，中医药现代化，16（3）：490-495.
斯密 A. 1972. 国民财富的性质和原因的研究. 郭大力，王亚南译. 北京：商务印书馆.
孙晓华. 2008. 产业集聚效应的系统动力学建模与仿真. 科学学与科学技术管理，（4）：71-76.
孙晓雷，何溪. 2015. 新常态下高效生态经济发展方式的实证研究. 数量经济技术经济研究，（7）：39- 55.
汤谷良，游尤. 2005. 可持续增长模型的比较分析与案例验证. 会计研究，（8）：50-55.
汤谷良，朱蕾. 2002 . 自由现金流量与财务运行体系的梳理. 会计研究，（4）：32-37.
陶金国，高觉民，王雪. 2013. 化工园区企业可持续发展能力评价研究——基于南京化工园区企业调查问卷数据. 中国工业经济，（8）：148- 159.
汪军，汤卫东. 2000. 构建我国可持续发展的内在机制. 生态经济，（12）：6-10.
王核成，孟艳芬. 2004. 基于能力的企业竞争力研究. 科研管理，（6）：103-107.
王江. 2014. 企业隐性环境知识管理战略. 自然辩证法研究，30（2）：53-58.
王黎华，韩俊华，干胜道. 2015. 国外可持续增长模型分析、评价与重构. 统计与决策，（5）：78-80.
王丽平，许娜. 2012. 技术创新模式的代际转变：中小企业可持续成长的关键. 科学进步与对策，（2）：80-85.
王其藩. 1994. 系统动力学（修订本）. 北京：清华大学出版社.
王其藩.1999. 复杂大系统综合动态分析与模型体系. 管理科学学报，（2）：17-21，29.
王庆喜，宝贡敏. 2007. 社会网络、资源获取与小企业成长. 管理工程学报，（4）：57-61.
王维，傅毓维，张铁男. 2008. 基于熵的企业创新管理理念与机制. 现代管理科学，（6）：25-26，31.
王晓灵，雷妮，李雪. 2018. 社会责任、企业组织与可持续经营绩效评价体系. 江汉论坛，（10）：33-38.
王晓巍，陈慧. 2011. 基于利益相关者的企业社会责任与企业价值关系研究. 管理科学，24（6）：29-37.
维纳 N. 2009. 控制论（或关于在动物和机器中控制和通信的科学）. 2 版. 郝季仁译. 北京：科学出版社.
魏明，王杏. 2018. 基于信息生态的制造业可持续发展研究——以陕西省为例. 科技管理研究，38（13）：106-112.
温素彬. 2010. 绩效立方体：基于可持续发展的企业绩效评价模式研究. 管理学报，7（3）：354-358.
沃尔德罗普 M. 1997. 复杂：诞生于秩序与混沌边缘的科学. 陈玲译. 北京：生活·读书·新知三联书店.
吴春雷，张新民. 2017. 可持续发展与会计本质. 会计研究，（11）：38-44，96.
吴金希. 2015.“创新”概念内涵的再思考及其启示. 学习与探索，（4）：123-127.

吴瑞祥. 2011. 资本市场对企业技术创新的影响研究. 武汉大学博士学位论文.
吴伟. 2012. 企业技术创新主体协同的系统动力学分析. 科技进步与对策，7（1）：15-21.
武晓龙，李妍锦. 2016. 以可持续发展为目标的企业绿色财务评价体系的构建. 管理世界，（9）：180-181.
吴延兵. 2014. 不同所有制企业技术创新能力考察. 产业经济研究，（2）：53-64.
吴应宇. 2003. 企业可持续竞争能力系统评价指标体系研究. 会计研究，（7）：55-56.
吴志军，赵立昌. 2011. 合作创新还是自主创新?——一个扩展的 AJ 模型及其在中国互联网产业中的应用研究. 经济管理，（12）：141-149.
吴中超，杜金沛. 2011. 企业持续成长动因与机理：自持续竞争力观察. 改革，（7）：122-129.
吴中超. 2011. 企业可持续成长理论十大流派. 企业管理，（5）：92-95.
武亚军，张莹莹. 2015. 迈向“以人为本”的可持续型企业——海底捞模式及其理论启示. 管理案例研究与评论，8（1）：1-19.
希金斯 R C. 2003. 财务管理分析. 6 版. 沈艺峰，等译. 北京：北京大学出版社.
希林 M A. 2015. 技术创新的战略管理. 王毅，谢伟，段勇倩，等译. 北京：清华大学出版社.
席酉民，张晓军. 2012. 挑战与出路：东西方管理智慧整合的方法论探索. 管理学报，9（1）：5-11.
夏洪胜，张世贤. 2014. 企业创新. 北京：经济管理出版社.
肖海林，王方华. 2004. 企业增长、企业发展与企业可持续发展. 中南财经政法大学学报，（4）：46-50，109.
肖金成. 2003. 发挥地级市对区域经济发展的带动作用. 计划与市场探索，（4）：6-9.
熊义杰. 2002. 企业生命周期分析方法研究. 数理统计与管理，（3）：36-39，16.
徐浩，张振刚，余传鹏. 2014. 基于软系统方法论的小微企业成长绩效评价体系研究. 管理现代化，（1）：108-110.
徐建伟，杨合湘，戴俊骋. 2019. 中美制造业发展主要特征及趋势比较研究. 经济纵横，（2）：88-100.
杨汉明，陈国英，颜子. 2019. 投资不足对企业可持续增长影响的实证分析. 统计与决策，35（11）：167-170.
杨文斌. 2006. 基于系统动力学的企业成长研究. 复旦大学博士学位论文.
杨鑫. 2014. 基于战略目标的项目组合选择研究. 科技管理研究，34（7）：213-216.
杨旭东，彭晨宸，姚爱琳. 2018. 管理层能力、内部控制与企业可持续发展. 审计研究，（3）：121-128.
姚禄仕，聂瑞. 2007. 多元化与上市公司可持续发展能力分析——来自中国证券市场的证据. 经济与管理，21（2）：57-61.
叶伟巍，梅亮，李文等. 2014. 协同创新的动态机制与激励政策——基于复杂系统理论视角. 管理世界，（6）：79-91.

易余胤，盛昭瀚，肖条军. 2005. 企业自主创新、模仿创新行为与市场结构的演化研究. 管理工程学报，（1）：14-18.
尹智刚，王延章，倪子建. 2016. 基于 Agent 的技术合作创新仿真模型. 管理评论，（11）：75-84.
于庆东，王庆金，王晓灵. 2006. 企业可持续发展研究. 北京：经济科学出版社.
于永海，吕福新，唐春晖. 2014. 基于 Brusselator 模型的企业网络管理熵研究. 商业经济与管理，（1）：34-41.
袁建国，程晨，后青松. 2015. 环境不确定性与企业技术创新——基于中国上市公司的实证研究. 管理评论，（10）：60-69.
曾伏娥，郑欣，李雪. 2018. IT 能力与企业可持续发展绩效的关系研究. 科研管理，39（4）：92-101.
查颖. 2009. 基于危机沟通视角的浙江中小企业可持续发展策略. 科技进与对策，26（16）：51-54.
张春辉，陈继祥. 2011. 两种创新补贴对创新模式选择影响的比较分析. 科研管理，（8）：9-16.
张海锋，张卓. 2018. 企业可持续发展中的创新力与控制力协调——基于共生理论的视角. 科技管理研究，38（19）：117-122.
张洪石，卢显文. 2005. 突破性创新和渐进性创新辨析. 科技进步与对策，（2）：164-166.
张华夏. 2007. 两种系统思想，两种管理理念——兼评斯达西的复杂应答过程理论. 哲学研究，（11）：90-93.
张美丽，石春生，王育银，等. 2017. 基于系统动力学的成长期企业 OI 与 TI 的匹配发展路径——以高技术制造企业为例. 系统工程，35（5）：145-152.
张铁男，程宝元，张亚娟. 2010. 基于耗散结构的企业管理熵 Brusselator 模型研究. 管理工程学报，24（3）：103-108.
张文红. 2016. 外部关系能否帮助企业从突破式创新中获利？科学学与科学技术管理，37（7）：126-134.
张旭梅. 2012. 供应链环境下的客户知识协同获取决策模型. 计算机集成制造系统，（10）：2273-2279.
张亚峰，刘海波. 2015. 支持中小企业发展的知识产权政策对比与借鉴. 中国软科学，（9）：142-150.
张衍阁. 2013. 中国城市分级. 第一财经周刊，（282）：34-43.
张玉明，段森森. 2009. 基于系统动力学的中小型科技企业成长机制研究. 东北大学学报（社会科学版），11（3）：221-225.
张玉明，段森森. 2012. 中小企业成长能力评价体系研究. 科研管理，33（7）：98-105.
张占斌，周跃辉. 2015. 关于中国经济新常态若干问题的解析与思考. 经济体制改革，（1）：34-38.
张振刚，姚聪，余传鹏. 2018. 管理创新实施对中小企业成长的“双刃剑”作用. 科学学研究，

36（7）：1325-1333.

赵明剑. 2004. 突破性技术创新与技术跨越. 复旦大学博士学位论文.

赵树宽，余海晴，姜红. 2012. 技术标准、技术创新与经济增长关系研究——理论模型与实证分析. 科学学研究，9（30）：1320，1333-1341.

赵锡斌. 2007. 企业环境分析与调适：理论与方法. 北京：中国社会科学出版社.

赵祥. 2017. 从十九大报告看习近平总书记可持续发展思想. 南方经济，（10）：13-15.

郑兵云，李邃. 2011. 竞争战略、创新选择与企业绩效. 科研管理，（4）：59-68.

周佳，祝合良. 2014. 北京零售企业可持续发展评价研究. 中国流通经济，（3）：103-108.

周瑾，景光正，随洪光. 2018. 社会资本如何提升了中国经济增长的质量? 经济科学，（4）：33-46.

周应堂，李中华，韩美贵. 2005. 中小企业可持续发展战略初探. 生产力研究，（10）：234-236.

朱丹，李静柔，高波. 2019. 审计意见能预测公司盈利的持续性吗? 南京审计大学学报，16（6）：19-28.

朱光曦，马占新. 2008. 基于 DEA 的企业可持续发展评价研究. 中国管理科学，（16）：358-361.

朱江，伍聪. 2005. 基于 Agent 的计算机建模平台的比较研究. 系统工程学报，（2）：160-166.

朱仁宏，周琦，伍兆祥. 2018. 创业团队契约治理真能促进新创企业绩效吗——一个有调节的中介模型. 南开管理评论，（5）：30-40.

Adizes I. 1979. Organizational passages：diagnosing and treating life cycle problems of organizations. Organizational Dynamics，（8）：3-25.

Agarwal A，Laemmel G，Nagel K. 2018. Incorporating within link dynamics in an agent-based computationally faster and scalable queue model. Transportmetrica A：Transport Science，14（5）：520-541.

Ali A，Kalwani M U. 2011. Selecting product development projects：pioneering versus incremental innovation strategies. Management Science，39（3）：255-273.

Anderson P，Tushman M L. 1990. Technological discontinuities and dominant designs：a cyclical model of technological change. Administrative Science Quarterly，35（4）：604-633.

Annunziata E，Pucci T，Frey M，et al. 2018. The role of organizational capabilities in attaining corporate sustainability practices and economic performance：evidence from Italian wine industry. Journal of Cleaner Production，171：1300-1311.

Anwar M. 2018. Business model innovation and SMEs performance—Does competitive advantage mediate? International Journal of Innovation Management，22（7）：1-31.

Asheim B，Coenen L. 2005. The role of regional innovation systems in a globalising economy：comparing knowledge bases and institutional frameworks in nordic clusters//Vertova G. The Changing Economic Geography of Globalization. New York：Routledg Press.

Atuahene G K，Ko A. 2001. An empirical investigation of the effect of market orientation and entrepreneurship orientation alignment on product innovation. Organization Science，12（1）：54-74.

Barbie E B. 2005. Natural Resources and Economic Development. New York：Cambridge University Press.

Barney J. 1991. Firm resources and sustained competitive advantage. Journal of Management，17（1）：99-120.

Barringer B R，Jones F F，Neubaum D O. 2005. A quantitative content analysis of the characteristics of rapid-growth firms and their founders. Journal of Business Venturing，20（5）：663-687.

Barton D L. 1992. Core capabilities and core rigidities：a paradox in managing new product development. Strategic Management Journal，13（S1）：111-125.

Bencivenga V R，Smith B D. 1991. Financial intermediation and economic growth. Review of Economic Studies，58（2）：195-209.

Bessant J. 2001. Radical innovation：how mature companies can outsmart upstarts. Technovation，21（10）：706-707.

Birkinshaw J，Hamel G，Mol M J. 2008. Management innovation. Academy of Management Review，33（4）：825 -845.

Buck T，Liu X. 2008. Top executive pay and firm performance in China. Journal of International Business Studies，（39）：833-850.

Burt R S. 2010. Structural Holes：The Social Structure of Competition. Boston：Harvard University Press.

Cai S，Mu W. 2015. A study of correlation between asset liquidity and sustainable growth rate. 2015 5th International Conference on Applied Social Science，81：137-142.

Carayannis E G，Sindakis S，Walter C. 2015. Business model innovation as lever of organizational sustainability. Journal of Technology Transfer，40（1）：85-104.

Carley K M. 2002 Intra-Organizational computation and complexity//Baum A C. Companion to Organizations. Oxford：Blackwell Publishers.

Chalmeta R，Palomero S. 2011. Methodological proposal for business sustainability management by means of the Balanced Scorecard. Journal of The Operational Research Society，62（7）：1344-1356.

Chaoji P，Martinsuo M. 2016. Successful creation of radical manufacturing technology innovations. Proceedings of the 10th World Congress on Engineering Asset Management：121-132.

Chen H，Zeng S，Lin H，et al. 2017. Munificence，dynamism，and complexity：how industry context drives corporate sustainability. Business Strategy and the Environment，26：125-141.

Chesbrough H. 2010. Business model innovation：opportunities and barriers. Long Range Planning，43（2/3）：354-363.

Chiles T H，Tuggle C S，McMullen J S. 2010. Dynamic creation：extending the radical austrian approach to entrepreneurship. Organization Studies，31（1）：7-46.

Christ K L，Burritt R L，Varsei M. 2017. Coopetition as a potential strategy for corporate sustainability. Business Strategy and the Environment，26：1029-1040.

Christensen C M，Raynor M，Mcdonald R. 2015. What is disruptive innovation? Harvard Business Review，93（12）：44-53.

Clausen T H. 2013. Firm heterogeneity within industries：how important is 'industry' to innovation? Technology Analysis & Strategic Management，25（5）：527-542.

Coad A，Rao-Nicholson R. 2008. Innovation and firm growth in high-tech sectors：a quartile regression approach. Research Policy，（37）：633-648.

Coase R H. 1993. The Nature of the Firm：Origins，Evolution，and Development（Reprint Edition）New York：Oxford University Press.

Coles J L，Daniel N D. 2008. Boards：does one size fit all? Journal of Financial Economics，（87）：329-356.

Corporaal G，Ferguson J，Levina N. 2015. Creating windows of opportunity：sustaining radical innovation when moving from R&D to production. Academy of Management Annual Meeting Proceedings，（1）：18716.

Cui Z，Loch C，Grossmann B，et al. 2012. How provider selection and management contribute to successful innovation outsourcing：an empirical study at siemens. Production & Operations Management，21（1）：29-48.

Dangelico R M，Pujari D，Pontrandolfo P. 2017. Green product innovation in manufacturing firms：a sustainability-oriented dynamic capability perspective. Business Strategy and the Environment，26：490-506.

Dess G G，Beard D W. 1984. Dimensions of organizational task environments. Administrative Science Quarterly，29（1）：52-73.

Dewar R D，Dutton J E. 1986. The adoption of radical and incremental innovations：an empirical analysis. Management Science，32（11）：1422-1433.

Djouad T，Benmohammed M. 2018. A multi-agents system to compute human learning indicators activities based on model-driven engineering approach. International Journal of Technology Enhanced Learning，10（1/2）：91-110.

Domegan C，McHugh P. 2016. Systems-thinking social marketing：conceptual extensions and empirical investigations. Journal of Marketing Management，32（11）：1123-1144.

Downs J，Horner D，Lamb R W，et al. 2018. Testing time-geographic density estimation for home range analysis using an agent-based model of animal movement. International Journal of Geographical Information Science，32（7）：1505-1522.

Duncan A R. 2005. Agent-based modeling toolkits netlogo，repast，and swarm. Academy of Management Learning & Education，（11）：525-527.

Ersun A N，Karabulut A T. 2013. Innovation management and marketing in global enterprises. International Journal of Business and Management，8（20）：76-86.

Forés B，Camisón C. 2016. Does incremental and radical innovation performance depend on different types of knowledge accumulation capabilities and organizational size? Journal of Business Research，69（2）：831-848.

Garcia R，Calantone R，Levine R. 2003. The role of knowledge in resource allocation to exploration versus exploitation in technologically oriented organizations. Decision Sciences，34（2）：323-349.

Geoffrey P L. 2006. Resolving the capability-rigidity paradox in new product innovation. Journal of Product Innovation Management，23（3）：289-291.

Gök O，Peker S. 2016. Understanding the links among innovation performance，market performance and financial performance. Review of Managerial Science，11（3）：1-27.

Greiner L. 1997. Evolution and revolution as organizations grow–a company's past has clues for management that are critical to future success. Family Business Review，10（4）：397-409.

Gwarda-gruszczynska E. 2011. Determinants of commercialization strategy choice in high-tech industries. 71st International Atlantic Economic Conference，Athens.

Henderson R M，Clark K B. 1990. Architectural innovation：the reconfiguration of existing product technologies and the failure of established firms. Administrative Science Quarterly，35（1）：9-30.

Herciu M，Serban R. 2018. Measuring firm performance：testing a proposed model. Studies in Business and Economics，13（2）：103-114.

Holland J H. 1998. Emergence：From Chaos to Order. Hoboken：Addison-Wesley.

Holland J H. 2006. Studying complex adaptive systems. Journal of Systems Science & Complexity，19（1）：1-8.

Holt R. 2009. Strategy Without Design. New York：Cambridge University Press.

Inigo E A，Albareda L. 2016. Understanding sustainable innovation as a complex adaptive system：a systemic approach to the firm. Journal of Cleaner Production，126：1-20.

Islam M S，Tseng M L，Karia N. 2019. Assessment of corporate culture in sustainability performance using a hierarchical framework and interdependence relations. Journal of Cleaner Production，217：676-690.

Ismaili S，Fidanova S. 2018. Application of intuitionistic fuzzy sets on agent based modelling. Comptes Rendus De L Academie Bulgare Des Sciences，71（6）：812-819.

Jing D. 2012. The Study on business growth process management entropy model. Physics Procedia，

（24）：2105- 2110.

Khan S Z，Yang Q，Waheed A. 2019. Investment in intangible resources and capabilities spurs sustainable competitive advantage and firm performance. Corporate Social Responsibility and Environmental Management，26：285-295.

Lassen A H，Gersten F，Riis J O. 2006. The nexus of corporate entrepreneurship and radical innovation. Creativity and Innovation Management，15（4）：359-372.

Lee K，Saen R F. 2012. Measuring corporate sustainability management：a data envelopment analysis approach. International Journal of Production Economics，140（1）：219-226.

Lorenc S，Sorokina O. 2015. Sustainable development of mining enterprises as a strategic direction of growth of value for stakeholders. Mining Science，22：67-78.

Luk C L，Yau O H，Sin L Y. 2008. The effects of social capital and organizational innovativeness in different institutional contexts. Journal of International Business Studies，39（4）：589 -612.

March J G. 1991. Exploration and exploitation in organizational learning. Organization Science，2（1）：71-87.

Martínez-senra A I，Quintás M A，Sartal A. 2015. How can firms' basic research turn into product innovation? The role of absorptive capacity and industry appropriability. IEEE Transactions on Engineering Management，62（2）：205-216.

Marzouki B，Driss O B，Ghedira K. 2018. Multi-agent model based on combination of chemical reaction optimisation metaheuristic with Tabu search for flexible job shop scheduling problem. International Journal of Intelligent Engineering Informatics，6（3/4）：242-265.

Mcdermott C M，O'Connor G C. 2002. Managing radical innovation：an overview of emergent strategy issues. Journal of Product Innovation Management，19（6）：424-438.

Meena M S，Singh K M. 2013. Changing behaviour of self help group members：pathway for sustainable rural livelihoods in Eastern India. Indian Journal of Agricultural Sciences，83（8）：847-851

Melton H，Hartline M D. 2015. Customer and employee co-creation of radical service innovations. Journal of Services Marketing，29（2）：112-123.

Michael S G. 2012. Exploring the impact of organizational growth via diversification. Simulation Modeling Practice and Theory，10（5/7）：369-386.

Mihaela H，Alexandru S R. 2018. Measuring firm performance：testing a proposed model. Studies in Business and Economics，13（2）：103-114.

Mitleton-Kelly E. 2011. A complexity theory approach to sustainability：a longitudinal study in two London NHS hospitals. The Learning Organization，18（1）：45-53.

Morgan G P，Carley K M. 2015. Computational organizational theory. International Encyclopedia of the Social & Behavioral Sciences，12（4）：485-492.

Nan N，Zmud R，Yetgin E. 2014. A complex adaptive systems perspective of innovation diffusion：an integrated theory and validated virtual laboratory. Computational and Mathematical Organization Theory，20（1）：52-88.

Narch G J. 2006. Rationality，foolishness，and adaptive intelligence. Strategic Management Journal，27（3）：201-214.

Naveh E，Meilich O，Marcus A. 2006. The effects of administrative innovation implementation on performance：an organizational learning approach. Strategic Organization，4（3）：275-302.

Nidumolu R，Prahalad C K. 2009. Why sustainability is now the key driver of innovation. Harvard Business Review，（9）：39-48.

Pedro S A, Simona P, Daniel P M. 2016. E-business, organizational innovation and firm performance in manufacturing SMEs：an empirical study in spain. Technological and Economic Development of Economy，22（6）：885-904.

Penrose E. 1959. The Theory of the Growth of the Firm. New York：John Wiley.

Ponsiglione C，Quinto I，Zollo G. 2018. Regional innovation systems as complex adaptive systems：the case of lagging european regions. Sustainability，10（8）：1-19.

Popadiuk S，Choo C W. 2006. Innovation and knowledge creation：How are these concepts related? Interntional Journal Information Manage，26：302-312.

Poutanen P，Soliman W，Stahle P. 2016. The complexity of innovation：an assessment and review of the complexity perspective. European Journal of Innovation Management，19（2）：189-213.

Prigogine I，Allen P M. 1982. The Challenge of Complexity，Self-Organization and Dissipative Structures. Austin：University of Texas Press.

Pudane M，Brooks B P，Houston R J. 2018. Agent based model of anger contagion and its correlations with personality and interaction frequency. International Journal of Education and Information Technologies，12：7-12.

Rice M，Kelley D，Peters L，et al. 2001. Radical innovation：triggering initiation of opportunity recognition and evaluation. R&D Management，31（4）：409-420.

Richard L，Christopher M M，Gina C O. 2001. Radical Innovation：How Mature Companies Can Outsmart Upstarts. Boston：Harvard Business School Press.

Ritala P，Sainio L M. 2014. Coopetition for radical innovation：technology，market and business-model perspectives. Technology Analysis & Strategic Management，26（2）：155-169.

Robertson D. 2005. Agent-based modeling toolkits NetLogo，RePast，and Swarm. Academy of Management Learning & Education，4（4）：524-527.

Rosenbusch N，Brinckmann J，Bausch A. 2011. Is innovation always beneficial? A meta-analysis of the relationship between innovation and performance in SMEs. Journal of Business Venturing，26（4）：441-457.

Rothwell R. 1994. Towards the fifth-generation innovation process. International Marketing Review, 11（1）：7-31.

Saunila M, Nasiri M, Ukko J, et al. 2019. Smart technologies and corporate sustainability: the mediation effect of corporate sustainability strategy. Computers in Industry, 108: 178-185.

Schnittfeld N L, Busch T. 2016. Sustainability management within supply chains—a resource dependence view. Business Strategy and the Environment, 25: 337-354.

Schumpeter J A. 1954. Economic Doctrine and Method: An Historical Sketch. New York: Oxford University Press.

Shu C, Page A L, Gao S. 2012. Managerial ties and firm innovation: is knowledge creation a missing link? Journal of Product Innovation Management, 29（1）：25-43.

Slater S F, Mohr J J, Sengupta S R. 2014. Product innovation capability: literature review, synthesis and illustrative research propositions. Journal of Product Innovation Management, 31（3）：552-566.

Solo C S. 1951. Innovation in the capitalist process: a critique of the Schumpeterian theory. The Quarterly Journal of Economics, 65（3）：417-428.

Song M, Benedetto C A. 2008. Supplier's involvement and success of radical new product development in new ventures. Journal of Operations Management, 26（1）：1-22.

Songling Y, Ishtiaq M, Anwar M, et al. 2018. The role of government support in sustainable competitive position and firm performance. Sustainability, 10（10）：1-17.

Sorescu A B, Chandy R K, Prabhu J C. 2003. Sources and financial consequences of radical innovation: insights from pharmaceuticals. Journal of Marketing, 67（4）：82-102.

Stacey R D. 2007. Strategic Management and Organisational Dynamics: The Challenge of Complexity to Ways of Thinking About Organisations. Essex: Financial Times and Prentice Hall.

Stefanikova L, Rypakova M, Moravcikova K. 2015. The impact of competitive intelligence on sustainable growth of the enterprises. Procedia Economics and Finance, 26: 209-214.

Stigler G J. 1995. The division of labor is limited by the extent of the market. The Journal of Political Economy, 5: 185-193.

Strohhecker J, Grobler A. 2012. Implementing sustainable business strategies. Systems Research and Behavioral Science,（29）：547-570.

Subramaniam M, Youndt M A. 2005. The Influence of intellectual capital on the types of innovative capabilities. Academy of Management Journal, 48（3）：450-463.

Teece D J. 2010. Business models, business strategy and innovation. Long Range Planning, 43（2）：72 -94.

Thober J, Schwarz N, Hermans K. 2018. Agent-based modeling of environment-migration linkages: a review. Ecology and Society, 23（2）：41-52.

Tushman M L, Romanelli E. 1985. Organizational evolution of convergence and reorientation// Cummings L L, Barry M S. Research in Organizational Behavior. Greenwich: JAI Press.

Un C A. 2010. An empirical multi-level analysis for achieving balance between incremental and radical innovations. Journal of Engineering & Technology Management, 27 (1): 1-19.

Vlachos D, Georgiadis P, Lakovou E. 2007. A system dynamics model for dynamic capacity planning of remanufacturing in closed-loop supply chains. Computers & Operations Research, 34 (2): 367-394.

Weerts K, Vermeulen W, Witjes S. 2018. On corporate sustainability integration research: analysing corporate leaders'experiences and academic learnings from an organisational culture perspective. Journal of Cleaner Production, 203: 1201-1215.

Wernerfelt B. 1984. A resource-based view of the firm. Strategic Management Journal, 5 (2): 171-180.

Whitley R. 1999. Competing logics and units of analysis in the comparative study of economic organization. International Studies of Management & Organization, 29 (2): 113-126.

Williamson P J, Wu X, Yin E. 2018. Super-fluidity: creating an organization that flexes with the market. Harvard Business Review China, (5): 121-127.

Wind J, Mahajan V. 1997. Issues and opportunities in new product development: an introduction to the special issue. Journal of Marketing Research, 34 (1): 1-12.

Wu M. 2013. Analysis of financial growth management in promoting enterprise sustainable growth. 2013 2nd International Conference on Social Science and Education, 47: 295-299.

Yan H, Ma L, Shi F. 2011. Evaluation of sustainable development ability for logistics enterprises based on unascertained measure. Procedia Engineering, (15): 4757- 4762.

Yun J J, Jung W, Yang J. 2015. Knowledge strategy and business model conditions for sustainable growth of SMEs. Journal of Science and Technology Policy Management, 6 (3): 246-262.

Zenya A, Nystad O. 2018. Assessing corporate sustainability with the enterprise sustainability evaluation tool (E-SET). Sustainability, 10 (12): 4661-4672.

Zhang G, Duan H, Zhou J. 2017. Network stability, connectivity and innovation output. Technological Forecasting and Social Change, 114 (Supplement C): 339-349.

Zhang J. 2013. Research on use of financial intelligence to promote sustainable growth of enterprise value. 2013 2nd International Conference on Social Science and Education, 46: 457-461.

Zhou K Z, Li C B. 2012. How knowledge affects radical innovation: knowledge base, market knowledge acquisition, and internal knowledge sharing. Strategic Management Journal, 33(9): 1090-1102.

Zollo M, Winter S. 2002. Deliberate learning and the evolution of dynamic capabilities. Organization Science, 13: 339-351.

附　录

附录一　企业发展情况预调查问卷

尊敬的先生/女士：

本研究受国家社会科学基金支持，希望了解您所在企业的发展情况。您是否真实回答将影响本研究的结论是否准确。回答仅供学术研究，会严格保密，请放心填写。

感谢您的合作，谢谢！

重庆大学“企业组织可持续发展”课题组

一、企业基本信息

1. 企业所在位置：

___________省（区、市）____________市__________区（县）

北京　上海　天津　重庆

河北　河南　山东　山西　黑龙江　吉林　辽宁　内蒙古

新疆　西藏　甘肃　青海　宁夏　陕西　四川　贵州

云南　湖北　湖南　安徽　江西　江苏　浙江　福建

广东　广西　海南　港澳台地区

2. 企业性质：

□1. 国有　□2. 合作　□3. 合资

□4. 独资　□5. 集体　□6. 私营

□7. 个体户　□8. 其他

3. 企业经营时间：

□1. 2 年内　□2. 2~5 年　□3. 5~10 年

□4. 10~20 年　□5. 20 年及以上

4. 企业所属行业：

□1. 农林牧渔　□2. 采矿
□3. 食品、轻纺工业　□4. 化工金属等资源加工业
□5. 机械电子工业　□6. 建筑与房地产
□7. 批发和零售　□8. 交通运输、仓储物流
□9. 住宿和餐饮　□10. 金融保险
□11. 技术与信息服务　□12. 租赁和商业服务
□13. 社区服务、修理等　□14. 教育
□15. 卫生、社会保障等　□16. 文化、体育和娱乐　□17. 其他

5. 企业上年营业收入：

□1. 小于 50 万元　□2. 50 万~100 万元　□3. 100 万~500 万元
□4. 500 万~1 000 万元　□5. 1 000 万~1 亿元　□6. 1 亿元及以上

6. 企业员工规模：

□1. 20 人及以下　□2. 21~50 人　□3. 51~100 人
□4. 101~500 人　□5. 501 人及以上

二、您认为以下因素对您所在企业的发展影响有多严重?

因素	非常轻微		↔		非常严重
1. 材料成本升高，控制不力	1	2	3	4	5
2. 用工成本上升明显	1	2	3	4	5
3. 资金周转困难，融资困难、成本高	1	2	3	4	5
4. 税费占成本比重大	1	2	3	4	5
5. 企业内部职责不清、流程不顺	1	2	3	4	5
6. 管理体制僵化、决策机制不科学	1	2	3	4	5
7. 企业受制于供应链环境	1	2	3	4	5
8. 企业发展目标不清晰	1	2	3	4	5
9. 队伍不稳定，人员流失比重大	1	2	3	4	5
10. 缺少关键性人才	1	2	3	4	5
11. 缺少有竞争力的品牌	1	2	3	4	5
12. 企业没有自己的核心技术	1	2	3	4	5
13. 产品替代性高，没有市场竞争力	1	2	3	4	5
14. 企业缺少政府政策资源	1	2	3	4	5
15. 领导层组织管理能力弱	1	2	3	4	5
16. 企业市场开拓能力弱	1	2	3	4	5
17. 企业凝聚力差	1	2	3	4	5
18. 市场环境变化快，需求不稳定	1	2	3	4	5
19. 产业趋于饱和，市场空间有限	1	2	3	4	5

三、您认为您所在企业在以下哪些方面具有突出竞争优势？

具体方面	优势不明显	↔			优势突出
1. 材料成本控制得力	1	2	3	4	5
2. 用工成本控制有效	1	2	3	4	5
3. 企业资金充裕	1	2	3	4	5
4. 企业避税措施合理	1	2	3	4	5
5. 企业内部职责清晰、流程通畅	1	2	3	4	5
6. 管理体制与时俱进、决策科学	1	2	3	4	5
7. 企业供应链协作水平高	1	2	3	4	5
8. 企业发展目标清晰	1	2	3	4	5
9. 企业队伍稳定	1	2	3	4	5
10. 企业储备有自己的关键性人才	1	2	3	4	5
11. 企业品牌具有竞争力	1	2	3	4	5
12. 企业拥有自己的核心技术	1	2	3	4	5
13. 产品市场占有率高	1	2	3	4	5
14. 政府政策资源丰富	1	2	3	4	5
15. 领导层组织管理能力强	1	2	3	4	5
16. 企业市场开拓能力强	1	2	3	4	5
17. 企业凝聚力强	1	2	3	4	5
18. 市场环境稳定，客户需求旺盛	1	2	3	4	5
19. 朝阳产业，市场空间巨大	1	2	3	4	5

附录二　企业发展情况调查问卷

尊敬的先生/女士：

本研究受国家社会科学基金支持，希望了解您所在企业发展情况。您是否真实回答将影响本研究的结论是否准确。回答仅供学术研究，会严格保密，请放心填写。

感谢您的合作，谢谢！

重庆大学“企业组织可持续发展”课题组

1. 为保证问卷有效性，请一定输入推荐您填写问卷的联系人姓名：[填空题]*（很重要，请一定填写）

____

2. 企业所在位置[单选题]*

□安徽 □北京 □重庆 □福建 □甘肃 □广东 □广西 □贵州
□海南 □河北 □黑龙江 □河南 □香港 □湖北 □湖南 □江苏
□江西 □吉林 □辽宁 □澳门 □内蒙古 □宁夏 □青海 □山东
□上海 □山西 □陕西 □四川 □台湾 □天津 □新疆 □西藏
□云南 □浙江 □海外

3. 企业性质：[单选题]*

□国有 □合作 □合资
□独资 □集体 □私营
□个体户 □其他

4. 企业经营时间：[单选题]*

□2 年内 □2~5 年 □5~10 年
□10~20 年 □20 年及以上

5. 企业主营业务所属行业：[单选题]*

□农林牧渔 □采矿 □食品、轻纺工业
□化工金属等资源加工业 □机械电子工业 □建筑与房地产
□批发和零售 □交通运输、仓储物流 □住宿和餐饮
□金融保险 □技术与信息服务 □租赁和商业服务
□社区服务、修理等 □教育 □卫生、社会保障等
□文化、体育和娱乐 □其他

6. 企业上年营业收入：[单选题]*

□小于 50 万元 □50 万~100 万元 □100 万~500 万元
□500 万~1 000 万元 □1 000 万~1 亿元 □1 亿元及以上

7. 企业员工规模：[单选题]*

□20 人及以下 □21~50 人 □51~100 人
□101~500 人 □501 人及以上

请选择您对国家和您所在企业发展的基本观点：[矩阵量表题]*

基本观点	完全不同意	基本不同意	一般	基本同意	完全同意
8. 未来 3~5 年中国经济前景辉煌	☐	☐	☐	☐	☐
9. 当前经济转型对我所在企业带来很大困难	☐	☐	☐	☐	☐
10. “互联网+”的兴起非常有利于我所在企业的发展	☐	☐	☐	☐	☐
11. 我所在企业过去一年总体运行情况很好	☐	☐	☐	☐	☐
12. 我所在企业未来一年总体运行情况前景辉煌	☐	☐	☐	☐	☐
13. 我所在企业未来 2~3 年总体运行情况前景辉煌	☐	☐	☐	☐	☐
14. 对我所在企业来说，当前的效益比将来的发展更重要	☐	☐	☐	☐	☐
15. 企业已经或有意扩大经营范围	☐	☐	☐	☐	☐

您认为以下因素对您所在企业的发展影响有多严重？[矩阵量表题]*

因素	非常轻微	有一点	一般	比较严重	非常严重
16. 产业饱和，行业环境恶化	☐	☐	☐	☐	☐
17. 材料成本日益走高	☐	☐	☐	☐	☐
18. 劳动力成本日益走高	☐	☐	☐	☐	☐
19. 资金短缺、融资困难	☐	☐	☐	☐	☐
20. 税费太高	☐	☐	☐	☐	☐
21. 人员流失严重	☐	☐	☐	☐	☐
22. 缺少关键性人才	☐	☐	☐	☐	☐
23. 缺少有竞争力的品牌	☐	☐	☐	☐	☐
24. 缺少核心技术	☐	☐	☐	☐	☐
25. 产品市场竞争力弱	☐	☐	☐	☐	☐
26. 客户需求、市场环境变化太快	☐	☐	☐	☐	☐
27. 企业不同部门之间存在推诿扯皮的现象	☐	☐	☐	☐	☐
28. 体制僵化，决策死板、不科学	☐	☐	☐	☐	☐
29. 企业发展受制于上下游合作企业	☐	☐	☐	☐	☐
30. 缺少政府政策资源	☐	☐	☐	☐	☐

31. 其他您认为对您所在企业发展影响较大的因素有：[填空题]（没有可不填）

____

32. 如方便，请留下您所在企业的名称：[填空题]

____

问卷结束，非常感谢！

附录三　2010~2017 年代表性城市环境熵值

城市	2010 年	2011 年	2012 年	2013 年	2014 年	2015 年	2016 年	2017 年
上海市	−12.524	−12.164	−11.760	−10.946	−10.679	−10.930	−11.151	−10.187
北京市	−11.097	−10.812	−10.624	−10.112	−9.555	−9.875	−10.667	−10.181
天津市	−8.009	−8.394	−8.113	−7.916	−7.689	−8.019	−8.154	−8.603
深圳市	−7.499	−7.224	−6.725	−6.635	−7.160	−6.512	−7.659	−6.395
广州市	−7.547	−7.221	−6.532	−6.573	−6.548	−6.499	−6.694	−6.504
苏州市	−7.533	−7.346	−7.040	−6.736	−6.351	−6.112	−5.658	−5.565
重庆市	−5.613	−6.358	−7.035	−6.491	−6.069	−6.335	−6.258	−6.007
杭州市	−6.906	−6.738	−6.457	−6.067	−5.731	−6.014	−6.193	−5.977
成都市	−5.554	−6.232	−6.393	−6.443	−6.460	−6.265	−5.927	−5.372
大连市	−5.822	−6.872	−6.536	−6.251	−5.998	−6.023	−3.729	−3.595
南京市	−5.443	−5.300	−5.336	−5.335	−5.029	−4.932	−5.085	−5.235
武汉市	−5.078	−5.105	−4.985	−4.930	−4.872	−5.257	−5.462	−5.645
宁波市	−4.862	−4.761	−4.760	−4.504	−4.388	−4.508	−4.486	−4.328
青岛市	−4.055	−4.297	−4.472	−4.410	−4.415	−4.488	−4.537	−4.363
沈阳市	−5.464	−5.209	−5.074	−4.831	−4.501	−3.710	−3.338	−3.175
长沙市	−4.158	−4.075	−4.083	−3.956	−3.897	−4.063	−4.202	−4.105
西安市	−3.595	−3.808	−3.830	−3.854	−3.879	−4.170	−4.381	−4.367
郑州市	−3.774	−3.773	−3.957	−3.846	−3.775	−3.935	−4.041	−4.023
合肥市	−3.171	−3.455	−3.472	−3.322	−3.347	−3.452	−3.684	−4.334
济南市	−3.718	−3.576	−3.566	−3.389	−3.232	−3.219	−3.267	−3.396
长春市	−2.839	−2.759	−2.770	−3.565	−3.592	−3.763	−3.797	−3.923
昆明市	−3.312	−3.263	−3.414	−3.291	−3.238	−3.384	−3.407	−2.886
福州市	−3.194	−3.197	−3.212	−3.108	−3.084	−3.188	−3.139	−3.077
厦门市	−3.394	−3.199	−3.109	−2.921	−3.121	−2.988	−3.066	−3.207
哈尔滨市	−2.865	−2.828	−2.884	−3.172	−3.129	−3.252	−3.252	−3.132
南昌市	−3.100	−3.190	−3.153	−3.107	−2.985	−3.190	−3.036	−3.102
太原市	−2.912	−2.801	−3.054	−3.060	−3.013	−3.089	−2.925	−2.832
石家庄市	−2.761	−2.441	−2.521	−2.624	−2.582	−2.553	−2.512	−2.379
贵阳市	−1.902	−1.851	−2.022	−2.093	−2.273	−2.574	−2.705	−2.856
南宁市	−2.346	−2.378	−2.458	−2.335	−2.421	−2.372	−2.368	−2.322

附录四 外部环境评价指标权重值

外部指标	2010年	2011年	2012年	2013年	2014年	2015年	2016年	2017年
E_1	0.032	0.041	0.032	0.031	0.056	0.042	0.062	0.048
E_2	0.073	0.053	0.061	0.059	0.086	0.060	0.057	0.055
E_3	0.008	0.004	0.008	0.005	0.004	0.008	0.007	0.005
E_4	0.008	0.009	0.022	0.027	0.024	0.025	0.007	0.005
E_5	0.014	0.012	0.014	0.014	0.012	0.014	0.009	0.010
E_6	0.025	0.017	0.021	0.019	0.019	0.022	0.016	0.030
E_7	0.051	0.053	0.051	0.049	0.048	0.053	0.050	0.047
E_8	0.016	0.009	0.017	0.018	0.023	0.028	0.032	0.031
E_9	0.087	0.079	0.073	0.086	0.077	0.089	0.090	0.101
E_{10}	0.191	0.192	0.210	0.199	0.173	0.194	0.192	0.187
E_{11}	0.212	0.215	0.191	0.179	0.184	0.185	0.186	0.175
E_{12}	0.231	0.261	0.239	0.223	0.208	0.223	0.214	0.198
E_{13}	0.040	0.044	0.038	0.075	0.072	0.043	0.047	0.099
E_{14}	0.003	0.002	0.002	0.006	0.005	0.006	0.012	0.003
E_{15}	0.009	0.008	0.019	0.009	0.009	0.009	0.018	0.004

附录五 企业内部管理有序化程度评价指标权重值

内部指标	2010年	2011年	2012年	2013年	2014年	2015年	2016年	2017年
F_1	0.139	0.104	0.110	0.115	0.136	0.095	0.073	0.054
F_2	0.173	0.117	0.148	0.123	0.117	0.092	0.082	0.057
F_3	0.217	0.136	0.238	0.176	0.196	0.164	0.112	0.100
F_4	0.001	0.077	0.003	0.006	0.160	0.151	0.004	0.007
F_5	0.001	0.042	0.002	0.030	0.011	0.007	0.003	0.001
F_6	0.001	0.014	0.002	0.011	0.006	0.004	0.003	0.001
F_7	0.001	0.005	0.010	0.146	0.001	0.001	0.001	0
F_8	0.001	0.000	0.007	0.003	0.004	0.002	0.013	0.014
F_9	0.001	0.100	0.001	0.010	0.022	0.110	0.024	0.003
F_{10}	0.014	0.017	0.021	0.013	0.042	0.065	0.126	0.020

续表

内部指标	2010 年	2011 年	2012 年	2013 年	2014 年	2015 年	2016 年	2017 年
F_{11}	0.001	0	0.002	0.002	0.002	0.004	0.001	0.001
F_{12}	0.002	0.001	0.003	0.023	0.001	0.002	0.002	0.000
F_{13}	0.068	0.027	0.137	0.080	0.071	0.070	0.042	0.049
F_{14}	0.100	0.214	0.090	0.059	0.068	0.068	0.396	0.521
F_{15}	0.053	0.024	0.093	0.075	0.061	0.058	0.039	0.047
F_{16}	0.228	0.124	0.135	0.128	0.104	0.108	0.080	0.126